JN440484

배 려

고려대학교핵심교양 **1**

배 려

이론과 실천을 위한 가이드

신창호

KOREA
UNIVERSITY
PRESS
고려대학교
출판문화원

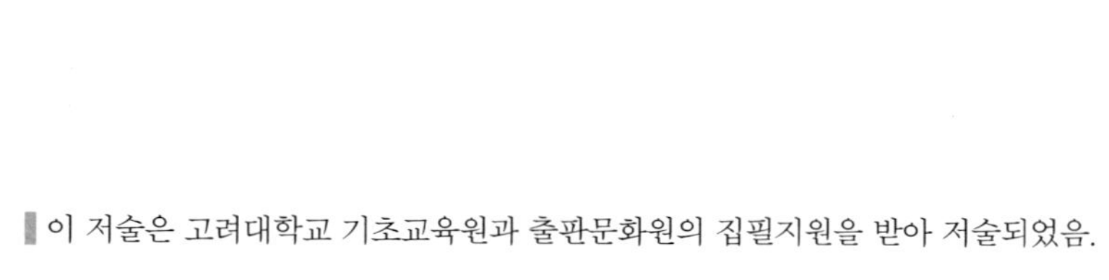

이 저술은 고려대학교 기초교육원과 출판문화원의 집필지원을 받아 저술되었음.

책머리에

21세기 초반의 인류는 변화와 혁명을 거듭하는 과학기술문명의 진보를 경험하고 있다. 인간의 삶은 이미 인터넷으로 연결되었고, 세상의 자료는 지속적으로 수집·축적되었다. 세계는 이제 빅 데이터를 끊임없이 활용할 수 있는 '만물초지능(萬物超知能) 통신혁명'의 시대에 들어섰다. 이른바 '제4차 산업혁명의 시대'다.

제4차 산업혁명 시대에는 삶의 존재형식의 차원에서 사람과 사물, 공간과 시간, 다양한 시스템이 독립적으로 존재할 수 없다. 존재하는 모든 것들이 연결되고, 다시 그 연결이 연결을 넘어 상호의존도가 깊어지는 상황으로 나아간다. 인류의 생활방식과 사회의 전 영역에서 혁신이 요청되는 거대한 변혁의 물결이 넘실거린다. 이를 두고 많은 학자들은 '지구적 차원에서 디지털 행성(Digital Planet)의 시대가 도래했다'고 말한다. 만물초지능 인터넷 생태계의 성숙은 인류의 생활방식과 시스템의 가동, 인프라를 유지관리하는 방식 등 여러 측면에서 삶의 변혁을 요청한다.

이 지점에서 아주 오래된 질문이 문득 떠오른다.

'어떻게 살 것인가?'

이 낡고 고리타분한 것 같은 물음은, 혁명의 시대에 삶의 가치와 시대정신을 심사숙고하게 만든다. 세계적인 석학들은 21세기에 필요한 생활양식으로 배려(配慮, caring)와 협력(協力, cooperation)을 꼽는다. 엄밀하게 말하면, 배려와 협력이 최근에 등장한 개념은 결코 아니다. 인류의 탄생과 더불어 지속되어 온 인간 삶의 양식이다. 그것은 지나친 개인성의 발달과 이기주의, 소외, 배타적 경쟁, 물신화 등 인간을 피폐화하는 다양한 요소들에 의해, 인류의 삶에서 너무나 멀어져 있었다.

그렇다면 전대미문(前代未聞)이자 전인미답(全人未踏)의 제4차 산업혁명 시대에, 우리 삶은 무엇이고 어떤 방식이 필요한가? 해답을 찾기가 쉽지 않다. 답을 찾아가기 위한 기준을 고민하기 위해, 다시 세계적인 석학들이 요청한 배려를 참고하여, 배려를 다시 생각하는 '초-배려(超-配慮)', '메타 배려(meta-caring)'를 심각하게 고려할 필요가 있다. '초-배려', 혹은 '메타 배려'는 배려를 벗어나는 전혀 낯선 차원의 배려가 아니다. 기존의 배려 의식을 기초로 시대에 맞게 생각하는 새로운 배려의 요청이다. 제4차 산업혁명 시대를 고려한 배려의 양식을 고민하는 배려다. 이런 '초-배려' 혹은 '메타 배려'를 생각할 수밖에 없는 이유는, 우리가 과거와는 너무나 다른 시대를 맞이했고, 거기에서 살아가야 하기 때문이다.

새 천 년이 시작되면서, 대학을 비롯한 사회 곳곳에서 시대정신과 삶의 패러다임 전환을 고심했다. 대학에서는 교육과정 개편을 단행했고, 교육방법론을 심각하게 고민했다. '배려' 강의도 그런 가운데 개설되었다. 벌써 〈배려의 철학〉 강의를 개설한 지 10여 년이 훌쩍 넘었다. 새 천년을 막 시작하던 2000년 초반, 이 강의를 개설할 당시에는 여러 학자들의 충고처럼 단순히 지성인들이 '배려'의 정신을 함양하고 생활에서 실천할 수 있는 계기를 마련할 필요가 있다는 생각이 앞섰다. 그런데 10여 년이 지나면서, 매학기 강의를 거듭할수록, 우리 삶에서 배려가 달아나 있는 만큼 배려의 철학과 실천이 더욱 간절히 요청된다는 느낌이 몸으로 파고들었다. 교수자로서의 나도 그러하고 학습자로서의 제자들도 수시로 그런 느낌을 나에게 전해 왔다. 이런 교감은 고마운 동시에 안타깝고 슬픈 인간의 자화상을 떠올리게 만들었다. 그런 감정의 긴장이 이 강좌를 더욱 굳건하게 만든 이유인지도 모르겠다.

이 책은 《배려, 교육을 향한 열정》(2009a)과 《배려와 학습》(2013)을 기초로 내용을 대폭 수정보완하여 재편성한 것이다. 일차적으로는 〈배려의 철학〉이라는 고려대학교 핵심교양 강의의 교재로 편찬한 것이지만, 배려에 관심 있는 지성인들이 이론과 실천의 차원에서 배려를 도모할 때 가이드 역할을 할 수 있다.

학문적으로 볼 때, 아직까지 배려에 관한 이론이나 철학이 온전하게 정립되어 있는 것은 아니다. 20세기 들어 서구의 철학자들이 도덕철학이나 윤리학, 교육철학의 문제로 배려에 관한 언급을 시작했고, 관심의 폭이 증가하고 있는 추세다. 이 책에서는 시대정신과 배려의 의미, 배려와 관련한 동서고금의 사유들을 간략하게 제시하면서, 제4차 산업혁명 시대의 '초-배려' 혹은 '메타 배려'의 양상을 청년 대학생들과 함께 나눠 보려고 한다. 중요한 것은 이 시대에 '나'는, '너'는, 그리고 '우리'는, '무엇을 위해, 어떻게 살아야 하는지', 현재 내 삶의 문제에 냉정하게 마주서는 일이다. 그것은 인간으로서 삶의 가치와 행위의 준칙을 고려하고, 인간의 다양한 문제를 통찰하는 작업이다.

아무튼, 이 책과 이 책을 바탕으로 하는 강의를 통해, 청년 대학생들이 배려 의식을 높이고 그것이 생활 속으로 녹아들어, 자연스럽게 삶 자체가 배려의 실천이 되기를 염원해 본다. 그리고 이 조그마한 강좌, 〈배려의 철학〉을 위해 관심과 애정을 가지고 여러 차원에서 도와준 고려대학교 기초교육원과 출판문화원에 고마움을 전한다.

2016. 6.

운초우선교육관 연구실에서

신창호

차례

제9장 학습을 위한 진단과 처방

제10장 자기배려를 위한 학습법

보론 배려를 위한 사유와 실천

제1장

시대정신

1. 문명의 전환과 시대진단

인간이 살아왔던 모든 시대는 나름대로의 특징이 존재한다. 시대라는 공간은 어떤 사람에게는 '살아가는 세월'이었고 어떤 사람에게는 '살아지는 시간'이었다. 사람들은 한 시대가 허락한 문화를 이용하며 즐기고 감내하며 견뎌 내야 했다. 그런 과정을 통해 인간은 삶을 지속한다.

인류가 살아온 역사는, 그것이 어떤 시대건 당대(當代)를 대표하는 문화를 남긴다. 인간의 정신적 태도나 양식 또는 이념이 한 시대의 상징으로 표출된다. 그것을 시대정신(時代精神, Zeitgeist)이라 한다.

관념론을 완성시킨 사상가로 평가받는 독일의 철학자 헤겔(G. W. F. Hegel, 1770~1831)은 시대정신을 역사의 과정과 결부시켜 언급하였다. 이때 시대정신은 개인의 인간 정신을 넘어선 보편적 정신세계가 역사 속에서 스스로 전개해 나가는 과정의 양태를 의미한다. 특히, 그것은 민족정신과 연관지으며 '동양, 그리스, 로마, 게르만'의 네 영역으로 구분되었다. 프랑스의 철학자이자 사회학의 창시자로 불리는 콩트(A. Comte, 1798~1857)는 이를 어린이에서 어른이 되기까지 개인의 정신적 성장과정에 비교하였다. 그리고 고대에서 근세까지 정신의 발전단계를 '신학적-형이상학적-실증적'이라는 3단계로 나누었다. 유물사관에서 본다면, 시대정신은 일종의 이데올로기(ideology)이고, 각 시대의 경제적 구조로 인식할 수 있다.

그렇다면 21세기 현대사회의 시대정신은 무엇일까? '제4차 산업혁명 시대(The 4th Industrial Revolution)'로 명명되는 사회는 어떤 특징을 지니는가? 과학기술의 발전이 인간사회에 미친 영향을 다각도로 연구해 온 리프킨(J. Rifkin, 2010)은 현대사회에 요청되는 시대정신으로 '협력하고 배려하는 세상'을 고려하였다. 이때 협력과 배려는 서열을 하찮게 여기고 네트워킹 방식으로 사람이나 세상과 관계를 맺게 한다. 세상 사람들은 협력이 체질화되어 있고 자율과 배척보다는 접속과 포함에 관심이 있다. 인간의 다양성에 감수성이 강한 특징을 지닌다. 아울러 분산적이고 협동적이며 비위계적인 공감적 사회를 형성한다.

리프킨의 지적은 이전 사회에도 존속했던 협력이나 배려와 개념상 차이가 크지 않다. 하지만 경쟁과 배타적 측면이 강조되고 협력과 배려를 소홀하게 다루었던 기존의 사회풍조에서, 이제 협력과 배려가 시대를 이끌어 갈 덕목으로 요청되었다는 점에서 의미심장하다. 왜, 하필이면 지금 협력과 배려인가? 이 지점에서 우리는 현대 인류의 시대정신을 고민하면서, 전통적 의미의 배려와 그것을 다시 한 번 심사숙고하는 '초-배려' 혹은 '메타 배려'를 진지하게 고려할 필요가 있다.

린네(C. von Linné, 1707~1778)는 인간을 '호모사피엔스(Homo sapiens)'로 명명하였다. '지혜가 있는' 사람이라는 의미다. 인간의 본질을 이성적 사고능력을 지닌 것으로 파악한 호모사피엔스라는 규정은 인간을 '슬기로운 사람'으로 자리매김하게 만들었다. 그리하여 인간은 동물 중에서도 가장 본질적이고 특징적인 징후를 통해 다양하게 묘사되어 왔다. 인간은 '도구를 사용하는 동물이다. 이성적 동물이다. 정치적 동물이다. 사회적 동물이다. 유희하는 동물이다. 경제적 동물이다. 노동하는 동물이다. 교육적 동물이다' 등, 인간의 특성을 강조하는 수많은 언표들이 역사와 철학을 장식했다.

또한 인간은 역사적으로 사회 패러다임의 변화에 대한 연구를 통해,

시대별로 다양한 차원에서 자신을 구명해 냈다. 원시사회는 공동생산 공동분배에 의존한 초보적 형태의 공산제가 지속되었다. 고대사회에서는 노예의 힘에 의지한 노예제도가 생산 활동에 긴요하게 이용되었다. 중세시대에는 봉건 영주와 농노의 관계에 의한 봉건제도가 시대 유지의 근간이었다. 근대사회에는 산업혁명과 더불어 자본이 형성되고 발달하면서 자본이 시대를 이끌어 가는 핵심동력이 되었다.

한편, 국가를 다스리는 주체의 양식도 다양하다. 고대 그리스의 직접민주정치에서 중세의 황제, 근대 민주주의 제도의 탄생에 이르기까지, 역사는 다양한 주체에 의해 살아 움직였다. 한 국가나 공동체 집단의 주인이 제왕이었던 시절, 그것이 부족이었다면 부족장이었고, 조그만 나라였다면 주군(主君)이었으며, 보다 큰 규모의 국가였다면 왕이 다스렸을 것이고, 온 세상을 지배했다면 황제나 천자(天子)가 통치했던 시대가 있었다. 이른바, '왕정(王政)'으로 통칭할 수 있는 시대는 '군주-신하(백성)'라는 '지배-피지배'의 관계가 엄격하였다. 어떤 때는 몇몇 지도자가 협력하여 다스리던 공화정(共和政)도 있었다. 그런 시대를 거쳐 최종적으로 발달한 정치 체제가 다름 아닌 민주주의(民主主義)다. 현대 사회는 모든 국민이 주인이고 모든 권력이 국민으로부터 나온다는 민주주의가 제도적으로 정착하였다.

이처럼 인간은 정치, 경제, 사회, 문화적으로 다른 동물에 비해 독특한 특징을 지녔다. 그만큼 스스로 만들어 낸 문명과 문화의 길을 통해, 인류사회를 창출해 나간다. 그렇다면 인간이 만들어 낸 이 모든 정의(定義)에 대한 시비를 떠나, 우리는 어떤 시대를 살고 있을까?

세계 곳곳의 박물관을 가보면, 그 지역을 살았던 인류의 자취가 잘 정돈되어 있다. 원시사회에서 현대에 이르는 역사의 흐름은, 도구 사용을 기준으로 볼 때, 일반적으로 다음과 같이 묘사된다.

원시시대에는 석기를 사용했다. 그들의 생활은 석기를 사용하여 어로·채집·수렵을 하고, 삶에 필요한 수단을 확보한다. 인지의 발달과 더불어 지하자원을 활용하게 되면서 청동기를 발명한 인간의 삶은 이전과 확연하게 달라진다. 석기에 비해 정교하게 만들어진 청동기를 통해, 다양한 형식의 삶의 기술을 확보한다. 농경기술은 더욱 세련되고, 전쟁을 통해 정복과 통합을 이루며 국가가 성립된다. 철기의 보편화는 훨씬 강력한 사회를 형성하였다. 철의 성질처럼 단단한 차원의 인간 조직이 움직이고 산업에서도 획기적인 변화를 초래하였다.

산업혁명(Industrial Revolution)은 그야말로 모든 부문에서 말 그대로 혁명을 가져오는 계기가 되었다. 인류 역사의 동력이 코페르니쿠스적 전환을 맛보는 시점이었다. 18세기 중반에 시작된 산업혁명은 농업중심사회에서 공업사회로의 이행을 예고하였다. 그것은 물질적 재화의 생산에 무생물적 자원을 광범하게 이용하는 조직적 경제과정이다. 어떻게 보면 이런 산업혁명은 격변적이고 격렬한 현상이 아니라 그 이전부터 지속적으로 진행되어 온 점진적이고 연속적인 기술혁신의 과정일 수도 있다.

하지만, 과학기술의 발달과 더불어 다가온, 농업사회에서 공업사회로, 나아가 정보사회로의 전환은 삶의 양식 자체를 서서히, 때로는 급격하게 바꾸어 나갔다. 정보기술(IT, Information Technology), 환경기술(ET, Environmental Technology), 생명학기술(BT, Bio Technology) 등 첨단과학기술의 막강한 영향 아래, 테크놀로지(technology)는 인간을 지배하고 있는 듯하다. 그 말들 사이의 핵심에 '기술(技術, technique)'이 자리한다.

과학기술의 발달을 기준으로 볼 때, 인류문명은 몇 번의 대전환을 겪었다(하원규·최남희, 2016:30-31).

첫 번째 대전환은 농업이 산업의 중심이 되고 인간이 정착생활을 하던 농업혁명의 시기다.

두 번째 대전환은 공업이 산업의 중심이 되고 인간의 육체노동을 기계가 대신하던 공업혁명의 시기다. 이것이 우리가 흔히 말하는 18세기 산업혁명의 시기다.

세 번째 대전환은 컴퓨터의 발명에 의한 정보처리와 커뮤니케이션 혁

표 1. 인류문명의 진화

<table>
<tr><th>구분</th><th>문명의 진화 양태
과거(인류탄생) ↔ 미래(현대문명)</th><th>문명진화의
특성</th></tr>
<tr><td>도구(재료)</td><td>석기 → 청동기 → 철기 → 신소재 → ?</td><td rowspan="6">첨단기술
융복합성
상호의존
네트워킹
불가규정</td></tr>
<tr><td>산업</td><td>수렵·어로·채집 → 농업(1차) → 공업(2차) → 상업(3차) → 정보(지식) → ?
농업혁명 → 공업혁명 → 정보혁명 → 만물초지능혁명</td></tr>
<tr><td>생산양식(경제)</td><td>원시 공산제 → 고대 노예제 → 중세 봉건제 → 근대 자본제 → ?</td></tr>
<tr><td>지배체제(정치)</td><td>고대 직접민주정(공화정) → 중세 왕정(황제) → 근대 민주주의(사회주의) → ?</td></tr>
<tr><td>능력</td><td>육체적 힘/근력/기초/근본 ↔ 정신적 아이디어/창의력/응용/적용</td></tr>
<tr><td>의사소통</td><td>인류문명1.0(언어) →인류문명2.0(문자)
→인류문명3.0(인쇄) → 인류문명4.0(초연결)</td></tr>
</table>

명에 의해 인간의 정신노동을 컴퓨터가 대신하던 시기다. 이는 최근의 일이다.

이제 네 번째 대전환의 시기에 들어섰다. 그것은 한마디로 말하면 인공지능의 혁명 시대다. 이는 인간의 두뇌노동이 사물이나 기계, 공간 등으로 외부화되는 것을 의미한다.

이러한 문명의 대전환과 혁명을 의사소통의 차원에서 숫자로 표시하기도 한다. 말, 즉 언어를 중심으로 최초의 문명이 발전한 시기를 '인류문명 1.0'이라고 한다면, 그 이후 글, 즉 문자가 출현하여 인류사회의 소통이 보다 확장된 초기 문명시대를 '인류문명 2.0'이라고 한다. 이후 인쇄혁명으로 과학기술의 혁신과 인류의 삶을 극적으로 바꾼 근대문명 시대를 '인류문명 3.0'이라 하고, 컴퓨터와 인터넷, 인공지능 등으로 실현되고 있는 초연결 창조문명을 '인류문명4.0'으로 볼 수 있다. 따라서 우리가 겪고 있는 현재는 '인류문명 4.0'의 시대다.

2. 과학의 발달과 기술

그렇다면 우리는 시대를 살기 위해 어떤 삶을 고려할 수 있는가? 현재 진행되고 있고 미래에 더욱 큰 비중을 차지하게 될 인류 문명을 보다 구체적으로 점검해 보자.

첨단과학기술이 발달하기 이전, 기술은 넓은 의미에서 인간의 욕구나 욕망에 적합하도록, 주어진 대상을 변화시키는 모든 인간적 행위였다. 기술이란 말은 고대 그리스어 '테크네(technē)'에서 유래한다. 그 어원은 원래 '목수(木手)의 기술'을 의미했다. '엮다, 짜맞추다, 자르다, 목공일을 하다'와 같은 뜻으로 사용되었다.

고대 그리스에서는 기원전 7세기~기원전 5세기경에 도시국가가 건설되면서 직업적 분화가 확산되었다. 이 시기에 목공기술은 합리성을 표하는 기술로 인정받게 된다(주광순, 2002). 그러나 기원전 4세기경, 플라톤(Plato, B.C. 427~B.C. 347)의 저술에 등장하는 '테크네'의 개념은 그 이전보다 더욱 진일보한 형태를 띤다. 이 당시, 테크네 개념은 '아무나 소지하지 못하는 특별한 솜씨, 지식, 경험, 그리고 실천적 적용가능성' 등으로 설명된다. 플라톤이 《국가》에서 테크네 개념을 설명하면서 '의술(醫術)'의 예를 자주 들고 있는 것은 바로 이러한 이유 때문이다.

플라톤의 《국가》 1장의 대화 부분을 보면, 폴레마르코스가 '정의(正義, dikaiosyne)'를 '각자에게 합당한 것을 갚는 것'으로 규정하며 논의를 진행하는 대목이 등장한다. 여기에서 플라톤은 '합당한'을 전문적 지식과 숙련을 필요로 하는 행위의 차원으로 이해한다. 이는 기술(technē) 개념과 밀접하게 연결되고 있다. 이때 기술은 부정적 측면과 긍정적 측면으로 구분된다(김인곤, 2004: 3-8). 기술의 부정적 측면으로는 기술의 제한성, 기술의 양면성, 기술의 중립성이 있다. 기술은 특정한 상황에서만 사용된다. 따라서 그 상황이 종료되면 그 상황에 맞는 기술은 더 이상 의미를 갖지 못한다. 기술은 또한 가치와 상관없기 때문에 양면적이다. 집을 잘 지키는 자는 그만큼 집을 잘 터는 방법을 알게 될 것이다. 마찬가지로 기술의 결과도 그것을 사용하는 사람의 품성에 따라 달라지는 만큼, 기술은 중립적 속성을 지니게 된다. 기술의 긍정적 측면으로는 기술의 완결성, 약자의 이익, 돈벌이 기술과의 구별이다. 기술은 그 자체로 완결하다. 기술이 완결되지 못하고 다른 무언가를 필요로 하게 된다면 그것은 더 이상 기술이 될 수 없다.

플라톤에 따르면 의사는 환자들의 이익을 위해 기술을 사용하고, 선장은 선원들의 안전을 위해 기술을 사용하게 된다. 이처럼 기술은 모두 기술을 필요로 하는 약자들을 위해 사용하게 되므로 기술은 약자의 이익을 반영하는 긍정적 속성을 갖는다. 의술은 건강을 위해 사용되며, 조타술(操舵術)은 항해를 위해 사용된다. 예를 들어 우리가 강의를 통해 돈을 벌게 된다면 우리는 강의술과 돈 버는 기술을 함께 사용했다고 보는 것이 타당하다. 오늘날의 기술은 주로 '생산기술'의 의미로 사용된다. 일반적으로 물적 재화를 생산하는 생산기술이다. 이러한 의미의 기술은 자연적 생성이나 인간의 생산적 사고와는 구별된다.

아리스토텔레스(Aristoteles, B.C. 384~B.C. 322)의 경우, 인간 정신의 진리를 파악하는 하나의 방법으로 테크네를 프로네시스(phronesis)나 에피스테메(epistēmē), 소피아(sophia)나 누스(nūs)와 같은 선상에 놓고 논의하였다. 프로네시스는 사려(思慮)를 의미하고 에피스테메는 인식(認識)에 해당한다. 그리고 소피아는 지혜(智慧), 누스는 이성(理性)으로 이해할 수 있다. 이런 개념에 터하여 테크네는 외적인 것의 생산을 목적으로 하는 제작(製作)으로 정의되었다. 이는 고대와 중세를 거쳐 산업혁명 시대까지 가장 포괄적인 기술의 의미로 이해되어 왔다.

그러나 과학기술의 발달과 산업혁명에 의한 기계문명의 출현으로 기술에 대한 새로운 정의가 요구되었다. 현대사회에서 기술이란 무엇인가? 기술론은 크게 두 가지 차원에서 논의된다. 하나는 의식적용설(意識適用說)이다. 이는 인간의 생산적 행위에 객관적 법칙을 의식적으로 적용하는 것, 즉 과학을 응용하는 작업이다. 다시 말하면 인간 행동의 목적의식성과 합법칙성을 지적하고 인간 행동의 주체성을 강조한다. 다른 하나는 수단체계설(手段體系說)이다. 이는 인간의 생산 활동에서 노동수단과 그 체계를 기술로 본다. 즉 기술은 '어떤 사회적 체계 내에서 발전하는 노동수단' 또는 '자연에 관한 인식에 의지하여 인간에 의해 창조되는 노동수단의 총체' 등으로 규정된다(두산백과사전, EnCyber & EnCyber.com).

인간의 모든 활동에는 하나의 기술이 있었을 것이다. 그런데 활동은 그 나름의 목적을 가지고 그것을 추구한다. 그런 차원에서 막스 베버(M. Weber, 1864~1920)는 기술에 대해 다음과 같이 언급한다.

> 어떤 활동의 기술은 우리의 정신 속에서는 그것의 실행에 필요한 수단들의 총체이다. 그 활동의 방향이나 목적과는 대조적으로 결국에는 활동이 기술의 방향을 결정한다. 합리적 기술은 우리에게 의도적으로나 방법적으로나 경험과 반성, 점점 고도화되는 과학적 고찰을 따라 고안되는 수단들을 사용하는 것이다. 그와 같이 이해된 기술은 모든 활동 속에 있으며, 사람들은 기도의 기술, 금욕의 기술, 반성과 탐구의 기술, 기억의 기술, 교육적 기술, 정치적이고 성직자적인 지배의 기술, 전쟁의 기술, 음악적 기술, 조각하는 기술, 회화의 기술, 법률적 기술 등에 대해 말할 수 있다. 게다가 모든 것은 어느 정도의 매우 변화무쌍한 합리성을 받아들인다. (고피, 황수영 옮김, 2003: 37, 재인용)

인간이 어떤 활동을 할 때, 그 목적과 목적 실현에 필요한 매개물들을 구분할 수 있도록 정교화를 거친 모든 활동의 도처에 기술은 존재한다. 즉 기술은 모든 것에 대해 존재한다. 문제는 과학을 기술에 투입했을 때다. 과학과 기술의 만남! 그것은 산업혁명을 통해 산업사회를 낳았다. 과학기술은 인간의 삶에 막대한 영향을 미친 것이다. 믿을 수 없을 정도로 높아지는 기술의 효용성은 기술을 일상생활의 세세한 부분까지도, 특히 기계화의 형태로 침투시켰다. 이는 경제적 생산과 사회생활을 총체적으로 뒤흔들었다(고피, 황수영 옮김, 2003: 22-23). 문제는 인간이다. 과학과 기술이 첨단으로 향해 나아갈수록 과학기술에 대한 기대와 환상은 높아졌다. 동시에 그것은 기술 공포증을 낳는 계기가 되었다.

3. 정보지식과 생활패러다임의 전환

과학기술의 발달은 인간에게 어떻게 인식되었을까? 삶의 도구로 적정한가? 아니면 또 다른 성찰을 요구하는가? 이에 대해 미국의 저명한 미래정치학자 프랜시스 후쿠야마(Francis Fukuyama, 1952~)의 의견을 경청할 필요가 있다. 그는《역사의 종말–역사의 종점에 선 최후의 인간》이라는 저서에서 19세기를 '낙관주의'로 본 반면 20세기를 '비관주의'로 진단했다. 그가 19세기를 낙관적으로 바라본 이유는 크게 두 가지이다. 하나는 근대과학이 질병이나 빈곤을 정복함으로써 인간생활을 개선해 줄 것이라는 점이었고, 다른 하나는 자유 민주주주의 체제가 많은 나라로 확산될 것이라는 기대감이었다.

그런데 인류는 20세기를 살면서, 그것도 인간 자신에 의해, 역사상 가장 쓰라린 경험을 했다. 두 차례에 걸친 세계대전, 산업 성장과 그 반대급부로 발생한 환경오염, 생태계 파괴, 지구 온난화, 인간 소외와 물화(物化) 등 비참한 체험은 과학과 테크놀로지에 바탕을 둔 진보 논리에 커다란 의문을 던져 주었고 심각한 지성의 위기를 초래했다(후쿠야마, 이상훈 옮김, 1995: 31-33).

이러한 20세기를 체험한 인간은 '사느냐 죽느냐'의 생존위기에 직면하면서, 새로운 시대, 새 천 년의 시작인 21세기를 맞이하였다. 그것은 '정보와 지식을 주축으로 하는 새로운 사회'로 변화되었다. 정보와 지식을 중심으로 하는 사회는 앞에서 언급했던 인류문명4.0 시대의 초기 단계로, 때로는 '지식기반사회(knowledge based society)' 혹은 '지식기반 정보화 사회'라고도 한다. 이런 사회는 몇 가지 특징으로 설명할 수 있다.

첫째, 사회적 측면에서 보면, 정보가 핵심적인 사회·문화·경제적 자원으로 생산·소비·유통되는 사회다. 때문에 정보와 관련된 기술과 기계가 사회의 보편적 가치인 민주화에 적극적으로 기여할 수 있다.

둘째, 사회 관계적 측면에서 고려할 수 있다. 그것은 정보화로 인해 사회적 상호작용의 시공간적 제약이 약해지는 사회다. 그러므로 정보매체를 장악한 자와 그렇지 못한 자 사이의 간격이 확대될 수 있다. 뿐만 아니라, 정보나 기업의 정보 독점과 통제가 약화되어 정보에 대한 접근과 소유가 계층적·지리적으로 평준화될 수 있다.

셋째, 기술적 측면에서 보면, 정보 교환에서 쌍방향적 네트워크가 가능해지는 사회다. 이는 다양한 정보의 생산과 전달에 종사하는 사람들의 지적 창조력을 정당하게 평가받을 수 있게 하고, 정보를 사회의 주요 산업으로 부각할 수 있다.

그러나 정보는 아주 다양한 상품과 서비스가 차지하는 전혀 판이한 경제의 구성요소인 새로운 인풋(Input) 가운데 하나에 불과하다. 정보가 많다는 것은 새로운 재료, 새로운 생명체, 또는 새로운 로봇 정도의 중요성이 있을 뿐이다. 이런 정보를 바탕으로 '지식'이라는 시대정신에 충실한 새로운 개념이 창출된다.

그것이 이른바 지식기반사회다. 지식기반사회는 '정확하게 지식을 어떻게 장악하느냐'의 문제가 핵심 관건이다. 다시 말하면, 근대적 의미의 생산요소로서 '노동'과 '자본'의 중요성은 감소하고 지식의 중요성이 증가한다. 여기에서 지식은 단순히 세계의 사실들을 인지하는 행위가 아니다. 주어진 환경 속에서 인간의 모든 지적 행위를 구조화시키고 정신적 활동에 필요한 자료의 수집과 해석을 지속시키는 일은 정보에 불과하다. 진정한 의미의 지식은 우리의 관심이나 목적과 관련하여, 정보의 의미를 이해하고 평가하여 내면화(內面化)하고 활용할 수 있게 된 것을 의미한다.

정보가 전달받은 사람에 의해 습득되고 가공되어 그 사람의 인간성의 일부가 될 때 지식이 된다. 내면화한 지식은 사람의 마음을 형성하고 행동으로 나타난다. 그러한 지식의 자기운동은 새로운 지식을 창출하면서, 그 자체가 생명력과 생산성을 지니게 된다. 그 생명력과 생산력이 다름 아닌 창의력이요 독창성이다.

지식정보화사회에서의 지식확보는 대단히 중요하다. 일반적으로 지식은 개인의 인지적 능력 함양을 중요하게 여기는 것처럼 이해된다. 하지만 지식기반사회에서 인류가 생각해야 할 문제는 공동체로서의 인간이다. 정보에서 지식으로 이어지는 개인적 능력은 무한으로 치닫지만, 더불어 사는 배려 차원의 지식과 실천은 제한적이다. 이 지점에서 우리는 기술이 갖는 의의와 한계, 그 틈새를 읽을 필요가 있다.

정보화 혹은 지식기반사회에서 인간의 생활은 정보 분석과 지식을 장악하는 문제가 관건이 된다. 그것은 인격도야와 지식습득, 사람과 사람 사이의 관계를 중시해 왔던 전통적 삶의 양식을 해체했다. 이른바 인간생활과 사회의 패러다임(paradigm) 전환이 이루어졌다. 새롭게 등장한 지식기반사회는 다음과 같은 차원에서 새로운 관심이 부각된다(강선보·신창호, 2009: 191-193).

첫째, 새로운 지식인이 사회의 인간상으로 등장한다.

둘째, 사실적 지식 및 방법적 지식을 포함하되 지식기반사회가 요구하는 새로운 유형의 지식이 강조된다.

셋째, 생산요소로서 지식·정보가 갖는 결정력에 대한 관심이 증가하고, 실용적 지식과 지식을 창의적으로 활용하는 지식, 고부가가치를 창출하는 지식이 강조된다.

넷째, 계속교육과 직업교육, 다차원적 평생교육의 필요성이 증대된다.

다섯째, 지식 하부구조로서 정보기술체제가 광범위하게 도입되고 네트워크 정보망이 구축된다.

과거에는 지식의 확보가 일반적으로 학교교육을 통해 이루어졌다. 그만큼 학교교육이 중시되어 왔다. 그러나 이제는 과학기술의 발달, 지식의 폭발적 증가로 일상생활에서의 직업교육이나 평생교육 차원의 다양한 교육이 삶의 전 영역으로 확장된다. 단일하고 획일적이며 막연한 차원의 인격함양이나 사회에의 기여라는 교육목적과 내용보다는 훨씬 다양하고 구체적이며 자기와 관계된 방식의 교육생활담론이 양산되기 시작했다. 환경, 생태, 인권, 노동, 평화, 통일, 여성, 죽음, 부모, 노인, 복지문제 등을 삶에서 적극적으로 다룬다. 이는 관계의 성찰이라는 측면에서 필연적으로 배려의 가치 개입을 요청한다.

엄밀하게 말하면, 지식기반정보화사회는 경제적 측면에서는 자원의 효율적 이용과 생산성 향상을 위해 컴퓨터와 컴퓨터 통신에 의한 정보화의 필요성이 대두되면서 출현하였다. 사회적 측면에서는 물질적 풍요에 따른 사회적 자아실현의 욕구충족을 위한 정보욕구가 다양화한 데 있다. 게다가 과학기술의 급속한 발달은 컴퓨터를 더욱 소형화·저렴화·지능화함으로써 그 보급을 가속화시켜 대중화에 기여하였다. 동시에 정보처리기술과 통신기술이 보편화되면서 정보사회는 순식간에 이루어졌고, 현재는 제4차 산업혁명이라는 인공지능의 발달과 만물이 초연결 되는 사회로 급속도로 이행되고 있다. 이런 사회 변화는 인간의 생활양식과 사고를 변화시켰다.

지식정보화사회를 살아가려면, 기본적으로 정보를 수집할 수 있는 능력과 정보 가치를 판단하는 능력, 정보를 종합하는 능력, 정보를 저장하는 능력, 필요한 정보를 취사선택하여 정보 부가가치를 높일 수 있는 능력, 정보사회의 윤리 등 정보에 관한 종합적인 자질을 갖추어야 한다. 그것은 새로운 생활과 교육에 의해 가능하다. 과거처럼 단순히 읽고 쓰고 셈하기의 기초 생활교육만으로는 변화한 시대의 새 교육을 담당할 수 없다. 더욱 중시되는 것은 컴퓨터와 통신기기의 활용능력이다. 게다가 정보화가 진행될수록 인터넷 신조어가 쏟아져 나오므로 새로운 용어는 계속 학습해야 하고, 일상생활에 편리하게 적응하기 위해 각종 정보통신기기들의 활용법을 학습해야 한다. 이는 지식기반정보사회의 생활이 학교를 중심으로 하는 제도 교육만으로는 한계가 있다는 의미다. 이제는 언제 어디서나 배울 수 있는 평생교육체제의 구축이 절대적으로 필요하다.

지식중심의 사회에서는 새로운 지식을 창출하고 이 지식을 적합하게 응용하여 지식의 부가가치를 높이는 작업, 즉 지식의 생산성을 높이는 작업이 중요한 과제로 부각된다. 그러나 학교를 비롯한 다양한 제도적 차원의 교육은 지식 주입의 양이 엄청나게 많음에도 불구하고 그러한 지식들이 삶의 유용한 도구로 활용되지 못하고 있다. 현대사회는 지식을 많이 알고 있는 인간보다는 다양한 지식을 종합해서 응용하고 재창조하는 창의적 사고를 가진 인간이 주도하는 사회다. 또한 지식기반 사회에서는 지금까지 학교나 제도 교육에서 다루지 못했던 지식을 정보공학적 도구로 활용함으로써 자기 자신을 스스로 가르치는 교사가 될 수 있다. 즉 스스로 학습하는 방법을 터득할 수 있기에 독립적인 학습자가 될 수 있다. 산업사회에서는 교육과 훈련이 강조되었지만, 지식정보화사회에서는 자기학습(self learning)이 강조된다.

급변하는 사회 속에서 학교를 비롯한 제도교육은 중요하면서도 한계를 노출한다. 인간의 지식은 기하급수적으로 증가하므로, 배우고 버리고 또 배우고 다시 버리는 것이 정보사회의 특징이다. 이처럼 지식의 급속한 증가로 비즈니스의 수명이 짧아지고, 일의 성격이 자주 바뀌어 직종의 변화와 새로운 직종의 탄생이 일상생활에서 벌어지므로 과거처럼 평생직장에 안주한다는 것은 거의 불가능하다. 엄청난 도전에 응하고, 특정 개인이나 사회가 살아남기 위해서는 언제 어디서 누구나 교육받을 수 있는 열린교육체제가 구축되어야 한다.

지식정보사회는 세분화·전문화된 영역을 수많은 시스템으로 엮은 멀티미디어 사회다. 따라서 보다 고도화된 인재가 많이 필요하다. 멀티미디어는 인쇄, 음성, 영상 등 미디어의 다양한 요소들을 하나의 기계 내에

모은 것이다. 다시 말해 음성, 문자, 그래픽, 영상 등의 정보를 통합 처리하여 이 정보를 기기와 대화하는 형식으로 보고, 듣고, 느낄 수 있는 시스템을 말한다.

이런 시대의 생활을 대비하고 주도적으로 헤쳐 나가기 위해 고민해야 할 핵심 영역 중의 하나가 교육이다. 이제 교육은 강의실에서 단순하게 전달하는 틀에 박힌 양식이어서는 곤란하다. 멀티미디어를 활용한 창의성 함양교육이나 인성의 성숙을 적극적으로 고려해야 한다. 필요한 경우를 제외하고는 교수자에 의한 일방적 주입식·강의식 교육패턴을 지양하고, 학습자들이 다양한 방식으로 연구하고 창조하는 교육적 활동이 요청된다.

여기에서 자기학습과 열린 체제, 창의성은 다양한 교육기제들에 대한 배려에서 나온다. 자기학습의 근원은 자기 존중감과 자기배려의 차원이다. 열린 체제는 타자로 향해가는 소통의 기초다. 소통의 실천은 자기개방과 타자수용이다.

4. 생태의식의 필요성

현대사회 최대의 위기는 고도산업사회와 성장의 그늘에서 죽어 가는 인류생태계다. 생태의식은 인간과 자연의 역동적이고도 간(間)주관적인 상호작용이 일어나는 장에서 생명체 간의 생존방식을 규명하고 이것이 인간 현상에 주는 시사점이 무엇인가를 철학적으로 사유한다. 특히, 중세 말부터 뿌리내린 인간 중심주의의 철학적 한계를 비판하면서 이성과 과학에 토대를 둔 모더니즘적 세계관을 문제 삼는다. 아울러 인간의 자기본위, 경쟁, 소유 등과 같은 자본주의 사회의 지배적 가치를 근본적으로 재검토한다.

그러기에 생태의식은 지구촌의 모든 생명들을 전체 네트워크 안으로 통합하고, 상생(相生)의 관계를 회복하여 생명존중의 문명 창조라는 거대한 담론을 제시한다. 과학기술은 인간과 자연을 분리했다. 자연은 오로지 인간 삶의 증진을 위한 지식을 제공하는 객체적 대상으로 간주된다. 그러므로 생명을 경시하고 파괴하는 가혹한 비인간화 현상을 낳았다. 그럼에도 불구하고 기존의 인간 생활은 이러한 인간중심의 과학적·철학적 인식론에 기초하여 전개되었다.

생태주의자들은 생태파괴의 원인이 인간을 자연으로부터 분리시키는 과학의 이원론적 사고에서 비롯되었다고 본다. 서구 근대철학을 연 데카르트(R. Descartes, 1596~1650)는 정신을 주체로 하고 물질을 객체로 설정하여, '정신-물질'을 확연히 구분하고, 인간과 자연에 대한 이원론적 인식의 틀을 제공하였다. 그리하여 인간이 자연을 지배하는 주체로 인식하여 인간과 자연을 분리하였다. 이런 인간 중심적 사고는 뉴턴(I. Newton, 1642~1727)으로 대변되는 과학사상으로 새롭게 발전되었다. 그 결과, 과학적 탐구로 인한 각종 신기술을 발명하였고, 이는 엄청난 경제적 발달의 추진력이 되었다. 과학기술의 발달은 인간의 삶을 편리하게 만들었으나 환경과 생태계를 파괴하여 오히려 인간의 정신세계를 말살하는 방향으로 흘러왔다.

근대 이후 발전한 사상은 이러한 과학철학적 입장에 부응하여 효율성을 강조하였고, 도덕 및 윤리 문제는 이차적인 것이 되고 말았다. 특히, 기술적 업적과 효율성을 추구하는 인간자원개발(HRD)을 주목적으로 삼았다. 다시 말하면 인간의 생활에서 목적론과 방법론의 분리, 가치와 지식의 분리 현상을 초래하였고, 목적론에 대한 수단이나 방법론의 우세를 중시하게 되었다.

기존의 인간 생활은 어떻게 하면 인간의 내적 힘을 키워서 자연으로부터 더 많은 자원을 획득하는 도구로서의 지식과 기술을 생산하고, 그것을 어떻게 효과적으로 전달할 수 있는가에 주된 관심을 두고 있다. 그러나 생태학적 주장들은 인간의 삶이 자연을 인간 생명과 연결된 생명체로 인식하는 철학과 이러한 생명체가 협동하며 공생하는 상생(相生)관계를 기본 원리로 삼는다. 다시 말하면, 생태주의는 인간과 자연, 그리고 인간과 인간 사이의 생태학적 유대성을 존중한다. 아울러 새로운 세대들에게 보다 나은 사회발전에 이바지하게 한다. 이제 인간의 생활은 생명경시, 생명파괴 현상을 인간 자체의 변화나 사회구조의 변화에서뿐만 아니라 인간과 자연의 상생관계를 증진하는 데 관심을 가져야 한다.

생태적 삶의 과제는 인간과 자연이 상호작용하는 장으로 세상을 만드는 것이다. 다시 말하면, 자연과 인간이 일체감을 이루어 자연을 대하는 인간의 사고와 행위가 혁신적으로 바뀌게 되어 인간이 환경 친화적 태도를 형성할 수 있도록 하는 일이다. 동시에 인간과 자연의 상생을 위한 생명력을 활성화할 수 있는 계기를 마련하여 사람들이 생태윤리를 배양할 수 있도록 한다. 이는 배려의 실천을 통해 효율성을 배가할 수 있다.

생태의식의 차원에서 배려의 가치는 어떻게 제기될 수 있는가? 그것은 더불어 사는 인간의 가치, 인간 본성의 핵심, 지속 가능한 토대를 형성할 새로운 가치와 연관된다(밀브래스, 이태건 외 옮김, 2001: 134-139). 특히, 인간을 중심으로 지속 가능한 개발이 논의되어야 하고, 인간이 자연과 조화를 이루는 건강하고 생산적인 삶을 향유할 수 있어야 한다(브로이엘, 윤선구 옮김, 2000: 22).

인간에게 가장 중요한 가치는 자신의 생명을 보존하려는 본능적 욕구다. 이는 너무나 상식적이고 당연한 것이므로 가치로 간주되지 않을 정도다. 그런데 어떤 사람들은 타인의 삶을 거의 고려하지 않고 자기 자신의 삶을 보존하고 향상시키는 데만 매달린다. 이런 가치구조는 생태의식 차원에서는 결코 용인될 수 없다.

배려를 고려할 때, 개인적 가치와 사회적 가치는 구분돼야 한다. 시민사회, 혹은 환경문제로 대두한 지속가능한 사회를 위해, 개인은 이기심을 버리고 타인에 대한 배려를 지닌 가치구조를 길러 가야 한다. 우리는 이 사회를 위해, 환경을 위해, 모두가 함께 살아가기 위해 어떤 가치관을 함양해야 하는가? 그것은 다음과 같이 정리할 수 있다.

첫째, 풍요로움을 지향해야 한다[豊].

인류의 기본 욕구를 충족시키는 데 필요한 자원이 부족하다는 것은 삶을 위협한다. 풍부한 지역 자원의 활용을 통해 이를 극복함으로써 더 이상 부족함이 없도록 해야 한다.

둘째, 거듭 활용할 수 있도록 재생 가능해야 한다[重].

재생 가능한 방식을 통해 자원들을 생산하고 분배해야 한다. 예컨대, 유기농업이 토양을 재건하듯, 인간은 자연체계에 생기를 불어넣어야 한다.

셋째, 신뢰를 형성해야 한다[信].

풍요로움을 위해서는 공급, 품질, 그리고 수량에서 안정적이어야 한다. 또한 어떠한 장애도 생기지 않도록 믿음을 주어야 한다.

넷째, 안전을 보장해야 한다[安].

모든 생산품과 서비스는 안전해야 한다. 특히, 노동자나 소비자 또는 환경을 위태롭게 하지 않아야 한다.

다섯째, 적절해야 한다[適].

어떤 지역에서 무엇을 하려고 할 때, 문화, 지리, 지역 경제, 그리고 그 지역에 살고 있는 사람들의 기본적 필요성을 고려하여 결정하고 한계를 설정해야 한다.

여섯째, 공평해야 한다[平].

자원, 생산품, 그리고 서비스는 모든 사람들이 공평하게 이용할 수 있어야 한다.

일곱째, 유연해야 한다[柔].

우리가 만들어 내는 생산품과 서비스에 관계되는 수많은 시스템들은 변화·성장·창의성, 그리고 실험에 개방되어 있어야 한다.

여덟째, 효율적이어야 한다[效].

생산과 분배는 최대한 효율적이어야 한다. 특히, 장기적인 효율성을 가져야 한다.

아홉째, 사고가 개방되고 분권화되어야 한다[開].

생각이 모든 사람에게 열려 있어야 하고 다양한 차원에서 분화되어야 한다.

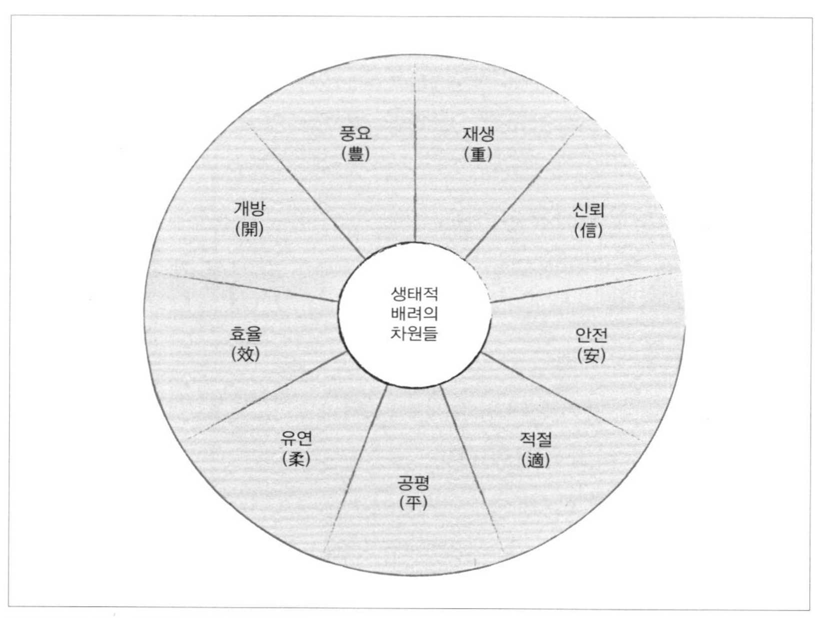

그림 1. 지속 가능한 생태적 배려의 차원들

5. 청년 대학생들의 자화상

문제는 나, 너, 우리다. 그 궁극적 자리에 '나, 자신'이 존재한다. 시대정신을 읽기 위해서는 자신과 자신을 둘러싼 환경을 파악하는 일이 매우 중요하다.

지구촌 시대, 대한민국, 청년.

앞에서 언급했던 급변하는 시대를 살아가는 인간으로서 나는 어떻게 살아야 하는가? 그 삶의 시작을 위해, 자신이 처한 사회상황과 그 가운데 펼쳐지는 나의 자화상을 검토할 필요가 있다.

새 천 년에 접어든 21세기 초반, 대한민국의 20대 청년들은 자신들을 어떻게 규정했을까? 한마디로 정의하면, 청년(대학생)들은 대체로 '나(Na)'를 강조한다. 어떻게 보면 매우 개인주의적이고 때로는 이기적 성향을 띠기도 하면서 삶의 양상이 아주 복잡하다. 기성세대처럼 한두 가지 특징을 지닌 것으로 규정하기 어렵다.

2005년을 전후로 하는 시점에서, 이들을 규정하는 용어는 사회학자나 마케팅 전문가들이 꼽는 것만 해도 10가지가 넘는다. '나(Na)세대'는 1980년대 민주화 운동을 경험했던 세대들처럼 특정한 성격을 지니지도 않았다. 20대의 행위를 보면, 이런 특징과 저런 특징이 뒤섞여 있고, 그만큼 모순적이다. 민족적이면서도 세계를 지향하고 개인적이면서도 집단과 하나가 되었다. 디지털 기기에 익숙한 '유목민' 같기도 하지만, 안정을 위해 각종 공무원 시험에 몰두하는 '공시족'이기도 했다. 촛불 시위에 너도나도 참여하는 참여 세대이기도 하고, 태극기를 앞세우며 민족정신을 자극하는 태극기 세대로 불리기도 했다. 때로는 혼자서 방에 틀어박힌, 일명 '방콕족'이기도 했다.

한편, 20대는 자유를 생명으로 여겼다. 감정이 풍부했다. 남과 다른 것을 좋아하며 새로운 것을 추구했다. 유비쿼터스(Ubiquitous) 환경과 넷북(netbook), 핸드폰 등 각종 멀티미디어 기기를 떠나서는 살 수 없었다. 그리고 무엇보다도 실용적이고, 즐거움을 우선으로 추구하는 세대였다.

이들을 흔히, '엔(N)'세대라고도 했다. 이는 '넷(Net)세대'의 줄임말로, 인터넷으로 대표되는 '네트워크세대'라는 의미다. 엔(N)세대는 1970년 중반 이후에 태어나 경제적 혜택과 문화적 혜택을 동시에 누린 엑스(X)세대 중에서도, 특히 컴퓨터에 익숙한 세대를 가리켰다. 대개, 1977년 이후 태어난 엔(N)세대는 인지능력이 생길 때부터 컴퓨터와 친숙해졌고,

인터넷을 자유자재로 활용하며 인터넷이 구성하는 가상공간을 삶의 중요한 무대로 인식한 세대였다. 엔(N)세대가 10대였던 1980년 후반과 1990년 초는 한국사회에 개인용 컴퓨터가 널리 보급되던 시기였다. 엔(N)세대는 생활 전반에 걸쳐 중요하게 활용되는 컴퓨터를 자연스럽게 학습했다. 엔(N)세대 이전의 티브이(TV) 세대가 티브이(TV)를 통해 일방적 지식이나 정보를 교육받았다면, 엔(N)세대는 컴퓨터 통신을 바탕으로 한 쌍방향 정보교환에 익숙하다. 이들은 개인용 컴퓨터와 인터넷 기술을 이용하여 학습은 물론 여가활동, 쇼핑, 사교에 이르기까지 생활에 필요한 거의 모든 활동을 온라인상에서 영위한다. 전화나 편지보다 이메일이나 채팅을 익숙하게 여기는 엔(N)세대는 길거리의 정치판 대신 피시(PC)방과 같은 자신만의 공간으로 숨어 들어갔다는 비판을 받기도 했다(김기란·최기호, 2009).

이들은 4·19세대나 386, 486, 586세대와 같은 단어 하나만으로 공통분모가 형성되던 과거 젊은 층과는 다르다. 그러기에 이들의 의식 공간 안에는 굉장히 복잡하게 충돌할 수 있는 여러 가지 논리가 공존하고 있다. 이 세대 안에서 어떤 명확한 공통점을 찾기는 힘들다.

지금 20대는 10~20년 뒤 우리 사회를 이끌어갈 중추 세력이다. 때문에 이들의 합리성이 지나친 개인주의로 흐르지 않도록 기성세대가 사회적 사명감을 제시하는 등 관심을 가질 필요가 있다.

이러한 한국의 청년들은 2030세대 혹은 88만원세대로 표현되기도 했다. 2030세대는 20대와 30대를 아우르는 세대를 의미하는 말로, 50대와 60대를 의미하는 5060세대와 대비되어 사용된다. 2030세대는 한국전쟁을 경험하고 경제적 어려움을 겪었거나 민주화 및 산업화를 경험했던 5060, 6070세대와는 달리, 경제적 혜택을 누리고 민주화의 열매를 먹으며 자랐다. 2030세대는 관습이나 고정관념에 얽매이지 않는 자유롭고 유연한 사고와 행동양식을 바탕으로 합리적이고 진보적으로 행동하며 삶의 질과 자아실현에 대한 관심이 높았다.

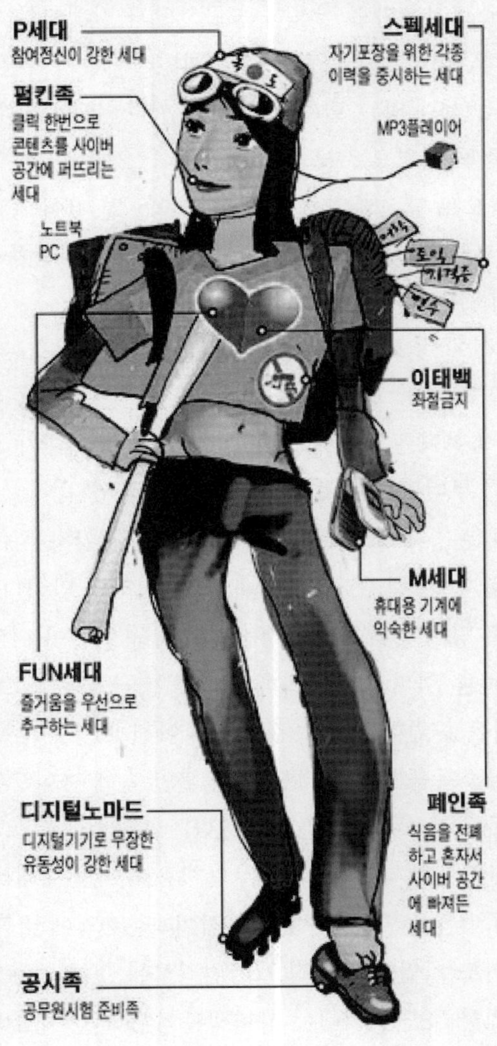

그림 2. 2000년대 초반 20대를 특징짓는 다양한 용어(《조선일보》, 2005. 5. 13. A3면)

2030세대가 주목받기 시작한 것은 2002년 한일 월드컵 대회부터다. 2030세대의 '붉은악마'가 주도한 거리 응원전이 국민의 호응을 얻으면서 2030세대는 한국사회에서 영향력 있는 새로운 세력으로 주목받았다. 이전 세대에게 트라우마로 작용하던 공산당과 빨갱이를 의미하는 붉은색을 열정과 정열이라는 긍정적 의미로 재인식시켰기 때문에 '알(R)세대' 혹은 '더블유(W)세대'라는 별칭을 얻기도 했다. 2030세대는 2003년에는 강력한 정치적 세력으로 모습을 드러냈다. 2002년 대선 당시 노무현 후보가 대통령으로 당선되는 데 결정적 역할을 한 것이 2030세대였다는 분석이 설득력을 얻으면서, 진보적 정치를 지지하는 정치세력으로 이해되기 시작했던 것이다.

2002년 대선에서 2030세는 정치에 무관심하다는 기존의 관념을 뒤집고 인터넷 포털 사이트의 도움을 받아 결집된 영향력을 유감없이 발휘했다. 이들의 영향력은 "인터넷으로 무장한 2030세대가 오프라인 중심의 5060세대를 무너뜨렸다"는 평가를 받을 정도였다.

88만원세대는 경제학자 우석훈과 비주류를 자칭하는 기자 출신 블로거 박권일이 함께 쓴 책《88만원세대》에서 시작된 말이다. 88만원세대에서 88만 원은 당시 우리나라 비정규직의 평균 임금인 119만 원에 20대의 평균소득 비율 74퍼센트를 곱해서 산출한 금액이다. 그러므로 88만원세대란 대학을 졸업한 후에도 정규직이 아닌 비정규직으로 일하는 20대의 평균 임금소득을 통해 미래에 대한 불안 속에 사회생활을 시작해야 하는 20대를 은유적으로 표현한 용어였다.

88만원세대의 선배라고 할 수 있는 당시 386, 486세대는 유명한 야구선수 선동열의 이름을 빌려, 선동열 학점이라는 0점에 버금가는 아주 낮은 학점을 받아도 기업에 정규직으로 취직하는 것이 가능했다. 하지만, 대학을 갓 졸업한 88만원세대는 사회생활의 첫발을 아르바이트나 비정규직으로 시작하는 경우가 많았다. 1990년대부터 기하급수적으로 늘어난 경쟁력 없는 고등교육기관과 대학생도 88만원세대가 등장하는 데 한

몫을 했다. 한국의 88만원세대는 일본의 '버블세대'나 유럽의 '천유로세대', 미국의 '빈털터리세대'와 유사한 의미로 볼 수 있었다. 하지만 사회적 약자에게 보다 가혹한 한국사회의 현실을 생각하면 이들이 피부로 느낄 비참함은 훨씬 심각했다(우석훈·박권일, 2007).

그리고 향후 대한민국을 주도할 핵심계층으로 부상하고 있는 세대들로, '엑스플러스(X+)'세대와 '에스(S)'세대가 있다. 이들 '엑스플러스(X+)세대와 에스(S)세대'는 인터넷과 스마트폰 등을 자유자재로 활용한다. 엑스플러스(X+)세대는 2011년 당시 30~40대 초반(1968~79년생)의 세대이고, 에스(S)세대는 20대 세대로 향후 대한민국의 핵심계층으로 떠오르고 있었다. 이 두 세대 모두 인터넷과 스마트폰 등을 자유자재로 활용해 자신들의 의사를 표출하는 특징을 지니고 있는데, 특히, 이들은 2011년 10·26 서울시장 보궐선거의 향방을 가른 세력으로 부상하면서 주목을 받았다.

386, 486세대의 뒤를 이은 엑스플러스(X+)세대는 1990년 초반에 등장한 엑스(X)세대가 시간이 흐르며 진화한 이들을 말한다. 1990년 초의 기성세대는 당시 이들 계층을 이해 불가한 대상, 규정할 수 없다는 의미로 '엑스(X)세대'라고 명명했다. 이들은 선배세대와 달리 개인주의와 탈정치적 성향이 극명했고, 대중문화에 심취하고 재미를 추구한다는 비판을 받기도 했다. 인터넷과 휴대전화를 처음으로 자유자재로 사용한 세대로, 이들은 20대 때는 개인주의적인 삶에 치중했지만, 현실의 경제난과 정치적 변동을 경험하면서 점차 사회 참여적인 성향으로 변모했다. 즉, 철없던 엑스(X)세대에서 원숙함과 사회적 각성이 더해진(+) 엑스플러스(X+)세대로 성장한 것이다.

에스(S)세대는 취업난과 양극화 속에 생존(survival)을 위해 힘겨운 싸움을 벌이는(struggle), 그러면서도 모태 디지털세대라 불릴 만큼 인터넷과 에스엔에스(SNS)를 자유자재로 활용하는 스마트(smart)한 세대라는 특징을 지닌다(지식엔진연구소, 2012).

그런데 2010년 이후부터 서서히 청년세대에게 심각한 사회문제가 대두되기 시작했다. 이전에는 경험하지 못한 새로운 형식의 청년문화가 등장했다. 이른바 '엔(N)포세대'다. 엔포세대는 2015년 청년들의 취업시장에 등장한 신조어로, 어려운 사회적 상황 때문에 취업이나 결혼 등 여러 가지 삶을 포기해야 하는 세대를 뜻하는 말이다. 2010년대에 들어서면서 한국의 청년들은 너무나 큰 사회 경제적 압박을 받게 되었다. 그들이 한참 누려야 할 연애, 결혼, 주택 구입 등 많은 것을 포기해야 하는 사회적 한계에 부딪쳤다. 얼마나 많은 것을 포기해야 하기에 '엔(N)포'라고 한 것일까? 처음에는 연애, 결혼, 출산을 포기하는 3포세대라고 하더니, 조금 지나서는 3포에 취업과 주택 마련 두 가지 포기가 더해진 5포세대로 바뀌었다. 이후에는 다시 5포에 희망과 인간관계까지 포기하는 7포세대가 등장했다. 그리고 급기야 외모, 건강까지도 포기하는 9포 세대까지, 포기해야 할 특정 숫자가 정해지지 않고 여러 가지를 포기해야 하는 세대로 전락하고 말았다.

이러한 포기와 더불어, 2015년의 조사에 의하면, 대한민국 청년들은 '절박, 면박, 쪽박, 소박'이라는 네 가지 '박'에 힘겨워한다(여의도연구원, 2015).

첫째, 청년 대학생들은 취업 앞에서 정말 '절박'하다. 청년 대학생들에게 취업은 '허니버터칩'만큼이나 구하기 힘들다. 청년 대학생들의 70% 정도가 취업이 가장 큰 고민거리이고 그로 인해 스트레스를 느낀다. 절반 정도의 청년 대학생들이 휴식도 제대로 취하지 못하면서 나름대로 성공을 위해 노력하고 있다. 취업에 부정적인 영향을 끼친다면 친구 관계도 포기할 정도다.

둘째, 기성세대들은 청년 대학생들을 '면박'한다. 부모님을 비롯한 기성세대들의 상당수가 '남 탓, 사회 탓 하지 마라. 너희가 나약한 것'이라며 면박한다. 그것은 자녀의 개성을 인정하지 않은 부모나 기성세대들의 청년 대학생들에 대한 이해 부족과 무관심에 기인하는 것이기도 하다.

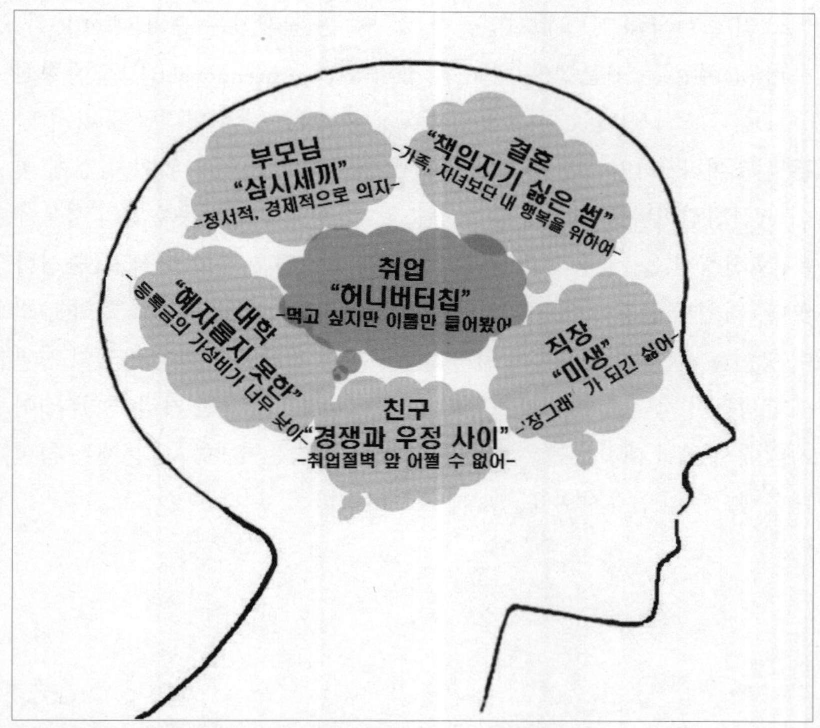

그림 3. 2010년대 주제어로 본 청년 대학생들의 가치관(여의도연구원, 2015)

셋째, 청년 대학생들은 탈출구 없는 현실에 '쪽박'을 찬다. 70% 정도의 청년 대학생들은 개인의 노력만으로 성공할 수 없으며 부모의 사회경제적 지위와 출신 대학 등이 성공에 영향을 미친다고 생각했다. 사회에 발을 내딛기도 전에, 학비나 생활비 부담 등으로 인해 이미 빚쟁이가 되어 있어, 노력만으로는 살아가기 힘든 현실을 실감한다.

넷째, 청년 대학생들은 성공을 위한 거창한 꿈을 꾸기보다는 차라리 보통의 삶을 바라는 '소박'이다. 희망 없는 절벽에 쪼그라든 청년들은 더도 덜도 말고 보통의 삶을 지향하며 안정을 취하고 싶어 한다. 그러다 보니 젊은 패기나 열정을 갖고 도전하고 개척하는 정신보다는 직장 선택에서 가장 중요한 기준을 고용의 안정성으로 꼽았다.

그러나 한국의 100대 기업들이 요구하는 인재상은 슈퍼(SUPER)다. 슈퍼(SUPER)는 전문성(Specialty), 창의성(Unconventionality), 도전정신(Pioneer), 도덕성(Ethicality), 주인의식(Responsibility)의 머리글을 따서 만든 신조어다. 기업마다 사정이 다르겠지만, 대부분의 기업이 이전에 비해 도전정신이나 주인의식 등을 강조했다. 제조업이나 운수업의 경우에는 '도전정신'을, 금융업은 '전문성'을, 도소매업은 '주인의식'을 중시하였다. 기업의 입장에서는 경제적 불황을 타개할 적극적 인재를 원하는 것이 당연하다. 하지만 기업이 원하는 인재상은 위에서 살펴본 한국의 청년 대학생들이 지니고 있는 가치관과 여러 차원에서 상당한 거리가 있다. 이 지점에서 청년 대학생들은 어떤 생각을 해야 하는가? 다시, 문제는 청년 대학생으로서 인류사회에 어떻게 서느냐이다.

배려를 설계하는 내 삶의 길 1

배려를 위한 내 삶의 사명을 선언하다

현재 우리는 제4차 산업혁명 시대를 살고 있다. 제4차 산업혁명의 시대에는 사물과 하드웨어가 스스로 분석하고 생각하는 주체로 변화하고 있다. 현실세계를 디지털화하고, 디지털 세계를 지능화하며, 지능화 시스템을 사회적으로 탑재하고 적용한다.

이런 시대에

나는 어디에 있는가?

나는 무엇인가? 누구인가?

나는 왜 사는가? 어떻게 살아야 하는가?

내가 마주하는 시대정신을 친구로 삼고, 청년 대학생으로서 내 삶에 스스로 던지는 질문에 답하기 위해 내 삶의 배려에 관한 설계를 시작한다.

이 시대, 성인에 입문하는 청년 대학생으로서 내 삶의 사명을 탐색하자. 내 삶에서 끊임없이 일어나는 고민과 방황은, 내가 그것을 정확하게 인식하지 못할 때 발생한다.

나는 특별한 경험도 없고 아직까지 무엇인가 제대로 성취한 것도 없다. 하지만 모든 변화는 '나'로부터 시작한다. 여기, 소박하지만 내 삶을 위한 배려, 내 인생의 사명을 기록해 본다.

내 인생의 사명 선언

1. ______________________________

____

____

2. ______________________________

____

____

3. ______________________________

____

____

4. ______________________________

____

____

5. ______________________________

____

____

년　월　일

__________가 선언하다.

제2장

배려의 개념과 지향

1. 인간 삶의 양식

인간사회의, 인간 내면의, 정말 인간의 삶을 위해 가장 중요한 것은 무엇일까? 에리히 프롬(E. Fromm, 1900~1980)은 〈어느 휴머니스트의 신조〉라는 글에서 다음과 같이 고백했다.

> 나는 믿는다. 사랑이란 성숙한 인간으로 통하는 문을 열 수 있는, 이른바 '핵심열쇠'다. 여기서 말하는 사랑이란 다른 누구, 혹은 나 자신을 제외한 그 무엇과의 일치 및 그에 대한 사랑을 의미한다. 이 때의 일치란 자신의 고결성과 자주성을 제한시킬 필요 없이 다른 이들과 관계하고 다른 이들과 하나라고 느끼는 것을 말한다. 사랑이란 생산적인 지향성으로서, 다음과 같은 특성들이 동시에 존재하는데, 그것이 사랑의 본질이다. 우리는 그것으로써 하나가 되길 원하는 것에 관심을 갖고, 그에 대한 책임감을 느끼며, 그것을 존중하고 이해해야 한다.
>
> 나는 믿는다. 사랑의 실천은 인간을 완전한 인간으로 만들고 삶을 즐길 수 있도록 인간에게 주어진 가장 인간적인 행위다. 그러나 내키지 않는 마음으로 사랑을 행할 때는 무의미하다. (프롬, 박영구 옮김, 1994: 130)

'사랑'은 인간을 '완전한 인간'으로 만든다. 그것은 '생산적 지향성'이다. 사람과 사람 사이에 가장 중요한 삶의 의미가 무엇일까? 사랑이 아닐까? 사랑은 적어도 배려하는 사람들 사이에서 움트는 인생의 싹이리라.

사람은 사회를 통해 자신을 구현한다. 사회는 사람과 사람 사이의 관계를 통해 지속된다. 기능론적 사회관에 의하면, 사회의 각 구성요소들은 사회 전체의 존속에 공헌한다. 구성요소들끼리 서로 영향력을 미치며 상호의존 관계에 있다. 사회는 조화롭게 통합되어 있는 유기체다! 이와 다른 관점으로 갈등론적 사회관이 있다. 사회의 재화는 일정한데, 인간의 욕망은 무한하다. 그러므로 모든 사회는 이를 둘러싼 갈등과 긴장관계에 놓여 있다.

어떤 사람은 사회를 협력과 조화의 광장으로 보고, 어떤 사람은 갈등과 경쟁의 광장으로 인식한다. 무엇이 옳고 그른가? 그런 논의는 소모적이다. 사람과 사람 사이, 그 모종의 사태에서 발생하는 이 사회는 무엇으로 지속할까? 어느 현인(賢人)의 말처럼, 사람은 무엇으로 사는가?

동양의 유교 경전, 《논어》에 이런 말이 있다.

"자기가 서려고 하는 곳에 타인도 세워 주고, 자기가 도달하려는 곳에 타인도 도달하게 하자(己欲立而立人, 己欲達而達人:《論語》〈雍也〉)."

이는 자기 마음을 타자와 더불어 하려는 착한 사람의 심경을 읊은 표현이다. 사람은, 특별한 경우를 제외하고, 내가 하고 싶은 것은 다른 사람도 하고 싶어 한다. 내가 하기 싫은 것은 다른 사람도 하기 싫어한다. 그것이 인간의 일반적 정서다. 이를 잘 드러내 주는 다음과 같은 말도 있다.

"내가 하고 싶지 않은 것을 다른 사람에게 베풀지 말라(己所不欲, 勿施於人:《論語》〈顔淵〉)."

"내 몸에 베풀어 보아 원하지 않는 것을 다른 사람에게 베풀지 말라(施諸己而不願, 亦勿施於人:《中庸》13章)."

다시 설명하면, 내가 싫은 것은 남도 싫어한다. 그러니 그런 일을 다른 사람에게 시키지 말라! 우리의 유교 전통은 자기의 마음과 타인의 마음을 동시에 헤아려 보는 특징이 있다. 물건을 저울질 하듯이, 인간의 삶에 관한 모든 사태를 헤아려 본다. 그것을 한마디로 '권도(權道)'라고 한다.

유교에서는 인간의 길을 크게 두 가지로 요약한다. 하나는 '상도(常道)'이고 다른 하나는 '권도(權道)'다. '상도'는 항상 변하지 않는 기본 윤리이고, 권도는 상황에 따라 바뀔 수 있는 삶의 지혜로 이해할 수 있다. 예를 들어 고대사회에서 남자와 여자가 함부로 손을 잡지 않는 것이 기본 예의[常道]였다. 그런데 여자인 형수와 남자인 시동생, 즉 도련님이 함께 길을 가다가 큰 냇가에 이르렀다. 냇물이 세차게 흘러, 남자도 쉽게 건너기 힘든 상황이었다. 어찌할 것인가? 이때는 비록 여자이지만 형수의 손을 잡고 건너야 한다. 여자와 손을 잡지 않는 것이 원칙[常道]이지만, 그 원칙보다 중요한 것은 지금 물에 빠져 죽게 된 사람의 목숨(생명)이다. 이런 때 권도(權道)를 쓴다. 그렇다고 권도를 마구 써서는 곤란하다. 상도로 지킬 것은 기본적으로 지키고, 아주 특별한 상황이나 어쩔 수 없는 상황에 권도를 고려한다. 이 '권도' 속에 사람을 이해하고 관계를 중시하며 사람이 인간(人間)으로 얽히는 '배려(caring)'의 마음이 함축되어 있다.

서양에도 이와 유사한 유명한 격언이 있다.

"남이 해 주기를 바라는 대로 남에게 하라(Do as you would be done by)."

이 말은 유명한 예수 그리스도의 산상수훈(山上垂訓)에서 유래한다.

"사람들이 너희들에게 해 주기를 원하는 것이 무엇이든 간에 너희들 역시 그들에게 그대로 하라(〈마태복음〉)."

"사람들이 너희들에게 해 주기를 원하는 대로 너희 역시 똑같이 그들에게 하라(〈누가복음〉)."

《구약성서》에는 "남이 너희에게 하기를 원하지 않는 것은 남에게도 하지 말라"로 되어 있다. 이는 기독교에서 최고 덕목인 '사랑'의 정신이자 타자에 대한 배려다.

구분 자체가 모호하지만, 동양과 서양, 유교와 기독교, 공자와 예수로 대변되는 인간 행위의 색다른 구조 속에서, 위의 대표적인 두 가지 언표가 거의 동일한 양식으로 닮아 있는 것은 왜일까? 인류의 보편적 정감(情感) 때문일까? 동서고금을 막론하고 인간의 윤리가 유사하기 때문인가? 좀 거시적으로 이해하면, 인류는 하나의 인간 가족으로 연결되어 있다. 행복을 위해 서로가 의존하고 있는 형제자매의 관계다.

그런 형제자매의 관계망을 통해 우리는 사람으로서 세상을 살아간다. 그러기에 나는 다른 사람에게, 다른 사람은 나에게, 어떤 행동을 기대하기 마련이다. 나는 다른 사람의 행동에 대해 반사적이고 성찰적인 행동을 하면서, 무언가를 기대한다. 동시에 다른 사람도 나의 행동에 대해 반응하거나 대응하며, 무언가를 기대한다. 그 기대의 '사이-세계(inter-world)'에 사람이 지켜야 할 규범이 있다.

우리는 '사람-사이[人-間]'에서 친절과 이해를 보여 줄 준비를 해야 한다. 그것이 아름다운 세계를 가꾸는 기초다. 이를 사고나 언어로 표현하는 것은 아주 쉬울 수 있다. 그러나 행동으로 옮기기엔 지극히 어렵다(P. Milward, 시사영어사편집국 옮김, 1987). 왜냐하면 자기와 타인의 사이 세계, 짝을 생각하는, '배려'를 삶의 중심에 놓아야 하기 때문이다.

그것은 '자기희생'에 관한 톨스토이(L. N. Tolstoy, 1828~1910)의 고백을 들어 보면, 쉽게 짐작할 수 있다.

> 말로만 아니라 진정으로 타인을 사랑하려고 생각한다면, 역시 말대로만이 아니라 실제로 자기 자신을 사랑하는 것을 그만두지 않으면 안 된다. 그런데 우리는 흔히 남을 사랑하고 있다고 생각하며 자신은 물론 남에게도 그것을 믿게 하려고 한다. 그러나 남을 사랑하는 것은 그저 말뿐이고 실제로는 자기 자신을 사랑하고 있는 것이다. 남에게 먹을 것을 주고 잠자리를 제공하는 것은 잊어버리지만, 자기 자신에 대해서는 절대로 잊지 않는다. 그러므로 남을 실천적으로 사랑하기 위해서는, 남에 대해 종종 잊어버리듯이 자기 자신에게 먹을 것을 주고 잠자리를 제공하는 것을 잊어버리지 않으면 안 된다. 희생이 크면 클수록 사랑도 크고, 사랑이 크면 클수록 그 사람의 행위는 많은 결실을 맺으며, 다른 사

람들에게도 크게 이로움을 준다. 인간의 삶에는 두 가지 극한이 있다. 하나는 남을 위해 자신의 생명을 버리는 것이고, 또 하나는 자신의 삶을 전혀 바꾸지 않고 살아가는 것이다. 모든 사람은 이 두 가지 극한의 중간에서 살고 있다. 전자는 모든 것을 버리고 그리스도의 뒤를 따르는 제자에 비유할 만한 삶을 살고 있고, 후자는 삶을 바꾸라는 말을 들으면 이내 돌아서서 가버리는 부자 청년과 같은 삶을 살고 있다. 이 양극 사이에 생활의 일부분만 바꾼 자카이 같은 사람들이 있다. 적어도 자카이가 되기 위해서라도, 우리는 전자의 삶을 향해 끊임없이 정진하지 않으면 안 된다. (똘스또이, 채수동·고산 옮김, 2005: 190)

'배려', 혹은 '보살핌'의 문제는 고립(孤立)을 욕망하는 존재에게서 쉽게 발생하지 않는다. 톨스토이의 고백처럼, 그것은 자연생태계의 법칙처럼 상호의존 관계를 전제로 한다. 상호의존적인 진정한 만남에서 의미가 증폭된다.

2. 배려의 문자적 의미와 윤리의 차원

1) 문자적 의미

'배려(配慮)'는 한자로 구성된 개념이다. 그러나 한자의 고향인 중국에서 일상적으로 쓰는 말은 아니다. 우리나라와 일본에서 '마음을 쓰다'는 뜻으로 자주 쓰인다. 이는 문자적으로 다음과 같은 의미를 지닌다.

배(配)는 글자의 모양이 '술독[酉] 옆에 사람이 꿇어 앉아 있는 모습[己]'이다. 원래 '술의 색깔'을 가리키는 말이었지만, 나중에 배필(配匹)이라는 뜻으로 바뀌었다고 한다. 유교의 경전에도 '짝'을 의미하는 말로 드러난다.

《주역》에서 그것은 "넓고 큰 것은 하늘과 땅이 짝하고, 바뀌고 두루

그림 4. 배려(配慮)의 한자 모습

미침은 사계절이 서로 짝하며, 밤과 낮의 순환은 해와 달이 짝하고, 쉽고 간단한 것은 최고의 덕과 짝한다(廣大配天地, 變通配四時, 陰陽之義配日月, 易簡之善配至德:《周易》〈繫辭〉上)"라고 하였고, 성리학을 종합한 주자(朱子, 1130~1200)도 "짝은 합쳐져서 도움이 있다(配者, 合而有助之意:《孟子集注》〈公孫丑〉上)"라는 의미를 보여 주었다.

세상의 모든 사물은 이것과 저것이 서로 도움을 주며 어우러져 온전하게 된다. 사람 사이 또한 협력을 통해 서로 사귀어야 보다 완전한 상황을 유도할 수 있다. 따라서 배(配)는 배우자가 함께 살아가듯이, 글자 자체가 나와 관계를 맺고 있는 사람과 사람의 유기적 연관을 나타낸다.

려(慮)는 호(虍)와 사(思)가 합쳐진 글자이다. 여기에서 호(虍)는 소리를 나타내고 사(思)는 의미를 담고 있는 부분이다. 따라서 려(慮)는 '생각'과 관계된다. 생각은 마음[心] 작용과 연관되고, '마음 씀'으로 이어진다. 소리를 나타내는 호(虍)는 '아직 완전하게 나타나지 않은 호랑이의 표피 무늬'를 의미한다. 이것을 사(思)에 덧붙인다면, 려(慮)는 '무슨 일을 꾸미려고 생각한다', '마음을 깊이 쓴다', '헤아린다' 정도로 이해할 수 있다. 즉, 내면[마음]에 잠재되어 있는 생각이 언젠가 외면으로 드러나 행동을 유발한다는 이미지가 부각된다.

'배'와 '려'가 합쳐진 배려의 사전적 정의는 '이리저리 마음을 씀', '관심을 가지고 생각해 줌', '염려해 줌', '마음 써 줌', '남을 위하여 여러모로 마음을 씀' 등으로 드러난다. 이는 배려가 기본적으로 나의 마음 씀을 통해, 타인과 관계하는 '연관적 사유'를 전제로 한다는 말이다. 인간의 사회성에 기초하는 인간관계의 문제와 상통한다.

2) 윤리의 차원

사실, 개개인은 그 자체로, 홀로, 더불어 사는 사회에 존재하기 어렵다. 궁극적으로 인간은 타인과의 관계, 사회적 자리매김, 자연과의 호흡, 그 '속'—'안'—에서만 살아갈 수 있다. 왜냐하면 인간은 철저히 사회적 동물이자 관계의 동물이기 때문이다(와쓰지 데쓰로, 최성묵 옮김, 1993: 90). 이는 인간의 역사가 증명하고 있다. '배려'는 그런 인간의 삶 속에서 가장 의미 있는 관계의 윤리학을 요청한다. 그 실천의 근간은 교육과 학습을 통해 보다 효율적으로 확보할 수 있다.

20세기 이후 서구의 양식으로 갈아입은 우리의 교육은 과거의 전통교육(동서양을 막론하고)에 적지 않은 회의(懷疑)를 느끼고 있다. 교육의 이념이나 목적은 물론, 그 내용과 방법에 이르기까지 시대 상황의 변화에 대처하기 위해 다양한 몸부림을 치고 있다. 특히, 학교교육에서 지나치게 인지적(認知的, cognitive) 측면을 강조해 온 데 문제를 제기하고 정서적(情緖的, affective) 측면에 대한 배려를 시도하는 것도 그중의 하나다(B. Clive & M. K. Clare, 1995). 배려는 '인간 활동의 전반적인 측면을 다룬다'는 점에서 교육적으로 의미심장하다. 서구 교육철학계에서는 이미 배려의 문제를 심각하게 연구하며 나름대로 교육의 방향을 제시하고 있다.

배려에 관한 연구로 유명한 나딩스(N. Noddings, 1929~)는 하이데거(M.

Heidegger, 1889~1976)의 개념을 빌려, 배려를 보다 폭넓게 이해한다. 하이데거는《존재와 시간》에서 인간 존재는 '공존성'에 기초한다고 설파한다. 그것은《존재와 시간》제2편 제6장 제79절 "현존재의 시간성과 시간에 관한 배려적인 걱정", 제80절 "배려적으로 걱정된 시간과 시간 내부성", 제81절 "시간내부성과 통속적인 시간 개념의 발생기원" 부분에 구체적으로 잘 나타나 있다. 하이데거의 입장은 다음과 같다.

> 개시된 것으로서 현존재(現存在)는 현사실적(現事實的)으로는 다른 자와 같이 있는 공존성(共存性)이라는 방법에서 실존한다. 현존재는 공공적인 평균적 양해가능성 속에 스스로를 보지(保持)하고 있다. 일상적인 상호공존성에서 해석되고 표현되는 '~하는 지금은', '~할 그때는'은 설사 그것이 어떤 종류의 한계 내에서만 일의적(一義的)으로 날짜가 정해져 있는 데 지나지 않더라도 원칙적으로 양해되고 있다. '가장 친근한' 상호공존성에서는 약간의 사람들이 '같이', '지금은'을 말하는 수가 있지만 그때 각자는 입 밖에 나온 말인 '지금은'에 다른 날짜를 정하고 있다. 〔…〕 말로 표현된 '지금은'은 각자에 따라 세계 내 상호공존성의 공공성에서 말해지고 있는 것이다. (하이데거, 전양범 옮김, 1992)

하이데거는 공존성(共存性)에 기초하여, 배려를 인간 삶의 존재(存在) 그 자체로 설명했다. 그가 이 용어를 사용한 것은 다른 생물들에 대해 염려(念慮)하는 태도, 세심하게 배려하며 일을 해야 한다는 걱정, 가장 심도 있는 존재론적 갈망들, 스쳐 가는 근심의 순간들, 그리고 인간 삶에 따라오는 모든 근심과 비애(悲哀)를 포함하는 것 등 매우 광범위하다. 이런 점에서 배려는 인생의 궁극적 실재와 연계된다(Noddings, 1998: 40).

배려는 넓은 의미에서 우리 인생, 삶의 모든 요소에 스며들어 있는 근본적 관계다. 이는 인간 삶의 전 과정에서 풀어 나가야 하는 과제다. 하지만 나딩스는 "배려의 관계가 기본적으로 배려를 '하는 자'와 배려를 '받는 자'라는 사람 사이의 교제나 만남"이라고 설명한다. 이는 삶의 양식 차원에서 볼 때, 상호관계, 의사소통, 만남, 대화, 자아존중, 공감, 헌신, 협력 등 다양한 덕목들을 핵심내용으로 드러내야 함을 역설한다. 즉, 인간관계를 보다 바람직하게 지속하기 위한 윤리적 실천요목들을 요청한다.

3) 배려와 유사한 개념으로서 톨레랑스

배려와 유사한 개념으로 '관용(寬容)'이라는 말이 있다. 관용은 '너그럽게 용서하고 받아들인다'는 의미다. 관용은 프랑스어로 '톨레랑스(tolérance)'라고 한다. 톨레랑스는 '견디다, 참다'를 의미하는 말로, 16세기 초 무렵 유럽 사회에 처음으로 등장했다. 그 후 톨레랑스는 시대에 따라 다양하게 해석되었다. 18세기 말에 이르면, 톨레랑스는 '인간관계의 바람직한 방식'으로서 개인적 태도를 지칭하였다.

그러나 톨레랑스는 무엇보다도 '이웃사랑'과 연관되었다. 르네상스 시기의 지성인 에라스무스(D. Erasmus, 1466?~1536)는 톨레랑스를 '온정(溫情)'이나 '호의(好意)'로 연관시키며, 모든 계명의 총체이면서 기독교의 첫째 덕목인 '자선(慈善)'과 동의어로 보았다. 이렇게 이해하면, 톨레랑스는 '이웃에 대한 사랑'에서 생겨난다. 로크(J. Locke, 1632~1704)는 톨레랑스가 참된 교회의 주된 특징이라 보고, "우리가 인간에게 자선, 친절, 그리고 호의를 보이지 않는다면 우리는 명백히 기독교인 자체로부터 아주 멀리 떨어져 있는 것"이라고 했다.

이런 톨레랑스는 '평화(平和)'의 계명에 응답한다. 에라스무스는 평화를 '이웃사랑을 토대로 하는 모든 공동체의 수단이자 동시에 목적'이라고 했다. 에라스무스는《평화에 대한 호소》에서 다음과 같이 말한다.

> 예수 그리스도의 전 생애를 보면서 우리는 무엇을 발견하는가? 그것은 다름 아닌 화합과 상호간의 사랑의 교리다. 평화와 화합을 제쳐 두고 기독교의 사랑을 거론할 수는 없다. 그리스도가 평화 이외에 우리에게 무

것을 가르쳐 주고 설교를 했는가? 그리스도는 여러 차례에 걸쳐 '그대에게 평화를'이라는 평화를 핵심으로 제자들에게 인사했다. '내가 너희들을 사랑했던 것처럼 서로 사랑하라.' 또 '내가 너희들에게 나의 평화를 주며 내가 너희들에게 나의 평화를 남기노라.' '벗들과도 평화하고 적들과도 평화하라.' (에라스무스, 사시에 재인용, 홍세화 옮김, 2003: 62)

톨레랑스가 이웃사랑이라면, 그 이유는 평화가 지상의 선 가운데 최고의 선이기 때문이다. 그것은 무엇보다도 정신적인 선이다. 괴로움과 열정에서 해방된 영혼은 이성의 목소리를 듣게 하고, 정신을 승화시키며 구원의 무기를 버리게 해 주는 고요함을 발견하게 만든다. 그래서 톨레랑스는 기독교의 '사랑'과 '이성'의 승리라는 두 개의 사유가 확고하게 결합해 있다.

이런 차원에서 톨레랑스의 양식은 배려와 매우 가까운 의미로 구성된다. '남의 처지에서 보는 것, 이웃사랑을 자기애처럼 하는 것', 그 이상도 이하도 아니다. 그것은 단 한 가지 명령으로 요약된다.

"남이 우리에게 행하지 않기를 바라는 것을 남에게 행하지 말라!"

톨레랑스의 양식은 워낙 진실되고 공정하며 자연적이다. 하느님의 법칙에 의해 모든 인간들의 마음에 깊이 새겨져 있는 규칙이다. 때문에 이 톨레랑스 규범이 옳고 이성적이라는 것을 고백하지 않을 만큼 악독하거나 모든 규율을 지키지 않을 인간은 없다. 이는 나중에 기독교의 배려 정신에서 다루겠지만, 〈마태복음〉과 〈누가복음〉의 계명에 의해 완성된다.

"사람들이 너희에게 해 주기를 바라는 것 모두를 너희들도 그들에게 똑같이 행하라!"

이러한 톨레랑스는 몇 가지 측면에서 특징을 보인다. 그중 하나는 '인간의 과오(過誤)를 받아들이는 것'이다. 인간은 불완전하다. 완전하지 못한 만큼 과오를 저지르게 마련이다. 이런 인간을 받아들인다는 것은 인간의 과오를 받아들이는 것이다. 인간이라면 그 누구도 '스스로 잘못이 없다'라고 자부할 수 없다. 어떤 견해이건 모든 견해에 잘못이 있을 가능성이 존재한다. 그러므로 과오가 인간의 속성이라는 원칙을 일단 받아들여 서로 관대한 자세로 아량을 보여야 한다. 그것이 톨레랑스다.

다음으로 톨레랑스는 인간에 대해 존중하는 태도를 의미한다. 톨레랑스는 일종의 인간의 권리이기에, 그것은 모든 인간 안에 있으며 인간이 되게 하는 자유 속에 뿌리박고 있다. 우리가 살고 있는 세계에서 모든 사물은 물리적 법칙에 강요당한다. 살아 있는 세계에서는 우리가 자연이라고 부르는 다양한 종들 간에 힘에 의한 분쟁이 존재한다. 가장 강한 것이 약한 것을 잡아먹는다. 이런 관점에서 볼 때, 인간의 세계는 예외적이다. 왜냐하면 이 세계에서 물리적 인과관계의 법칙이나 원칙적으로 가장 강한 것에 지배당하지 않고, 인간은 그가 무엇을 결정할 것인지 결정할 수 있기 때문이다. 원칙적으로 인간 사이의 서로 다른 것들에 대한 존중의 태도로부터 톨레랑스의 긍정적 동기가 생겨난다. 다음과 같은 세 개의 논리를 통해 톨레랑스의 의미를 새겨 보자.

> A가 말했다.
>
> "하느님, 또는 대자연에 복종해야 하는 거야."
>
> B가 응답했다.
>
> "물론이지. 하느님과 대자연은 우리 양심에 말하지. 그러니까 각자를 그의 양심에 맡겨야 하겠지."
>
> A가 반박했다.
>
> "아니야. 인간의 이익을 위해 그들을 구원하고 그들의 행복을 위해서는 진리의 이름으로 그들을 강제할 수 있어야 하는 거야."
>
> B가 대답했다.
>
> "그렇겠지. 하지만 톨레랑스는 진리를 알아차리게 하고 진보에 기여하거든. 그것은 이 세계의 행복에 참여하고 내세에서의 복을 보장해 주지."
>
> A가 주장했다.

"그렇지만 강제는 강자의 자유에 대항하여 약자의 자유를 보장해 주니까 좋은 것이지."

B가 응답했다.

"그렇고말고. 그런데 톨레랑스가 바로 자유지."

(사시에, 홍세화 옮김, 2003: 239)

한편, 톨레랑스와 가장 가까운 말은 '환대(歡待)'다. 이 환대 또한 규칙에 대한 복종의 명령, 대화의 필요성, 이방인에 대한 개방에 순응한다. 인간은 복종하는 톨레랑스로서 위반할 수 없는 법에 복종하고, 능률에 따른 톨레랑스로서 대의의 승리를 위해 싸움보다는 대화를 선호한다. 권태에 따른 톨레랑스로서 이미 알고 있는 질서나 유용성에서 벗어나 기분을 전환하게 하면서 우리 삶을 차지할 무슨 일인가를 위해 미지의 것이 필요하다. 뜻밖의 만남을 위해서도 미지의 것이 필요하다. 〈히브리인들에게 보낸 편지〉에 보면, 이런 말이 있다.

"환대를 잊지 말라. 그 덕으로 어떤 사람은 그들 자신도 모르게 천사들을 집에 머무르게 했다!"

온정, 호의, 환대 등으로 이해되는 톨레랑스는 분명 인간의 특성에 기반하여 인간의 삶을 추동하는 힘으로 작용한다. 그것은 어떤 형태이건 용서와 화해, 아량을 베푸는 차원에서 서구 사회의 선한 덕목으로 인식된다.

배려를 설계하는 내 삶의 길 2

내 삶에서 배려는 어떤 의미를 지닐 수 있는가?

배려는 '짝 의식'을 갖고, '짝'으로 사람을 대하며, 실제로 그렇게 살아가는 삶의 진지성(眞摯性)과 관계되는 덕목이다.

지금까지 살아오면서 나에게도 삶의 진지성이 있었는가?

나는 내 삶을 진지하게 추구했는가?

나는 주체적으로 살아왔는가? 남에게 떠밀려 살아졌는가?

나는 과연 자신의 삶을 배려할 수 있는 삶의 진지성을 찾을 수 있을까?

나는 앞으로 100일 동안 배려가 무엇인지, 왜 배려를 해야 하는지, 어떻게 배려를 실천할 수 있는지, 심사숙고 할 것이다.

먼저 내 삶에서 배려는 어떤 의미를 지닐 수 있을지, 현재 시점에서 내가 지니고 있는 배려나 관용 등의 사고를 탐구해 본다.

배려의 의미 탐구

1. 내가 지금까지 생각한 배려는

이다.

2. 배려는

이다.

3. 배려는

이다.

4. 배려는

이다.

5. 배려는

이다.

제3장

한국사상과 배려 정신

1. 한국사상의 의미

한국사상은 과거로부터 지금까지의 모든 한국인들, 즉 한민족의 사유능력이 전개해 온 생활관으로서의 사유세계다. 한국민족이 생활 속에서 당면하였던 모든 사고, 예컨대, '역사적 난관극복을 위한 사고, 지성이 창출하거나 배워서 응용한 사고, 상상하여 믿기도 하고 느껴 찬탄하기도 했던 사고, 비판적으로 분석하고 시정하기도 했던 사고, 경험에 의해 종합하기도 했던 사고'의 체계와 내용이 한국사상일 것이다(윤사순, 1984: 133-134). 그렇다면, 이러한 사상은 어디에 자리하고 있는 것일까? 특히 한국사상이라고 했을 때, 한국이라는 위상은 무엇을 의미하는가?

인간은 '세계-내-존재'로서 세계에 기대어 살아간다. 세계는 모든 존재자가 거주하는 집이다. 이 세계는 다른 표현으로 우주(宇宙)라고도 한다. 《회남자(淮南子)》에 의하면, "옛날부터 지금까지에 이르는 지속성을 주(宙)라 하고, 동서남북의 네 방향과 하늘과 땅의 상하로 둘러싸인 곳을 우(宇)라고 한다(往古來今謂之宙, 四方上下謂之宇:《淮南子》〈濟俗訓〉)." 즉 우주는 공간(空間, space)이라는 횡적 개념과 시간(時間, time)이라는 종적 개념으로, 시간과 공간을 통합적으로 지칭한 용어다. 공간은 동서남북의 사방과 하늘·땅의 상하로 둘러싸인 구체적 장소다. 그리고 시간은 인간의 삶이 지속되는 흐름과 과정이다. 인간은 시간과 공간, '여기-이때'라는 세계를 발판으로 거주하며, 그에 따라 사상을 창출한다.

문제는 '어떤 시공 속에서 삶을 경험했느냐'에 따라 사상이 달라진다는 점이다. 인간이 삶을 누리고 있는 세계는 시공의 차이로 말미암아 구성되는 하나의 풍토(風土, climat)다. 풍토는 달리 표현하면 환경이다. 이때 풍토 혹은 환경은 단순하게 어떤 땅의 기후, 기상, 지질, 토양, 지형, 경관 등의 총칭을 의미하는 지리학적 대상만은 아니다. 인간이 체험한 시간과 공간까지도 포괄하는 인간의 자기이해 유형을 의미한다. 이러한 풍토[환경]와 '나[인간]'는 서로 '제약-협력'하는 관계에 있다. 그러기에 인간의 역사는 인간과 지구 및 그 위에 살고 있는 모든 것과의 관계에서 형성된다. 또 인간이 지각하는 질서에 대해 책임을 느끼는 것으로 상상하는 힘에 관한 삶이다(하임스, 김준민 옮김, 1988: 15). 이런 측면에서 우리가 살고 있는 한국이라는 시공간, 즉 한반도라는 풍토를 구체적으로 인식할 필요가 있다. 다시 말해 한국사상을 제대로 보기 위해서는 한반도를 근거로 하는 인간 삶의 환경을 이해해야 한다. 왜냐하면 사상은 풍토의 자식이기 때문이다.

우리가 살고 있는 한반도는 어떤 풍토를 자아내 왔는가? 먼저, 자연적 풍토를 간략히 보자(유명종, 1999: 3-4). 자연은 기후와 식생을 바탕으로 인간이 호흡하는 공간이다. 이 공간의 특성에 따라 인간은 삶의 방식을 달리 한다. 예컨대, 산악지대에 사느냐, 해변에 사느냐, 평야지대에 사느냐에 따라 사고양식과 행동패턴에 차이가 있다. 그렇다면 한반도는 한국사상에 어떤 디딤돌이 되었는가?

첫째, 한반도는 계절풍이 부는 온대(溫帶, temperate zone)에 처해 있다. 이런 풍토는 수경(水耕)농업을 발달시켰고, 농경을 경제적 바탕으로 삼게 하였다. 수경농업은 많은 노동력과 협력을 필요로 한다. 이는 '대가족주의'를 발전시키는 계기가 되었다. 대가족주의 사회는 개인을 단위로 하지 않고 가족을 사회구성의 단위로 삼는다. 그러므로 가족구성원 사이의 질서체계를 매우 중시한다. 그것은 효도와 자애, 형제 사이의 공경이라는 효제(孝悌)의 가족윤리로 표출되었다. 이는 동시에 가부장적 제도를 탄생시켰다.

둘째, 한반도는 지정학적으로 대륙과 해양을 연결하는 반도다. 반도는 지리적 특성상 대륙이나 대양에 비해 땅이 협소하다. 협소하다는 것은 통제가 용이함을 의미한다. 그러기에 중앙에 권력을 집중시키기 쉽다. 이는 광활한 대륙인 중국에서 한 왕조의 지속 기간이 200여 년 정도인 데 비해, 한반도에서 한 왕조의 지속 기간은 500여 년 이상인 역사적 사실로도 짐작할 수 있다. 또한 좁은 땅이다 보니, 문화의 전달도 비밀전수의 방식으로 이루어지고, 하나의 사조에 고착되기도 하였다. 예컨대, 조선조 유학에서 이학(理學)의 도통(道統) 의식이나 불교 선종(禪宗)의 전수 방식 등이 대표적인 예다.

다음으로 역사·문화적 풍토를 보자(조지훈, 1964: 22-37; 유명종, 1987: 10-12; 유명종, 1990: 21-23). 고고학적 발굴에 의하면, 한반도에는 구석기시대부터 사람이 살았다고 한다. 구석기시대에는 불을 사용하고, 곰을 숭배하는 사상이 있었다고 추측된다. 그리고 신석기시대에는 즐문토기를 사용한 흔적이 있는데, 이는 바이칼 호에서 핀란드·스웨덴·북부 독일 지역에 살던 인간들이 남하하여 한반도의 하천변에서 활동하며 영향을 미친 것으로 추정된다. 그 후 무문토기인은 구릉이나 언덕에 자리 잡고 청동기문화와 거석문화를 형성하였다. 이들은 애니미즘(animism)에 근거를 둔 토테미즘(totemism)의 세계관을 지니고 있었다.

그러나 진정한 지성적 사고는 철기 시대에 들어와서 싹트기 시작했다. 철기문화는 북방으로부터 여러 차례 파급되었다. 전국시대 연나라 화폐인 명도전이 출토된 점으로 미루어 볼 때, 기원전 3~4세기경에 한반도에 이미 철기가 보급되었고, 한사군(漢四郡)이 설치될 때도 철기가 크게 보급되었다. 이 무렵 북방의 유목 민족이 남하하여 중국은 물론 한반도에 영향을 미치기 시작했는데, 부여·고구려·백제 및 가야까지도 반목반농(半牧半農)의 경향이 있었다. 뿐만 아니라, 중국 요녕성 조양현에서 발굴된 청동으로 만든 창과 경북 영천에서 발굴된 마구(馬具), 말이나 호랑이 모양의 대구(帶鉤) 등의 발견으로 보아, 유목 기마민족의 시조인 스키타이 문화의 영향을 받은 것으로 보인다.

이처럼 청동기·철기시대에 들어서면서 한반도는 농경 정착민의 존재와 더불어 기마민족들도 동시에 거주하며 활동하는 무대가 되었다. 이들 기마민족의 경우 대부분 천신(天神)을 숭배했다. 그것은 고구려·백제·신라·가야 등 한반도 고대국가들의 건국신화에 반영되어 있다. 즉, 기마민족의 북방적 요소와 농경문화의 남방적 요소가 결합되어, 반농반목적 성격을 드러낸다.

이렇게 볼 때, 한반도의 사상은 남방적 농경사회의 태양신을 최고로 섬기면서 모권적(母權的)·대지모신적(大地母神的)·신비적·풍요의례(豊饒儀禮) 사상을 바탕으로 하고, 북방유목민의 상천신(上天神)을 중심으로 한 부권적(父權的)·정복적 사상이 파상적으로 남하하여 지배적 사고를 굳혀 왔다고 판단된다. 그러기에 모권과 부권, 정복과 평화, 합리와 비합리, 상천 남신(上天 男神)과 태양 여신(女神)이 결합되어, 지성과 생명이 서로 화합하는 새롭고 독자적인 풍류를 자아내게 되었다.

이러한 한반도 인류문명의 시작은 삼국시대의 유학과 불교의 전래, 고려시대 성리학의 수용, 조선 주자학의 전개, 조선 후기 서학(기독교)의 전래와 수용, 일제 강점기와 해방, 6·25, 그리고 분단과 미국 중심 문화의 침투, 다시 융합의 과정을 거쳐 현재에 이르고 있다.

2. 풍류사상에 스며든 배려

한국사상이 한국인에 의한 주체적 사유라고 했을 때, 한국 고대사회에서 고유사상이라고 논의될 수 있는 사유는 '풍류(風流)'라는 문화풍토에서 발견할 수 있다. 풍류라는 말은 최치원(崔致遠, 857~?)의 〈난랑비서문〉에 기록되어 있다. 최치원은 우리나라에 예로부터 딱 꼬집어 말할 수 없는 고유한 도가 있음을 지적하고, 이것은 유교와 불교, 도교의 세 가지 가르침이 전래되기 이전부터 있어 온 한국 고유의 사상임을 밝혔다. 풍류는 유·불·도 세 가지 가르침이 비빔밥처럼 사상 자체에 포괄되어 있다. 즉, 풍류는 외부로부터 들어온 유·불·도의 요소를 지니고 있는 것이 아니라, 근본적으로 세 가지 사유를 묘합(妙合)하고 있는 고유사상이다. 이 풍류는 현묘지도(玄妙之道)의 다른 이름이며, 선천적인 우리 고유의 사상이다.

실제로, 상고 시대의 우리 조상들은 봄, 가을에 음주가무(飮酒歌舞)를 즐기며 하늘에 제사를 지냈다. 여기에서 그들은 하늘과 하나로 융합하는 강신(降神) 체험을 했다. 이를 사상체계로 표출한 것이 풍류로 생각된다. 그러므로 풍류는 하늘을 섬기는 천신도(天神道)요, 그 핵심은 하늘과 인간이 하나로 융합되는 데 있다. 즉, 내가 없어지고 내 안에 신이 내재한 상태의 '나'가 풍류의 주체가 되는 것이다.

신과 하나가 된 풍류객은 새로운 존재 양식을 갖춘다. 자기 중심의 세계에서 벗어나 다른 사람과의 '관계의 장'으로 옮겨 간다. 그리고 타자들과 접촉하여 그들이 본연의 인간으로 돌아가도록 교화(敎化)한다. 이것은 우리 안에 있는 하늘의 본성이 작용하기 때문이다. 풍류의 실천자는 널리 사람들을 유익하게 하는 인간이다. 그것은 고조선의 건국신화에 등장하는 동시에 대한민국의 교육이념인 '홍익인간(弘益人間)'과 직결된다. 사람을 유익하게 하는 홍익인간은 한국 고유의 가치를 지닌 최고의 배려자를 상징한다.

이처럼 우리 고유의 사유 바탕인 풍류도는 하늘과 하나가 되어 많은 사람들과 사랑의 관계를 맺는다. 풍류의 모습은 다음과 같이 기록되어 있다.

> 우리나라에는 현묘한 도가 있는데, 이를 풍류라고 말한다. 이 가르침을 베푸는 근원은《선사》에 자세히 실려 있다. 실제로 이는 세 가지 가르침

을 포함한 것으로 모든 중생을 직접 교화한다.

사람들은 집 안에 들어와서는 부모에게 효도하고 바깥에 나아가면 나라에 충성을 다하니 이는 노나라 사구인 공자의 뜻이다. 또 억지로 행함이 없이 자연스럽게 일을 하고 말없는 가르침을 행하는 것은 주나라 주사인 노자의 뜻이다. 나쁜 일을 하지 않고 착한 일만을 행하는 것은 축건태자인 석가의 교화다. (國有玄妙之道, 曰風流. 設敎之源, 備詳仙史. 實內包含三敎, 接化群生. 且如, 入則孝於家, 出則忠於國, 魯司寇之旨也; 處無爲之事, 行不言之敎, 周柱使之宗也; 諸惡莫作, 諸善奉行, 竺乾太子之化也:《三國史記》眞興王, 崔致遠〈鸞郎碑序〉)

사실, 최치원의 기록이 불충분하고 또《선사(仙史)》의 소실로 풍류도가 무엇인지 분명하게 알기는 어렵다. 그러나 여러 정황으로 미루어 해석해 보면, 최치원이 화랑도(花郎徒)의 창립과 정신을 말하는 부분에서 풍월도(風月道, 풍류)를 언급하고 있는 것으로 보아, 풍류는 화랑도의 핵심 이념이 된 듯하다.

풍류는 세 가지 가르침을 포함하고 있다고 했다. 세 가지 가운데 유교와 도교, 불교의 본질이 지적된다. 이 중 유교는 사리사욕에 가득한 자기를 버리고 선한 인간의 본성이자 사회공동체가 보편적으로 추구하는 예의를 회복하는 작업이 궁극 목적이다. 그것을 극기복례(克己復禮)라고 한다. 도교의 본질은 인간의 거짓된 언행(言行)이나 심사(心事)를 떠나 자연의 법도를 존중하고 그에 따라 사는 데 있다. 그것을 무위자연(無爲自然)이라 한다. 그리고 불교의 본질은 아집(我執)을 버리고 인간의 본성인 한 마음(一心), 이른바 불심(佛心)으로 돌아가는데 있다. 이것을 귀일심원(歸一心源)이라 한다.

이렇게 볼 때, 세 가지 가르침의 본질은 다 같이 욕망에 사로잡힌 자기를 없애고 우주의 법도인 천부의 본성, 곧 '참마음'으로 돌아가는 데 있다. 우주적 참마음이란 하늘이 준 마음이요 자연스런 마음이다. 그 '참마음'

이야말로 배려를 실천하기 위한 기초다.

이런 풍류의 도를 이어 받은 것이 화랑제도다. 화랑은 처음에는 여자인 원화로 출발했지만, 나중에 남자인 화랑으로 바뀌었다. 이 화랑은 남자 무당인 남무(男巫)로 박수, 박사라고도 한다. 《조선왕조실록》 성종 2년(1471)에 사헌 한치형의 상소(上疏)에 "화랑이라 칭하는 남자가 있는데, 그 광사(狂詐)한 꾀로 남의 재화를 낚아채는 것이 여자 무당인 여무(女巫)와 같다"고 하였다. 정약용의 《아언각비(雅言覺非)》에도 "화랑이란 신라 귀유(貴遊)의 이름이다. 당나라 영호징(令狐澄)이 《신라국기》에서 '잘생긴 자제들을 선택하여 분장하고 이름을 화랑이라 했는데, 나라 사람들이 모두 높여 스승으로 받들었다'"고 하였다. 《동사(東史)》에서도 "화랑이 장식하고 모여서 도의(道義)를 연마하고, 가락(歌樂)으로 즐기며, 산수(山水)를 따라 유오(遊娛)하기를 국토의 먼 곳까지 가지 않는 곳이 없었다"고 하였다.

조선 연산군 9년(1503)에 남무(男巫)를 낭중(郞中)이라 했고, 중종 8년(1513)에는 양중(兩中)이 음탕한 짓을 했다고 하였는데, 양중(兩中)은 낭중(郞中)이 와전된 것으로 화랑·낭도가 변하여 낭중(郞中)으로 전해진 것으로 생각된다. 광대(廣大) 또한 남무(男巫)인데, 노래하고 춤추는 창우(倡優)다.

화랑의 배려 정신은 "서로 도의(道義)로 닦고, 서로 가락(歌樂)으로 즐거이 놀며, 명산(名山)과 대천(大川)을 돌아다녀 멀리 가보지 아니한 곳이 없었다(或相磨以道義, 或相悅以歌樂, 遊娛山水, 無遠不至: 《三國史記》 眞興王, "崔致遠 〈鸞郎碑序〉")라는 대목에서 확인할 수 있다. 여기에서 '서로'를 의미하는 '상(相)'은 인간의 상호작용, 의사소통의 관계를 통해 서로를 배려하는 교학(敎學)과 수련(修練)의 과정이다. 이런 교학과 수련을 통해 어진 재상과 충신, 뛰어난 장수와 용감한 군사가 화랑으로부터 배출되었다.

3. 세속오계 속의 배려

한국의 고대 사상에서 배려를 실천한 사례는 '세속오계(世俗五戒)'에서 더욱 구체적으로 드러난다. 세속오계는 신라 때 원광법사가 당시 청년들에게 교육한 일종의 사회규범에 해당하는데, 《삼국사기》에 다음과 같이 기록되어 있다.

> 귀산은 사량부 사람인데, 아버지는 아간 무은이다. 귀산이 어릴 때 같은 마을 사람 추항과 친구로 지냈다. 두 사람은 다음과 같이 서로를 격려하였다.
>
> "우리는 선비나 교양 있는 사람들과 더불어 놀아야 하네. 그러기 위해 먼저 '정심(正心)·수신(修身)'해야 하네. 잘못하면 치욕을 당할 수도 있을 걸세. 그러니 훌륭한 사람에게 나아가 사람답게 사는 방법을 물어 보세."
>
> 이때 원광법사가 수나라에 유학하고 돌아와 가실사에 있었는데, 당시 사람들이 높이 예우하였다. 귀산 등이 그 문하에 나아가 말하였다.
>
> "저희들 세속의 선비가 어리석고 몽매하여 아는 바가 없습니다. 종신토록 계명(誡銘)으로 삼을 만한 말씀을 해 주시면 고맙겠습니다."
>
> 법사가 말하였다.
>
> "불계(佛戒)에는 보살계(菩薩戒)가 있는데 그 조목이 열 가지다. 너희들이 다른 사람[왕]의 신하로서 산다면, 그것을 감당하기 힘들 것이다. 대신 세속오계(世俗五戒)가 있으니, 그것을 실행하는 데 소홀히 하지 말라.
>
> 첫째, 임금을 충실하게 섬기라. 둘째, 어버이를 효도로 모시라. 셋째, 친구를 믿음으로 사귀라. 넷째, 전쟁에서 물러서지 말라. 다섯째, 생명 있는 것을 죽이되 가려서 하라."
>
> 귀산 등이 답하였다.
>
> "다른 것은 말씀대로 할 수 있겠습니다. 그런데 다섯 번째 '살생유택

(殺生有擇)', 즉 '생명 있는 것을 죽이되 가려서 하라'는 말은 무엇을 의미하는지 잘 알지 못하겠습니다."

법사가 말하였다.

"제사 날과 봄·여름에는 살생하지 아니한다. 이것은 '때'를 택하는 일이다. 그리고 집에서 부리는 가축을 죽이지 않아야 한다. 예를 들어, 말·소·닭·개와 같은 따위는 함부로 죽이지 않아야 하고, 또한 죽여 봐야 고기가 한 점도 되지 않는 미물은 죽이지 않아야 한다. 이는 '물건'을 택하는 일이다. 이렇게 하여 일반적으로 소중하게 쓰이는 것은 소중한 자원이므로 함부로 마구 죽여서는 안 된다. 그런 정신이 바로 세속의 좋은 계율인 것이다."

귀산 등이 말하였다.

"지금부터 대사의 말씀을 받들어 행하고, 실수하지 않도록 하겠습니다."(《三國史記》卷4, 〈新羅本紀〉, "眞興王 37年")

넓은 의미에서, 다섯 가지 계율은 모두 배려의 정신과 실천을 담고 있다. 임금과 신하 사이에는 충실 혹은 충성이라는 배려, 부모 자식 간에는 효도와 자애라는 배려, 친구 사이에는 믿음이라는 배려의 기본이 제시되어 있다. 뒤에서 논의할 나딩스의 분류에 의하면, 충(忠)·효(孝)·신(信)은 '자아에 대한 배려'나 '친밀한 사람에 대한 배려'와 같은 '사람에 대한 배려'에 해당한다. 사람과 사람 사이에 수직적·수평적 인륜 관계로, 한국을 비롯한 동양 전통의 배려 기준으로 이해할 수 있다.

이 중에서도 살생유택(殺生有擇)의 경우를 눈여겨보아야 한다. 이는 단순하게 사람에게 필요한 물건을 쓸 때 '가려서 하라'거나, 불교에서는 물건을 가려서 죽이는데, 동물과 식물 중에서 식물을 선택하므로, 육식을 금하고 채식을 한다는 식의 오해를 불러 일으켜서는 곤란하다. 그것은 '동물과 식물, 땅에 대한 배려'이자 '인간이 만든 세상에 대한 배려'다.

때를 가리고, 물건을 가리는 작업! 그것은 시간과 공간, 사물에 대한 배려다. 인간의 삶 속에서 때를 가리는 일은 자기배려인 동시에 타자에 대한 관계를 인식할 때 가능하다. 봄-여름-가을-겨울, 계절의 순환 속에서 인간은 계절의 주기와 변화에 맞게 제때 할 일이 있다. 예를 들면, 봄에 새싹이 돋아날 때, 그 싹은 보호의 대상이다. 그래야 잎과 줄기가 제대로 뻗어 나와 풀이나 나무로 자랄 수 있다. 그 싹을 마구 밟아 버린다면 어떻게 되겠는가? 식물은 절대 제대로 자랄 수 없다. 어떤 식물의 줄기나 잎, 열매가 필요하다면, 어느 정도 자란 후에, 혹은 열매가 맺은 다음에 수확하면 될 것이다. 그것은 가을쯤에 해야 할 일이다.

인간도 마찬가지다. 식물의 싹에 비유할 수 있는 어린 아이의 경우, 그들의 삶을 배려하지 않는다면 어떻게 제대로 성장할 수 있겠는가? 어릴 때는 보살핌과 돌봄의 시기다. 그 보살핌을 위한 공간이 가정이나 보육기관, 혹은 초등학교다.

물건을 가리는 일은 더욱 신중해야 한다. 예를 들면, 농경사회에서 소가 지니는 가치는 엄청나다. 쟁기질에서 수레를 끄는 일에 이르기까지 소는 농사일에 없어서는 안 되는 가축이다. 그런 소를 사람들이 영양보충을 한답시고 고기로 먹기 위해 마구 잡아서는 곤란하다. 반대로 쓸데없이 보이는 미물들을 마구 잡이로 죽이는 것에도 신중해야 한다. 살점이 얼마 붙어 있지 않은 조그만 생물은 잡아 봐야 고기 한 점 제대로 건질 수 없다. 그리고 그것은 지금 당장 인간에게 필요 없는 미물처럼 보일지 모르지만, 생태계의 차원에서 볼 때 먹이사슬의 한 축이 되어, 저 밑바닥으로부터 인간의 삶에 균형을 맞춰 주는 구실을 할 수도 있다.

이처럼 '때와 물건을 가리는 일'은 인간이 행할 수 있는 배려의 수준 높은 차원이다. 사람과 사람 사이를 넘어, 인간과 자연, 시간과 공간을 포괄하는 우주적 시선에서 배려를 상정하고 있는 것이다.

그런 배려의 현실적 적용과 실천은 바로 정치를 통해 나타난다. 동아시아 전통에서 그것은 '왕도(王道)'의 형식을 갖추고, 국민을 배려하는 최고의 마음 씀씀이가 된다. 그것의 핵심은 바로 '때와 물건'을 가리는 배려였다. 《맹자》에 그런 모습이 구체적으로 포착된다.

농사철을 어기지 않고 농사를 지으면 농사가 잘 되어 국민들이 배불리 먹을 수 있다. 봄에는 밭 갈고 씨앗을 뿌리며 여름에는 김매고 가을에는 수확을 하는 것이 농사의 이치다. 이렇게 한창 농사일이 바쁜 때, 국가에서 국민들에게 부역을 시키거나 국민들이 열심히 지어야 할 농사일을 방해한다면 어떻게 되겠는가? 국민들에 대한 배려가 전혀 없는 것 아닌가? 그러므로 국민들을 위한 배려를 제대로 하는 지도자는 농사일을 방해하지 않는 겨울에 국가의 토목공사를 일으키거나 기타 필요한 일을 국민들에게 부과하였다.

물고기를 잡을 경우에도 아주 철저하게 때와 물건을 가린다. 지나치게 촘촘한 그물, 이제 갓 태어난 물고기 새끼까지도 잡을 수 있는 그물을 웅덩이와 연못에 쳐서 고기를 잡지 않는다면, 많은 국민들이 수시로 생선을 잡아먹을 수 있다. 그물눈이 지나치게 작은 것을 쓰면 모든 물고기를 잡을 수는 있다! 문제는 그 다음이다. 새끼 물고기까지 다 잡아 버리면 물고기 '씨가 마른다. 그럴 경우, 연못에는 더 이상 물고기가 없다. 나중에는 어떻게 할 것인가. 이런 사고와 행위는 매우 근시안(近視眼)적이다. 그러기에 옛날 사람들은 그물눈이 적어도 12cm 정도가 되는 것을 써서 30cm 정도가 넘는 물고기를 잡았다. 한 자가 되지 않는 고기는 시장에 내다 팔 수도 없게 제도를 만들었다. 물론, 다 자란 고기가 멸치처럼 작은 경우에는 그물눈이 촘촘한 그물을 쓸 수도 있고, 상황에 따라 다른 예외도 있으리라.

또한, 나무나 목재를 구하는 경우에도 마찬가지다. 핵심은 나무가 재목으로 쓸 수 있을 정도로 자란 후에, 벌목을 한다는 점이다. 그러기에 봄이나 여름, 잎과 가지가 무성하게 자라고 있는 상황에서는 벌목하지 않는다. 나뭇가지가 튼튼하게 거의 다 자라고 잎이 떨어진 뒤에 산림에 들어가 나무를 구할 수 있게 했다. 그렇게 하여 나무를 보호하면서도 다음에 다시 좋은 목재를 생산할 수 있게 순환하는 구조를 고려한 것이다.

농사와 물고기 잡이, 산림에서의 벌목은 모두 자연의 이치를 고려한 인간의 배려다. 자연의 산물을 인간이 자기이익을 위해 사용하더라도, 우주의 모든 사물과 시공간에 대해 절제하고 더불어 하려는 애착이 엿보인다. 그런 사유가 한국의 전통의식에 배어 있었다.

배려를 설계하는 내 삶의 길 3

한국 전통사상은 배려에 도움이 되는가?

인류사회는 부족이나 민족, 국가마다 나름대로의 문화적 특성을 지니고 있다. 그것은 흔히 고유한 사상이나 독특한 전통이라는 이름으로 전수된다. 한국 사람에게는 오래전부터 '서로(相)'를 위하는 아름다운 문화전통이 전해 온다. 하지만 우리는 현재, 과거의 전통을 고유한 것이자 살아 있는 전통으로 받아들이기에는 너무나 거리가 먼 새로운 시대를 살고 있다. 우리 삶을 이해하고 배려하기 위해, 나는 우리 고유의 전통을 어떻게 받아들일 수 있을까?

우리 고유의 사상이라고 하는 한국사상의 전통,

그것은 나에게 무엇인가?

나는 그런 전통을 알고 있는가? 모르고 있는가?

알고 있다면 선호하는가? 외면하는가?

한국의 전통사상이라고 하는 것이 한국인인 나의 앞길을 가로 막고 있는가? 디딤돌이 되어 내 삶을 활짝 열어 주고 있는가?

한국의 전통사상이 나의 인생, 배려를 고민하며 실천하려는 내 삶에서, '장애물'인지 '동반자'인지, 진지하게 성찰하며 자문해 본다.

한국 전통사상의 의미

1. 한국의 전통사상은 내 삶의 장애물이다.

왜냐하면,

때문이다.

2. 한국의 전통사상은 내 삶의 동반자다.

왜냐하면,

때문이다.

3. 한국의 전통사상은 내 삶에서 어떤 의미도 없다. 단지 박제된 유물에 불과하다. 왜냐하면,

때문이다.

4. 한국의 전통사상은 내 삶의 배려를 실천하는 데, 중요한 의미가 있다.

왜냐하면,

때문이다.

제4장

인류의 위대한 가르침과 배려

1. 유교의 인(仁)과 인간관계

인(仁)은 유교의 핵심사상이다. 유교를 창시한 공자는《논어》에서 한마디로 인(仁)을 정의하지는 않았다. 늘 제자와의 문답이나 자신의 언표 속에 비유와 은유로 표현하고 있다. 이런 점에서 인(仁)은 역설(逆說)과 신비(神秘)로 둘러 싸여 있다(핑가레트, 송영배 옮김, 1993: 69). 인(仁)이 지닌 의미의 다의성(多義性)은 항상 자기의 모습을 은폐하는 동시에 드러내는 것 같기도 한 묘한 상태로 우리의 인식을 흩어 놓는다. 그래서 언제나 열린 해석이 가능하다.

유교는 현실적인 인간을 주요하게 다룬다는 점에서 거대한 인간학(人間學)이다. 특히, 현실 속에서 인간 '행위의 올바름'을 적극적으로 추구한다. 그 올바른 행위의 표준이 '인'이다. 그리고 인은 공자 이래로 중국 전통 철학의 근본적인 범주로 자리하고 있으며, 동양의 도덕윤리 중 중요한 덕목이다.

인을 이해하는 가장 흔한 언표는 공자가 말한 그대로 '사람을 사랑하는 일'인 '애인(愛人)'의 정신이다. 사람에 대한 사랑은 사람에 대한 '관심'과 '이해'에서 시작한다. 사람에 대한 이해는 사람 사이의 관계를 맺는 출발점이다. 그것은 인(仁)의 글자 형태에서도 그대로 드러난다. 인은 사람 사이에 '친하다'는 뜻으로 인(人)자와 이(二)자가 합쳐 이루어진 것이다. 그것은 사람이 둘 이상 모여서 친하게 지낼 수 있는 상황이나 현실의 삶을 의미한다. 이는 인간의 만남을 전제로 한다. 인간의 만남에서 이루어지는 사랑은 외부로부터 오는 것이 아니라 인간의 선천적 본성의 표현이며, 조건과 목적이 없는 자연적인 노정이다(김길환, 1994). 공자의 사상을 이어 받은 맹자는 인에 대해 사람을 사랑하는 일일 뿐만 아니라 그것을 넘어 사람다움 그 자체라고 했다. 여기에는 가슴 쓰라리게 아파하는 마음이 인의 실마리라는 인간 심성의 고귀한 측면이 자리하고 있다.

그 후, 인에 대한 이해와 정의는 끊임없이 이어졌다. 당나라 때의 사상가인 한유(韓愈, 768~824)는 널리 사랑하는 마음인 박애(博愛)를 인이라 했고, 성리학의 집대성자인 주자는 사랑의 원리이자 마음의 덕이라고 했다. 또 마음[心]의 문제를 집중적으로 다룬 남송 때의 유학자인 육구연(陸九淵, 1139~1192)은 인을 본심(本心)으로 보고, 이 본심은 인간 성품의 착함이라고 하였다. 이 사상을 이어 받은 명나라 때의 사상가 왕수인(王守仁, 1472~1528)도 '지극히 착함'과 '마음의 본체'라는 두 가지로 인을 규정했다.

이러한 인의 해석에서 공통적으로 드러나는 점은 '인간-마음-사랑-덕'이라는 개념들이다. 인간의 마음이 본래 착할 것이라는 전제, 사랑하는 마음, 그리고 덕성, 이것이 인의 주요한 의미일 것이라는 해석과 이해다. 이런 이해는 진실한 '사랑의 원리' 속에서 공동체적 이상을 꿈꾸는 인간의 존재 방식을 설명한다. 그것은 다름 아닌 사람과 사람 사이의 배려를 염두에 둔다. 또 공자의 손자인 자사(子思)가 《중용》에서 "인이란 사람이다"고 한 것으로 보아 '인이란 무엇인가?'라는 물음은 바로 '사람이란 무엇인가?'와 동일하다. 이런 점에서 인은 자기를 완성하는 방향과 사회를 공제(共濟)하는 방향에서 고찰할 수 있다(유정동, 1986: 70~72).

인간은 언제나 이미 들어와 있는 '사회' 속에서 자기의 삶과 존재의 의미 맥락을 찾아 왔다. 그런 인간의 삶과 존재양식이 유교적으로 말하면 인이고 배려다. 그런데 한 사회의 동일한 지평 위에서도 존재의 지향에 따라 배려는 다른 양태를 드러낸다. 그렇다면 대한민국 사람들이 인(仁)의 가치를 중심으로 살아왔던 전통사회는 어떤 정신적 디엔에이(DNA)를 지니고 있는가?

중국이나 한국의 경우, 사회(社會, society)라는 성격을 지닌 기초적 단위는 '마을[里]'이다. 문자 그대로 보면, 마을을 의미하는 리(里)는 논밭을 뜻하는 전(田)과 흙을 뜻하는 토(土)의 결합이다. 이는 마을이 농경의 정착과 더불어 형성된 취락임을 강력하게 암시한다. 마을은 그 경작지를 중심으로, 지연(地緣)과 혈연(血緣)에 기반하여 공동체를 꾸려 나가는 정치와 교육, 종교의 공동체였다(김용옥, 1989).

공자가 살던 시대의 사회도 이러한 마을을 바탕으로 한 사회의 재편이 이루어졌다. 실제 당시 동양인의 생활은 농경사회의 공동체에 기반하고 있었다. 이런 사회적 풍토와 환경은 인간의 사유양식을 결정적으로 규정한다. 사회체제는 바로 그 체제 속에 살고 있는 인간의 구체적 삶의 방식에서 결정되며, 그런 인간은 자연 지리적 환경에 절대적인 영향을 받는다. 따라서 '마을[里]'이라는 '사회'는 인간과 자연의 '서로 되기'의 과정 속에서 구체적으로 파악되어야 한다. 이런 관계의 맥락을 통해, 인(仁)사상을 보아야 그 윤곽을 정확하게 그려 낼 수 있다. 다시 말하면 인(仁)은 마을이라는 사회적 맥락을 벗어날 수 없다.

사회란 하나의 특수한 체제(system)를 의미한다. 그리고 하나의 체제로서의 사회의 중핵은 '패턴화를 거친 규범적 질서(patterned normative order)'이며 이것을 통해 사람들의 생활이 집합적으로 조직된다(파아슨즈, 이종수 역, 1978). 독일의 사회학자인 퇴니스(F. Tönnies, 1855~1936)는 《공동사회와 이익사회》에서 다음과 같이 언급했다.

> 인간의 의지는 타인과의 다양한 관계 속에서 존립한다. 그리고 그 하나하나의 관계는 하나의 상호작용이기 때문에, 그러한 점으로 보아 일방(一方)에서는 행하는 것 또는 주는 것이, 상대방으로서는 당하는 것 또

는 받아들이는 것을 의미한다. [⋯] 제각기의 관계는 다수 속에서의 일치, 또는 일치 속에서의 다수를 나타낸다. 모든 관계는 일정치 않고 변화하고 있는 촉구(促求)·경감(輕減)·성과(成果)에서 형성되는 것이기 때문에, 의지와 의지의 힘에 대한 표현으로서 고찰되고 있다. 이러한 적극적인 관계에 의해 형성된 집단을 내외적으로 통일되게 작용하는 본질, 또는 대상으로 파악하면, 하나의 결합이라고 할 수 있다. 관계 그 자체, 즉 결합은 현실 또는 유기적 생활로 파악되든지, 아니면 이념적 또는 기계론적 형성체로 파악된다. 전자가 공동사회의 본질이고 후자가 이익사회의 개념이다. [⋯] 현존하는 모든 것은 그 특징적인 형태와 운동을 규정하는 전체적 현존과의 관련 속에서 고찰되는 한에서만 유기적이다. 따라서 다양한 외형을 가진 인력(引力)은 우리들의 인식 대상이 되는 우주를 하나의 전체적인 것으로 만들어 낸다. 말하자면 이 전체의 움직임은 그 운동을 통해 두 개의 물체가 서로 서로 그들의 위치를 바꾸는 그러한 운동 속에서 나타난다. 그러나 그 지각(知覺)과 지각에 입각하고 있는 '과학적 관점'을 위해서는 전체적인 것이 그 작용을 하기 위해 어떠한 한계를 가져야 하는 것이다. (Tönnies, 황성모 역, 1976: 20-24)

인(仁)은 어떠한 형식으로 드러나건 사회적 관계 내에서만 유효하다. 따라서 사회라는 그림의 바탕을 외면할 수가 없다. 즉, 사회 속에서 관계의 질서를 엮어 가는 핵심적 연결고리다. 따라서 '패턴화를 거친 규범적 질서'이거나 '집단을 내외적으로 통일되게 작용하는 본질', '결합의 원리'라고 볼 수 있다. 이런 관계의 본질은 움직임, 운동의 형태 속에서 드러난다.

공자는 당시 서로를 적대시하고, 사리를 추구하며, 예(禮)·악(樂)을 파괴하는 귀족이나 지식인 계층을 향하여, 인(仁)의 덕목을 알고 실천할 것을 주창했다. 비인간화한 현실을 각자의 이름에 걸맞은 일을 실행하는 인간적 현실로 바꾸려는 사상운동을 벌였다. 인은 바로 그런 사회에 던진 배려의 메시지였다. 따라서 인(仁)은 유교의 배려 사상과 내용, 목표와 방법을 구체적으로 제시해 주고 있는 포괄적인 사유와 실천의 체계다.

다시 강조하면, 인(仁)은 글자 형태 그대로, 사람 사이의 인간관계다. '짝'을 찾는 작업이다. 사람이 짝을 이룬다는 것은 너와 나의 관계가 친밀하다는 말과 같다. 혼자 있으면 짝을 이룰 수 없다. 짝이 지어지면, 서로 가까워진다. 나와 너 사이에, 자기 마음을 미루어 보아 타인에게 따뜻하게 해야 한다는 배려의 정신이 그것의 핵심이다(한기언, 1978).

인간은 홀로 존재할 수 없다. 인은 이미 인간의 '사이 세계'를 전제하고 있다. 인간은 주위의 다른 사람과의 관계에서 뚜렷한 존재의 의미를 갖게 된다. '인'이란 근본적으로 자기로부터 추론된 '당위적 행위'를 타인과의 관계에서 구현하는 작업이다. 소극적으로 말하면 타인의 '입지(立志)나 관심'을 해치지 않는 것이고, 적극적으로 말하면 타인의 입지나 관심을 자기의 그것 위에 두거나 적극적으로 실현시켜 주는 것을 말한다.

차근차근 들여다보면, 삶은 사랑을 먹고 그것으로 인해 꽃을 피운다. 삶에서 사랑은 불가결의 요건이며 전제다(정종, 1980: 44). 인은 '사람을 사랑하는 생활', 배려 그 자체다. 배려는 인간들 사이의 만남과 대화 상황에서 이루어진다. 대화 가운데 개인의 완성과 타인의 완성을 동시에 꾀한다. 이는 개인의 도덕적 인격완성이나 심리발달에 그쳐서는 안 된다. 인은 절대 개인의 차원에 머물러 있지 않는다. 타인과의 생활을 전제로 바람직한 관계 정립을 염원한다. 어떤 경우에도 더불어 살아간다는 공동체적인 생명의 지속을 갈구한다. 그것은 인간-삶-사회에 관계하는 배려의 상징이다. 인은 배려의 차원에서 인간의 전체적 삶에 생명력을 불어넣는 작업과도 같다. 다시 말하면 인(仁)은 사회의 비인간화 현상에 대한 인간의 자기 회복 방법이다.

2. 불교의 줄탁동시(啐啄同時)와 소통

불교는 아주 쉬운 것 같으면서도 매우 난해하다. 더구나 구체적으로 종교적 수행(修行)을 하지 않고 학문적으로 인식할 때, 그 진리를 파악하기란 더욱 어렵다. 무엇이 그렇게 만드는가? 한마디로 불교는 '깨달음'을 목적으로 하는 심오한 종교이기 때문이다. 도대체 깨달음이란 무엇인가?

불교적 깨달음은 '마음'에서 시작되어 '마음'에서 완성된다. 온통, 오직 마음뿐이다. 그래서 불교를 '마음의 종교'라고 부른다. 이를 잘 드러내고 있는 것이 유식론(唯識論)이다. 마음에서 마음으로 전하는, 이심전심(以心傳心)의 방법으로 불교는 진리를 드러낸다. 마음의 깨달음, 마음공부, 그것은 끊임없는 수행, 자기 조절의 과정을 거친다. 이 모든 불교적 수행법은 우주적 진리를 향한 인간의 배려, 그런 공부의 근본이자 기초다.

불교에서 인간의 현실을 비롯한 모든 존재는 '괴로움(suffering)' 자체다. 그 원인은 그릇된 행위에 있으며, 그릇된 행위는 자기 자신과 세계의 참모습을 올바로 알지 못하는 정신적 미혹(迷惑)에서 기인한다. 불교는 바로 자기 자신과 세계의 참모습을 올바로 알게 하려는 '깨달음'의 종교다. 인간은 깨달음을 통해, 삶이 바르고 밝아져 자연스럽게 행복을 실현하게 된다.

이렇게 볼 때, 불교에서 존재(存在)로서의 인간관은 '고관(苦觀)'이며, 당위(當爲)로서의 인간관은 '각관(覺觀)'이라고 할 수 있다(박선영, 1989: 49). 따라서 불교사상에 기초한 배려의 방향이나 목적은 지식의 축적이나 전문기능의 습득이라기보다 깨달음에 있다. 정신적 자각이 본질적인 것이다.

다시 강조하지만, 불교에서는 깨달음, 자아의 각성을 매우 중시한다. 고대 그리스의 명언인 "너 자신을 알라!" 혹은 실존 철학에서 각성(覺醒)의 문제를 명석하게 고려했던 것처럼, 불교에서도 '각성'이 일차적으로 요구된다. 그런데 인간의 자아 각성은 직관적으로, 비약적으로 이루어진다고 한다. 불교에서 말하는 '돈오(頓悟)'다. 비약적 각성인 돈오를 통해 인간의 현실세계는 가치론적으로 새로운 의미를 지니게 되고, 삶은 전환을 가져온다.

그러나 이 돈오로 삶의 문제가 끝나는 것은 아니다. 인간은 과거에서 현재, 미래를 지속적으로 살아가는 유기체이므로 몸에 밴 습성까지 비약적 각성을 통해 모두 쓸어버리지는 못한다. 따라서 돈오 이후 끊임없는 수양을 통해 점차 닦아 나가는 '점수(漸修)'가 요구된다. 이는 고려시대 고승이자 불교사상가인 지눌(知訥, 1158~1210) 이후, 조선시대의 휴정(休靜, 1520~1604)을 거쳐 한국불교의 맥을 이어 온 돈오점수(頓悟漸修)의 전통과 관계된다.

불교적 관점에서 배려의 본질은 바로 인간의 깨달음, 내면적 자각을 전제로 한 문화 지식의 전수, 인간 행동의 변화, 사회의 유지와 혁신 등으로 볼 수 있다.

이러한 배려를 실천한 인간상의 정점에 불타(佛陀), 석가모니(釋迦牟尼)가 있다. 그런데 불타는 깨달은 사람, 밝은 사람, 따뜻한 사람으로 지혜와 자비(慈悲)를 상징한다. 깨달음은 본질적으로 스스로 깨닫는, 자각(自覺)을 의미한다. 따라서 불타는 '자각적 인간형' 혹은 '자주적 인간형'이다. 자주적 인간형은 불타까지도 벗어 던진다. 선가(禪家)에서는 "본분을 바로 들어 보일 때는, 불타나 조사(祖師)도 아무런 공능이 없는 것이다"(《禪家龜鑑》)라고 하여 스스로의 깨달음을 가장 중시했다. 이는 성불(成佛)과 해탈(解脫)을 위해, 궁극적으로 불타의 구속으로부터 자유로울 것을 요구한다.

그러나 배려는 인간관계를 전제로 한다는 점에서, 선가가 강조했던 해탈의 재해석이 요구된다. 불교 선종(禪宗)의 최고 기록으로 꼽히는《벽암록(碧巖錄)》에 유명한 '줄탁(啐啄)'이야기가 있다. 최근 학계에서 바람직한 교학(教學)의 모습을 논할 때, 자주 인용하는 사례이기도 하다.

어느 날 한 스님이 경청 화상에게 찾아와서 말하였다.

"저는 이미 대오개발(大悟開發)의 준비가 되어 껍질을 깨뜨리고 나가려는 병아리와 같습니다. 부디 화상께서 껍질을 쪼아 깨뜨려 주십시오. 이끌어 주시면 곧 깨달음의 경지로 나아갈 수 있습니다."

그러자 경청 화상이 말하였다.

"정말 그렇게 하여 깨달을 수 있을까?"

다시 스님이 말하였다.

"제가 깨닫지 못하면 화상에게는 줄탁(啐啄)의 솜씨도 살활(殺活)의 칼도 없는 셈이 됩니다. 그렇게도 유명하신 분이 '깨달음의 직전에 있는 일개 중도 제대로 이끌지 못했다'고 하면, 세상의 웃음거리가 되지 않겠습니까?"

경청 화상이 말하였다.

"이런 멍청한 놈!" (안동림 역주, 1999)

그 스님은 경청 화상에게 함부로 덤벼들었다가 혼이 난 셈이다. 막 부화하려는 병아리와 그것을 품고 있는 어미닭. 그 새끼와 어미가 언제 껍질을 깨고 나갈지 아직 서로 모르거늘, 누가 알아서 함부로 쫀단 말인가! 톡톡 쪼면 번쩍 깨어나련만, 그 스님은 아직 껍질 속에 있다. 거듭 얻어맞는데도 세상의 스님들은 부질없이 겉만 더듬고 있다!?

젊은 중과 경청 화상 사이에 벌어진 줄탁의 비유는 엄정(嚴整)하다. 그것은 '서로 모른다'는 사실에 기인한다. 모르는데 어찌 함부로 쫄 수 있겠는가? 서로 누구인지 모르는데 어찌 함부로 사람 사이에 형성되는 삶의 모델을 제시할 수 있는가? 세상을 살아가는 사람과 사람, 인간의 모습이 이처럼 어렵다.

줄탁의 예화에서 파생된 염원(念願)이 이른바 '줄탁동시(啐啄同時)'의 사유다. 줄탁동시는 '병아리가 탄생할 때, 계란 속에 있는 병아리는 안에서 부리로 문지르고, 어미 닭은 그 낌새를 알아채고 밖에서 쪼아 주는 일이 동시에 일어난다'는 의미다. 이때 병아리와 어미 닭은 어떤 교감을 할까?

말로 형용하기 힘든 줄탁의 순간, 우리는 전율을 느낀다. 수많은 인간이 다양한 환경에 어울려 있는 이 사회에서, 그것은 어떤 의미를 담지하고 있을까?

이런 차원에서 어미 닭과 병아리 사이에 이루어지는 배려는, 모르는 세계에서 앎의 세계로 들어올 때 가능하다. 즉, 무지(無知)에서 지(知)로의 전환, 병아리와 어미 닭의 생명에 관한 유기적 인식! 달걀이 부화할 때, 병아리가 계란의 안쪽에서 부리로 문지르고 어미 닭이 바깥에서 껍질을 쪼아 그 시기가 딱 들어맞을 때 달걀의 껍질이 깨지면서 새 생명이 탄생한다. 그 소통의 극치가 줄탁동시다! 이것은 불교적 시각에서, 사람과 사람 사이에 이루어질 수 있는 최고의 배려 모습이다.

3. 기독교의 사랑과 이웃

'사랑'은 기독교의 첫째가는 계명이다. 기독교의 세 가지 근간이라고 할 수 있는 믿음-소망-사랑, 그중에서도 제일은 사랑이다(고린도전서 13: 13). 사랑에 관한 구체적 기록은 〈마태복음〉(22: 34~40), 〈마가복음〉(12: 28~34), 〈누가복음〉(10: 25~28) 등 《신약성서》 곳곳에서 드러난다. 이 가운데 〈마가복음〉의 기록은 기독교 배려정신의 핵심을 보여준다. 〈마가복음〉의 기록은 다음과 같다.

> 율법학자 한 사람이 와서 그들이 토론하는 것을 듣고 있다가 예수께서 대답을 잘하시는 것을 보고 "모든 계명 중에 어느 것이 첫째가는 계명입니까?" 하고 물었다.
>
> 예수께서 이렇게 답하였다. "첫째가는 계명은 이것이다. '이스라엘아 들으라, 우리 하느님은 유일한 주님이시다. 네 마음을 다하고 목숨을 다하고 생각을 다하고 힘을 다하여 주님이신 너의 하느님을 사랑하

라.' 또 둘째가는 계명은 '네 이웃을 네 몸같이 사랑하라'는 것이다. 이 두 계명보다 더 큰 계명은 없다."

이 말씀을 듣고 율법학자는 "그렇습니다, 선생님. '하느님은 한 분이시며 그 밖에 다른 이가 없다' 하신 말씀은 과연 옳습니다. 또 '마음을 다하고 지혜를 다하고 힘을 다하여 하느님을 사랑하는 것'과 '이웃을 제 몸같이 사랑하는 것'이 모든 번제물과 희생제물을 바치는 것보다 훨씬 낫습니다" 하고 답하였다.

예수께서는 그가 슬기롭게 대답하는 것을 보시고 "너는 하느님 나라에 가까이 와 있다" 하고 말씀하셨다. 그런 일이 있은 뒤에는 감히 예수께 질문하는 사람이 없었다. (〈마가복음〉, 12:28-34)

사랑에 관한 계명은 두 가지다. 첫째는 유일신 하느님에 대한 무조건적 사랑이고, 둘째는 이웃에 대한 현실적 사랑이다. 이 가운데 이웃에 대한 사랑은 현실 속에서 실현되는 최고의 배려다. 해설판 공동번역《성서》에서는 이를 다음과 같이 해설하고 있다.

예수께서는 인간다운 생활의 본질과 정신을 분리할 수 없는 두 면을 가진 유일한 행위라고 요약하신다. 먼저 "자기 자신을 전적으로 바쳐 하느님을 사랑해야 한다." 왜냐하면 참되고 절대적인 하느님은 오직 한 분뿐이시고 인간은 하느님께 자기 자신을 바침으로써 자기 자신과 타인과 사물을 절대화하지 않게 되기 때문이다. 그리고 "이웃을 자기 자신처럼 사랑해야 한다." 다시 말해서 인간끼리는 억압하거나 억압당하고 명령하거나 복종하는 관계가 아니라 형제애의 정신으로 서로를 섬기는 관계를 맺어야 한다. 인생의 활력은 사람들 사이에 친한 관계를 엮어가는 사랑이다. 온갖 만남과 맞섬과 갈등을 더욱 정의롭고 하느님 나라에 더욱 가까운 사회를 건설하는 방향으로 이끄는 사랑이다. (국제가톨릭성서공회, 1995: 90-91)

두 가지 사랑 중에서도 "네 이웃을 네 몸같이 사랑하라"는 31절은 28~34절 전체에서 가장 까다로운 구절이다(박태식, 2009: 264-266). "네 이웃을 네 몸처럼 사랑하라"는《구약성서》〈레위기〉(19: 18)에서 따온 구절이다. 이는 사회적 관계에서 사람이 취해야 할 자세를 종교적 차원으로 정의한 계명으로, 사람과 사람 사이의 배려에서 '사랑'을 최고의 덕목으로 규정한 것이다.

2세기 초엽에 활동했던 유대교의 지도자 아키바(B. J. Akiba, 50-135)는 "네 이웃을 네 자신처럼 사랑하라. 이것이 율법의 전체를 관통하는 원칙이다"라는 말을 남겼다. 또한 의로운 시몬(Simon)은 세상을 지탱하는 세 기둥으로 '율법-예배-이웃사랑'을 꼽은 바 있다. 이는 유대교 내에서도 이웃사랑을 최고의 계명으로 간주하는 풍토가 있었다는 의미다.

당시 문헌들을 살펴보면, 사랑의 계명은 예수의 독특한 발상이 아니다. 1947년 사막의 동굴에서 발견된 성서의 필사본인 쿰란(Qumran)의 문헌에 보면, "주님을 온 힘으로 사랑하고, 모든 인간을 나의 자식들처럼 사랑하라. 주님을 너의 전 삶으로 사랑하고, 서로를 진심으로 사랑하라"는 가르침이 등장한다. 또한 헬라[Greece] 유대교의 거목인 알렉산드리아의 필로는 하느님에 대해서는 지극한 경외심이 중요하고, 사람에 대해서는 사랑과 정의가 중요하다고 하였다. 그런데 예수는 왜 하느님에 대한 사랑과 이웃에 대한 사랑을 사랑의 이중주로 제시해 놓았을까?

첫째, 예수는 하느님 사랑을 이웃사랑으로 환원시켰다. 예수가 대답한 핵심은 "네 이웃을 네 몸같이 사랑하라"에 있다. 하느님에 대한 사랑은 실제로 증명하기 힘들다. 그러나 이웃사랑은 눈에 보이는 대상이 있으므로 훨씬 구체적이다. 따라서 이웃사랑을 하느님 사랑의 구체적 표현으로 보아, 이웃사랑만 열심히 실천하면 자동적으로 하느님 사랑까지 하게 된다. 이 지점에서 예수가 말한 사랑의 의미는 이웃에 대한 배려, 나아가 인간에 대한 배려로 이해된다.

둘째, 예수는 사랑의 이중 계명을 통해, 구약의 십계명을 요약했다. 십

계명은 '① 여호와 이외의 다른 신을 섬기지 말라. ② 우상을 섬기지 말라. ③ 하느님의 이름을 망령되이 부르지 말라. ④ 안식일을 거룩히 지키라. ⑤ 부모를 공경하라. ⑥ 살인하지 말라. ⑦ 간음하지 말라. ⑧ 도둑질하지 말라. ⑨ 이웃에게 불리한 거짓 증언을 하지 말라. ⑩ 네 이웃의 재물을 탐내지 말라'이다. 십계명은 하느님 사랑과 이웃사랑을 통해 전반부인 ①~④계명이 후반부인 ⑤~⑩계명으로 정리되었다. 따라서 예수가 두 계명을 제시한 듯 보이지만, 실제로는 십계명을 하나의 계명 체계로 통합한 것이다.

셋째, 이웃사랑은 하느님 사랑의 보완이다. 유대교의 제사와 의식은 온전히 하느님만 섬기는(=사랑하는) 예배 행위다. 하지만 하느님 사랑이 보다 완벽해지려면 이웃사랑이 절실히 필요하다.

넷째, 이웃사랑은 하느님 사랑과 별개의 계명이 아니라 확장된 계명이다. 《성서》 곳곳에는 율법의 정수를 이웃사랑이라고 했다. 이는 하느님 사랑에서 사람을 사랑하는 것으로 확대되어 나가던 당시 교회의 경향을 보여 준다.

이런 설명을 통해 볼 때, 두 계명은 사랑이라는 모티프로 연결된다. 그것은 기독교가 사랑을 실천하는 이웃배려의 종교임을 일러 준다. 특히, 이웃이라는 나 이외의 모든 인간을, 사랑의 대상, 배려의 관계에 자리매김해야 함을 확인시켜 준다. 예수는 그것을 실증하였다. 〈마태복음〉(5~7)과 〈누가복음〉(6: 20~49)에 실려 있는 산상수훈(山上垂訓, Sermon on the Mount)은 좋은 사례다(종교교재편찬위원회 편, 1988: 499-501).

예수는 하느님의 사랑이 실현되는 현장을 민중의 삶 속에서 찾았다. 그것은 민중의 삶으로 대변되는 이웃에 대한 사랑이었다. 예수는 스스로 민중을 택하였고 민중과 더불어 살면서 민중에게 관심을 쏟았다. 따라서 그의 윤리적 교훈도 민중을 향해 외쳐졌다.

'산상수훈'은 예수가 그를 따르던 무리들에게 들려주었던 윤리적 교훈들 가운데 진수(眞髓)만을 수집·정선해 놓은 그의 어록이다. 문맥은 간결하고 정언적 명령문으로 일관되어 있다. 그 속에는 "하느님께서 너희를 택하여 너희를 축복하심으로써 그의 사랑을 구현시키고 있다"라는 예수의 의지와 확신이 들어 있다.

니부어(R. Niebuhr, 1892~1971)는 이 산상수훈에서 드러낸 예수의 의지와 확신을 다음과 같이 피력하였다.

> 예수의 근본적인 확신은, 하느님의 통치와 그 통치의 의로움이 가까운 장래에나 먼 미래의 어느 날에 명백하게 될 것이라는 데 있는 것도 아니며, 동시에 그 통치가 예상될 수 있다는 의미에서 현재 실재하고 있다는 것도 아니다. 오히려 예수의 확신은 하느님께서 지금 통치하고 계시며 따라서 그의 통치와 그 정의의 실현은 너무나 분명하다는 데 있다. 예수는 미래가 분명하니 현재도 그럴 것이라는 논증보다는 현재가 분명하니 미래에도 그럴 것이라는 논증을 전개한다. (종교교재편찬위원회 편, 1988: 499-501)

하느님의 사랑, 그 선택과 구체적 내용이 정당한 이유는 예수의 산상수훈 내용 자체가 증명한다. 그 첫머리에 두드러지게 나타나는 8가지 축복이 그것이다. 예수의 가르침은 구약의 예언자들이 가르친 윤리적 교훈과 구별된다. 예수는 예언자들처럼, 부유한 자들과 강한 자들에게 가난하고 억눌려 있는 사람들을 공정하게 다루어 줄 것을 역설하지 않는다. 이 지점에서 예수의 사랑과 배려 정신의 특징을 확인할 수 있다.

예수는 직접 가난하고 억울하게 당하기만 하는 이들을 향해 하느님의 복된 소식을 전한다. 산상수훈에는 아모스(Amos) 같은 예언자에게서 읽을 수 있었던 것과 같은, '가난한 사람들을 억압하고 수탈하는 데서 돌이키라'는 식의 명령은 찾아볼 수 없다. 예수가 관심을 둔 삶의 현장은 사람들에게 짐을 지워 십 리를 나르도록 강요하는 지휘관의 상황이 아니라, 억압당하는 민중들의 정황이었다. 그것은 "집에 집을 더하고 땅에 땅을 더하는" 지배 계급들의 상황이 아니라 바로 다음 날 끼니를 걱정하는 민중, 이웃들이었다.

민중들–이웃의 정황은 실제로 가난하다 못해 심령까지 가난하다. 매번 억울한 일을 당해 애통하지만 끝내 온유하다. 자기 자신은 늘 정의에 주리고 목말라하면서도 타인에 대해서는 긍휼(矜恤)하다. 강자와 대결할 세력도 없지만 본디 화평(和平)을 좋아하여 결국은 스스로 핍박을 받는다. 이에 대한 예수의 반응은 다음과 같다.

하느님은 이웃들의 긴박한 외침을 들으셨다!

이에 먼저 그들의 현장에 관심을 두셨다!

그리고 이제 막 그들을 돌보기 시작하셨다!

이것은 기독교적 사랑, 배려의 하이라이트다. 이웃들의 처절한 비명 앞에서 축복은 더욱 생동력 있게 반응한다.

> 심령이 가난한 자는 복이 있나니 하느님의 나라가 저희 것임이요, 애통하는 자는 복이 있나니 저희가 위로를 받을 것임이요, 온유한 자는 복이 있나니 저희가 땅을 기업으로 받을 것임이요, 정의에 주리고 목마른 자는 복이 있나니 저희가 배부를 것임이요, 긍휼히 여기는 자는 복이 있나니 저희가 긍휼히 여김을 받을 것임이요, 마음이 청결한 자는 복이 있나니 저희가 하느님을 볼 것임이요, 화평케 하는 자는 복이 있나니 저희가 하느님의 아들이라 일컬음을 받을 것임이요, 정의를 위하여 핍박받는 자는 복이 있나니 하느님의 나라가 저희 것임이라. (〈마태복음〉 5: 3-10)

이웃에 대한 예수의 관심과 보살핌, 그 배려의 의미가 은혜와 축복으로 받아들여지는 이들은 바로 민중 자신이다. 동시에 그것이 예수의 윤리적 교훈의 요청으로 들려지는 사람들이 바로 기독교에서는 하나님의 자녀일 것이다.

특히, 후자의 요청을 비유로 설명해 준 것이 "선한 사마리아인 이야기"

다(〈누가복음〉 10: 29-37). 여기서 예수의 특유한 이웃 개념이 드러난다. 이는 〈누가복음〉를 기록한 사람의 독특한 편집 기법으로, "내 이웃이 누구입니까?"라는 질문에 초점이 맞춰진다. 이때 예수의 답변은 그 누구도 예측할 수 없는 방향으로 전향된다. "네 의견에는 이 세 사람 중에 누가 강도 만난 자의 이웃이 되겠느냐?"(〈누가복음〉 10: 36)라는 예수의 반문은 도움을 받아야 할 강도 만난 자만이 이웃이라고 생각했던 독자들의 관심을 뒤집어 놓는다.

자비를 베푼 자도 너의 이웃이 되며 그가 바로 너에게 늘 업신여김을 받던 사마리아인임을 깨달아야 하는 것이 예수의 이웃에 대한 교훈이다. 이것은 있는 사람이 없는 사람을 돕는 것이 아니라 업신여김을 받은 사람이 오히려 고난을 당하는 사람을 돕게 된다는 '동료의식'에서 오는 이웃 개념이다.

이처럼 기독교의 이웃사랑은 어려운 상황에서 실천된다. 즉, 기독교적 배려는 고통 속에 피는 꽃과도 같다. 그것이 예수의 삶이요, 기독교적 배려의 특징이다.

4. 이슬람교의 평화와 희사(喜捨)

'이슬람(Islam)'이라는 말의 어원은 언어학적으로는 '평화'이고, 신학적 의미는 '복종'이다(이희수·이원삼 외, 2008). 때문에 이슬람 사상의 핵심은 '평화'와 '복종'이다. 다시 말하면, 유일신 알라(Allāh)에게 절대 복종하고, 그것을 통해 평화를 얻는다. 그러므로 평화는 이슬람의 핵심정신이요 삶의 구체적이고 궁극적인 목표다.

이슬람은 히브리어의 '샬롬(Shalom)'과 같은 어근으로 '평화(peace)'라는 뜻이다. 그러나 역사적으로 기독교와 이슬람 간의 갈등이 전쟁으로 얼룩진 모습으로 비쳐지고, 우리에게 알려진 이슬람은 온통 테러를 저지르는 집단처럼 인식되어 이슬람을 오해하게 만들었다. 평화를 상징하는 이슬람 문명이 평화와 거리가 먼 폭력적이고 호전적인 종교로 이해되어 무척이나 안타깝다. 이는 이슬람을 적대시하는 서구의 편향된 시각이 우리에게 집중적으로 알려져 있어 발생한 오해의 극치다.

이슬람의 종교적·신학적 의미는 복종이다. 누구에게 복종하느냐? 유일신 하느님에게 절대 복종을 한다. 그 절대자 하느님이 아랍어로 '알라'다. 영어로는 신(God)이고 한자로는 유일신(唯一神), 우리말로는 '하느님'에 해당한다. 이슬람교는 절대자 알라에 대한 완전한 복종을 통해 평화를 얻으려는 종교다.

알라의 예언자들은 일정한 범위 내에서 일을 하기 위해, 모든 나라와 사회에 계속 나갔다. 예를 들어, 모세와 예수는 이스라엘 민족을 위해 보내졌다. 그러므로 이들은 공간과 시간의 제약을 받았다. 알라의 예언자들은 시공간의 제한성을 가지고 있었지만, 시대가 흐름에 따라 하느님의 계시는 인간의 손에 의해 덧붙여지거나 삭제되어, 잘못 이해되고 변질되어 갔다. 그럴 때마다 새로운 예언자들 이 새로운 계시를 갖고 나왔고, 인류는 유년에서 성년으로 성장해 왔다.

그리하여 인류는 성장기에 도달하여 하나의 가족을 이루게 되었고, 분파적인 계시가 아닌 완전하고 최종적인 계시가 전 인류와 모든 시대에 걸쳐 내려지게 되었다. 즉, 시간과 공간을 초월하는 완전하면서도 마지막인 계시가 내려왔다. 이슬람은 종전의 모든 계시를 요약하여 종교의 통일성을 이룬 최종 결과물이다. 이 계시를 간직하고 있는 경전이 《쿠란(Quran)》이고, 그 예언자가 인류의 마지막 예언자인 무함마드(Mahomet Muhammad, 570~632)다.

이슬람교는 무함마드를 아담, 아브라함, 모세, 예수를 이은 마지막 예언자로 본다. 그러므로 유일신인 알라에게 절대 복종하고 우상 숭배를 금지할 것을 강조한다. 그리고 만인에 대한 평등(平等)과 형제애(兄弟愛)를 가르침으로써 하층민의 절대적인 지지를 받았다. 그러나 무함마드는 메카(Mecca)의 지배층인 귀족들로부터 박해를 받아 622년 포교의 중심지를 북쪽의 상업 도시인 메디나(Medina)로 옮겼다. 이때가 이슬람력의 원년이다.

평화의 종교인 이슬람의 배려 정신은 '희사(喜捨, zakat)'를 통해 구체적으로 확인할 수 있다. 그것은 무함마드의 도덕체계와 관계된다. 무함마드는 아랍족의 전통적 인도주의인 무루와(muruwwah)에 기초하여 도덕윤리 시스템을 만들었다. 그것은 공동의 선, 협력, 가난한 자와 약자를 돌보는 일, 이른바 배려를 골자로 한다(암스트롱, 유혜경 옮김, 2002: 532). 이런 윤리의 실천은 자카트를 통해 구체적으로 이행되었다.

자카트의 참뜻은 우리에게 희생정신(犧牲精神)을 길러 주고 이기심(利己心)을 버리게 해 주는 데 있다. 재정 형편이 일정 수준 이상인 모든 무슬림은 자기 수입 중 순수익의 2.5%를, 그것을 필요로 하는 이들에게 주어야 한다. 어찌 보면 후원금이나 기부금으로 생각할 수도 있다. 그러나 자카트는 결코 자선이나 세금이 아니다. 그렇다고 단순한 친절의 표시도 아니다. 자카트는 이 모두를 합친 것보다 중요한 '영적 투자(靈的 投資)'다. 사회 전체를 위해 하느님께서 명하시고 무슬림들이 떠맡은 의무다.

자카트의 문자적 의미는 '청결(淸潔)'이다. 이 말의 기술적 의미는 재산을 가진 무슬림들이 정당한 수령자들에게 분배해 줘야 하는 현품이나 현금의 액수를 가리킨다. 그러나 궁극목적은 마음을 정화(淨化)하는 작업이다. 한 인간의 개체에서 가장 중요한 것이 마음이다. 마음이 병들면 모든 육체가 병든다. 사회 공동생활의 핵심인 가족도 병들고, 나아가 공동체와 국가, 전 세계가 병든다.

재물에 대한 인간의 탐욕과 허욕, 가난한 자의 부자에 대한 시기와 질투, 여기에서 파생되는 증오와 저주, 수단과 방법을 가리지 않고 재물을 축적하려는 경쟁에서 오는 투쟁, 불안과 초조 그리고 미움 등이 가득한 인간의 마음은 자카트라는 행위를 통해 정화된다.

부자가 내는 희사는 사회·경제적 측면에서 볼 때, 부의 재분배라는 의미를 담고 있다. 동시에 스스로 마음의 평안을 갖게 한다. 자카트를 받는 수혜자는 감사하는 마음과 사랑을 느낀다. 그러므로 재물을 축적하기 위한 경쟁과 투쟁의 마음이 정화되고 시기와 질투가 사랑과 협동으로 정화된다. 또한 가난하고 불쌍한 사회 구성원들의 고통을 최소한으로 덜어 주는 역할을 하여 기부자와 수혜자는 가장 이상적이고 안정된 현실 사회를 이룩하는 데 기여함으로써 행복을 얻는다. 나아가 영원한 내세적 행복을 누릴 수 있는 천국으로 그들이 인도된다는 영적 행복까지 얻게 된다. 이는 기부자에게는 더 많이 벌어서 더 많은 득을 보라는 따뜻한 권유이기도 하다.

이렇듯 자카트는 이기적 탐욕과 사회적 불화, 파괴적 이데올로기의 침투에 대한 건전한 형태의 내부적 방위 수단이다. 기부자에게는 사회적 책임정신, 이른바 책무성을, 수혜자에게는 안전감과 귀속감을 길러 주는 효과적인 사회 지속과 안정의 도구 구실을 한다. 자카트는 개인과 사회가 서로 화답하여 상호 작용하는 영적·인도주의적 정신의 생생한 시현이다. 배려하는 자와 배려받는 자가 오케스트라의 연주처럼 어울리는 상태와 같다.

그래서 이슬람은 사기업을 금기시하거나 사유재산을 죄악시하지는 않지만, 이기적이고 탐욕적인 자본주의에게는 관용을 베풀지 않는다. 이는 개인과 사회, 시민과 국가, 자본주의와 사회주의, 물질주의와 영성 사이에 온건하고 중도적이긴 하지만, 적극적이고 효과적인 노선을 취하는 이슬람의 사고를 잘 보여 준다. 이슬람 국가에서는 국가에 바치는 세금은 자카트와 다르다. 자카트는 특별한 의무로서 국가 세금 이외에 별도로 계산하여 지불해야 한다(이희수·이원삼 외, 2008: 370-372).

이외에도 '친절'과 '동정심'은 이슬람의 중요한 메시지 가운데 하나다. 다음과 같은 무함마드의 본보기는 감동적이다(암스트롱, 유혜경 옮김, 2002: 534). 어느 날 무함마드는 해방된 노예가 몹시 힘들게 일하고 있는 것을 보았다. 무함마드는 아이처럼 조용히 그의 뒤로 다가가 그의 눈을 손으로 가렸다. 그 사람은 "이렇게 친근한 행동으로 자신의 하루를 빛나게 할 수 있는 사람은 무함마드 한 사람뿐이다"라고 속삭였다.

또한 무함마드는 동물을 매우 좋아했다고 한다. 예컨대 고양이가 자신의 망토 위에서 잠을 자고 있으면 고양이의 잠을 방해하지 않기 위해 조심했다. 한 사회를 가늠하는 여러 가지 기준 중의 하나는 동물을 대하는 사회의 태도라고 한다. 그런 정신에 의거하여, 대부분의 종교는 자연 세계를 사랑하고 존중하는 태도를 가져야 한다고 권장한다. 이슬람은 이를 가르치려는 데 매우 적극적이었다.

배려를 설계하는 내 삶의 길 4

종교는 배려하는 삶에 생명력을 부여하는가?

동서고금을 막론하고 인간의 생활양식을 지배하는 거대한 사유들이 존재한다. 그것은 우리 삶을 지배하는 이데올로기로 작용할 수도 있고 삶에 활력을 불어넣는 생활의 지침일 수도 있다. 일상에서 흔히 대하는 종교가 그런 역할을 한다.

세계적으로 공인받은 종교로는 유교, 불교, 기독교, 이슬람교 등이 있다. 신관(神觀)이나 교리(敎理)에 따라 4대 종교는 제각기 특성이 있지만, 인류에 대한 사랑과 화합, 평화의 메시지를 불어넣으려는 차원에서는 유사성과 공통점을 지닌다.

특정한 종교를 신봉하건 그렇지 않건 관계없이,

나에게 종교는 무엇인가?

종교가 나를 지배할 수 있는가? 내 삶에 어떤 활력을 불어넣어 주는가?

나는 서로 다른 특성을 지니고 있는 여러 종교에 대해 어떤 생각을 하고 있는가? 교리가 다른 종교는 배척하는가? 존중하며 인정해 주는가?

솔직하고 용감하게 세계의 4대 종교를 중심으로 여러 가지 다양한 종교를 이해하고, 그것을 통해 내 삶의 배려를 고민해 본다.

종교와 배려

1. 종교가 내 삶의 지침이 되거나 내 인생에 생명력을 부여할 수 있을까?

없을까?부여할 수 있다면, 그 근거는

이다.

부여할 수 없다면, 그 근거는

이다.

2. 서로 다른 색깔을 지닌 종교에 대해 상호 인정하고 존중할 수 있을까?

없을까? 존중할 수 있다면, 그 이유는

때문이다.

존중할 수 없다면, 그 이유는

때문이다.

3. 일상에서 배려를 실천하는 데 종교가 어떤 역할을 할 수 있을까?

구체적 사례를 든다면,

이다.

제5장

동양의 전통사상과 배려

1. 유교의 배려 정신

1) 유교의 특징

유교는 오랜 세월 동안 한국인의 근저에 자리하고 있는 전통적 사유이자 정서 가운데 하나다. 조선조 500여 년의 지배적 이념체계였고, 현재까지도 한국인을 비롯한 중국, 일본, 베트남 등 동아시아인에게 큰 영향을 미치고 있는 전통적 생활양식이다. 일반적으로 유교는 '권위주의', '가부장제', '지배계층 중심의 정치 이데올로기' 등으로 각인되면서 부정적으로 인식되어 온 측면이 있다. 그러나 그런 현상적 표출의 바탕에는 심층적인 철학적 사유가 잠재되어 있다. 특히 내·외면적 능력을 이끌어 내려는 삶의 욕구가 본질적으로 숨어 있다.

유교는 기본적으로 정치와 교육을 통해 인간의 문제를 해결하려고 노력한다. 정교(政敎)로 백성을 교화하고, 자연과 인간에 대해 제사로 숭배하며 사회의 지속과 발전을 꾀했다. 이 중에서도 정치와 교육은 동일한 내용의 표리관계로 이해할 수 있고, 삶의 연속선상에서 파악된다. 그것의 언어적 표현이 내면적으로는 영혼이 맑은 성스러운 인간이 되고 외면적으로는 훌륭한 지도력을 갖춘 왕이 되는 '내성외왕(內聖外王)'이다(신창호, 2011).

유교의 이론은 그 집대성과 체계화를 기준으로 볼 때, 크게 두 부분으로 이해할 수 있다. 공자·맹자·순자를 주축으로 하는 원시유학과 주자가 집대성한 성리학이다. 원시유학은 본원유학(本源儒學), 공맹학(孔孟學), 수사학(洙泗學) 등 다양하게 불리는데, 인간 삶의 윤리도덕에 근거한 '실천적' 측면이 강하다. 성리학은 성명의리지학(性命義理之學)의 준말로 정주학(程朱學), 육왕학(陸王學), 이학(理學), 도학(道學), 심학(心學) 등 다양한 명칭으로 쓰이고 있는데, 성격에 따라 강조점의 차이가 있다. 성리학은 심성(心性)의 수양을 과거 어느 학문보다도 철저히 하면서, 동시에 규범법칙 및 자연법칙으로서의 이치[理] 또는 본성[性]을 깊이 연구하여 그 의미를 완전하게 실현하려는 유교 가운데 하나다. 한마디로 말하면, 존심양성(存心養性)과 궁리(窮理)를 지극히 중요시함으로써 종래의 유학을 형이상학적으로 재구성·발전시킨 것이다(윤사순, 1990: 9).

원시유학이건 성리학이건, 유학에 공통적으로 부여되어 있는 것이 정치와 교육이다. 이는 유교가 정치와 교육을 시행하기 위한 이론이요, 실천의 지침이라는 점을 일러 준다. 그런 정치와 교육을 담당할 주체가 이른바 성인(聖人)·군자(君子)·대인(大人) 등 윤리도덕을 갖춘 인간 유형이다. 동시에 교육과 정치의 최종 목표도 그런 인간양성에 있다. 그 과정의 핵심은 자신을 수양하고 다른 사람을 다스리는 수기치인(修己治人)이다. 수기치인은 달리 표현하면, 앞에서 언급되었던 내성외왕(內聖外王)과 동일한 구조다. 이 중에서 수기(修己)와 내성(內聖)은 개인의 인격적 완성, 자아실현이라는 교육의 측면에서, 치인(治人)과 외왕(外王)은 타인에 대한 이해와 배려, 관계의 조절이라는 정치의 측면으로 나누어 볼 수 있다(신창호, 2004).

다시 강조하면, 유교는 자기충실과 타자배려를 통한 인간의 일상생활에 기반을 둔 실천 사상이다. 사람을 말하고 사람을 생각하고 인간을 이해하고 있는 것이 유교의 특징이다. 따라서 생활 자체를 유지하기 위한 윤리와 예(禮)를 매우 중시한다. 여기에서 인간의 관계 문제가 발생한다. 특히, 유교는 남을 고려하는 측면이 지나쳐, '체면치레'라는 부정적 형식주의를 낳을 정도로 배려 의식에 투철하다.

2) 오륜(五倫)의 관계성과 배려의 실천

잘 알려진 것처럼, 유교는 오륜을 윤리도덕의 핵심으로 실천해 왔다. 오륜은 부자유친(父子有親), 군신유의(君臣有義), 부부유별(夫婦有別), 장유유서(長幼有序), 붕우유신(朋友有信)을 말하는 데, 그 초기 형태는《중용》20장에 나타난다.

《중용》에서는 인간의 삶에서 가장 중요한 화합[和]의 문제를 논의하면서 다섯 가지 인간관계와 배려의 정신인 오륜을 들추어 내었다. 화합은 이 세상에 두루 미치는 인간의 길, 즉 인간관계를 행하는 방법이다. 인간의 행위는 실천을 통해 펼쳐지는 데, 그 행위가 행하는 목적에 꼭 들어맞아 일그러짐이 없을 때 화합의 상태가 된다. 이는 타고난 인간의 성품을 따라 이루어지는 것이며, 예나 지금이나 세상 사람들이 공통적으로 행하는 보편적인 인간관계의 양식이다. 오륜은 바로 이 세상에 두루 통하는 도리로 인간이 스스로 요청한 윤리다.

임금[지도자]과 신하[구성원], 부모와 자식, 남편과 아내, 형과 아우, 벗과 벗의 사귐. 이 모든 관계망들은《맹자》〈등문공〉상에서 완전한 형태로 나타난다. 그것이 오늘날 우리가 알고 있는 부자유친, 군신유의, 부부유별, 장유유서, 붕우유신의 오륜이다. 이 다섯 가지는 동서고금을 막론하고 세상에 공통되는 인간관계의 기본이다. 따라서 맹자도 인륜을 가르치는 근본으로 삼았던 것이다. 유교의 배려 정신은 바로 이런 인간관계의 기본을 이해할 때 싹틀 수 있다.

(1) 부자유친

부자유친은 '부모와 자식 사이에는 혈연으로서 직접적인 인간관계가 성립되어 있다'는 말이다. 부모와 자식 간의 관계는 혈연으로서 가장 가깝다. 혈연관계의 원칙에 의하여 사람의 행위가 규범을 벗어났을 때는 윗사람이 아랫사람에게 지상의 권위를 행사할 수 있다. 때문에 부자유친의 세계에서는 부모가 자식들에게 행위의 준칙이 되어야 한다. 여기에는 부모가 자식을 배려하는 정신이 기본적으로 포함되어 있다. 자식이 부모를 대하는 것도 마찬가지다.

(2) 군신유의

군신유의는 '임금과 신하 사이에는 의리로 맺어져 있다'는 말이다. 임금과 신하는 오늘날의 사회체제에서 볼 때, 공동체 조직의 지도자와 구성원 사이의 관계에 비유할 수 있다. 따라서 지도자는 다스리는 입장에서 다스림을 받는 구성원의 입장을 이해하여 다스림의 잣대로 삼아야 한다. 이는 치자(治者)의 피치자(被治者)에 대한 배려를 요청하는 일이다. 구성원이 지도자에게 행하는 윤리도 마찬가지다.

(3) 부부유별

부부유별은 '남편과 아내 사이에는 제각기 맡아서 할 일이 있다'는 말이다. 남편과 아내는 한 가정을 이루는 중심이자 근본으로 둘 사이는 수평적 관계이다. 즉, 혼인에 의한 인연이 수평적으로 연계되어 있는 부부간의 관계인 것이다. 이들 사이에는 역할과 기능의 차이가 있을 뿐, 차별이나 우열은 없다. 그들 사이에서 배려는 역할과 기능에 따른 상호존중이다. 그 역할과 기능이 제대로 지켜지지 않고 무너질 때 배려의 관계 또한 무너진다.

(4) 장유유서

장유유서는 '어른과 어린이 사이에 질서가 있어야 한다'는 말이다. 이는 '어른-어린이'라는 구도를 통해 사회적 상호관계를 보여 준다. 어른은 지도자이자 현명한 사람에 해당하고, 어린이는 단순하게 나이 어린 사람만을 지칭하는 것을 넘어 지도를 받는 사람이나 어리석은 사람에 해당한다. 즉, 어른은 어린이에게 관심을 갖고 배려하며 어린이는 어른을 공경으로 배려하는 것이다. 나이 많은 어른의 일방적인 보살핌이 아니라, 상하관계에서 서로에 대한 존중과 관심을 통한 윤리적 배려다.

(5) 붕우유신

붕우유신은 '친구 사이에 신뢰를 바탕으로 사귀어야 한다'는 말이다. 그것은 동료로서 수평관계에 있는 인간 사이의 믿음과 약속에 관한 배려다.

이와 같이 유교의 오륜은 사회관계의 유형을 크게 다섯으로 나누어 배려의 정신을 구체적으로 설명하고, 실천을 요구하는 사상이다.

3) 충서(忠恕)와 혈구지도(絜矩之道)

유교에서 배려 정신을 보여 주는 또 다른 사상은 충서(忠恕)와 혈구지도(絜矩之道)다. 충서는 공자가 평생을 일관했던 삶의 실천 강령이다. 충서에서 충(忠)은 자기의 최선을 다하는 마음이고, 서(恕)는 자기에게서 미루어 보아 남에게 미치는 일이다(盡己之心, 爲忠. 推己及人, 爲恕:《中庸章句》,13章). 충과 서라는 글자에는 기본적으로 마음(心)이 들어 있다. 마음은 인간의 전 존재를 드러내는 유교적 표현이다.

이 마음으로 말미암아 인간은 행위하고 마음은 행위의 방향을 지시한다. 이때 마음은 관심이요 배려다. 자기에의 관심, 자기 존재에 대한 용기, 그 다음 자기 존재의 각성과 수양을 통해 타인을 볼 줄 아는 눈, 거기에까지 미쳐 관계를 생각하는 것이 충서의 정신이다. 이런 충서는 앞에서 언급했듯이 "자기에게 베풀어 보아 원하지 않는 것을 또한 타인에게 베풀지 말라"는 사고다. 자기가 행동해 보았는데 하기 싫은 것은 인간의 보편적 심성으로 미루어 볼 때, 타인도 그렇게 행동하기 싫어한다. 이는 타인에의 배려가 없다면 누구나 타인에게 강제할 수 있는 인간의 행동 양식이다.

배려란 자기의 각성을 통한 타인에로의 이입이다. 즉, 배려하는 자가 자기의 의식 상태에 몰입하거나 동기유발을 하는 감정전이(感情轉移)와 같은 것이다. 이런 배려의 차원은 인간을 다스리는 정치에서 극명하게 드러난다. '수신제가치국평천하(修身齊家治國平天下)'라는 다스림의 학문을 추구해 가는《대학(大學)》에서는 인간에 대한 기본적인 배려를 혈구지도(絜矩之道)로 표현했다.

> '온 세상을 평화롭게 하는 것이 자기가 다스리는 나라를 평화롭게 하는 데 있다'고 하는 것은 다음과 같은 의미이다. 지도자가 솔선수범하여 늙은이를 늙은이로 대접하면 국민들에게 효도하는 기풍이 일어난다. 지도자가 솔선수범하여 어른을 어른으로 대접하면 국민들에게 공손하는 기풍이 일어난다. 지도자가 솔선수범하여 고아와 같은 어려운 처지에 있는 사회적 약자를 구제하면 국민들이 배반하지 않는다. 그러므로 지도자는 자나 컴퍼스와 같이 재어 보는 자세를 가지고 사람들의 마음과 삶의 모습을 헤아리며 인간의 길을 가야 한다. (《大學》 傳10章)

배려는 타인에 대한 마음을 헤아림으로써 가능하다. 구체적인 인간에 대한 '관심'과 '마음 써 줌'은 인간을 인간답게 한 차원 끌어올릴 수 있는 기본 조건이다. 유교의 교육과 정치는 그것을 주요한 목표로 한다. 때문에 노인들에게는 노인이 원하는 바를, 청장년에게는 청장년이 요구하는 대로, 불우한 아이들에게는 그들이 원하는 것이 무엇인지 제대로 파악하여 배려하는 정신을 가져야만 한다. 그런 정신이 혈구(絜矩)다. 그렇다고 이러한 배려 행위가 일방적인 것은 아니다. 왜냐하면 지도자는 국민을 다스리는 대신, 국민은 지도자를 봉양하는 상호관계 속에 있기 때문이다.

이런 의미에서 배려하는 자, 혹은 배려받는 자로서의 지도자는 반드시 국민의 상황과 행위에 대해 다양한 차원에서 헤아려 보고, 타인과 자기 사이에 제각기 분수에 맞는 것을 얻도록 노력해야 한다. 그리하여 위아래 사방이 모두 고르고 반듯하게 될 것을 추구한다. 이런 정신을 구가할 때, 배려는 인간 세상에 더욱 확장되어 갈 것이다. 그것의 실천은 아래와 같은 현실적 배려 정신으로 드러난다.

> 윗사람이 미워하는 태도로 아랫사람을 부리지 말며, 아랫사람이 미워하는 태도로 윗사람을 섬기지 말자. 앞사람을 미워하는 태도로 뒷사람에게 하지 말며, 뒷사람을 미워하는 태도로 앞을 따르지 말자. 오른편 사람을 미워하는 태도로 왼편 사람을 사귀지 말며, 왼편 사람을 미워하는 태도로 오른편 사람과 사귀지 말자. 이런 것이 사람을 헤아리는 방법이다. (《大學》傳10章)

이처럼 배려는 '자기의 마음이 어떻게 타인의 처지를 헤아리느냐'의 태도 여하에 의존한다. 배려하는 정신과 배려받는 정신이 조금이라도 결여되면, 배려는 성립하지 않는다. 헤아림의 길, 혈구지도가 인간 사이에 개입되지 않았기 때문이다. 배려란 이처럼 늘 '자기-타자'의 상호관계에 연루되어 있다.

2. 도가의 배려 의식

1) 도가의 사상적 특징

도가는 노자(老子)의 사유를 핵심으로 확립된 사상이다. 노자는 《도덕경(道德經)》 속에서 자신의 사상을 피력하고 있는데, 《도덕경》은 크게 도(道)의 본체[道體]와 덕(德)의 쓰임[德用]으로 나누어 볼 수 있다. 도는 형이상의 실체이자 만물의 근원이며 우주 운행의 원리다. 또한 우주·천지·만물의 창조자일 뿐만 아니라 우주·천지의 운행이나 만물의 생성화육(生成化育)을 주재한다. 그러므로 도는 모든 운행의 도리이자 법칙이다(김학주, 1988).

도는 '대립'과 '복귀'를 거듭하는 성질을 지니고 있다. 따라서 '돌이킴

이 도의 움직임'이라는 '반자 도지동(反者 道之動)'의 사유를 핵심으로 한다. 또는 '최선의 상황은 물의 성질과 같다'라는 의미의 '상선약수(上善若水)'라고 하여, 인간의 길을 물의 특성에 비유하기도 하였다. 물은 언제나 아래로 흐른다. 그것이 모여 강이 되고 바다가 된다. 한 방울의 물은 아무것도 아닐 수 있다. 그러나 '모여서' 강이 되고 바다가 되었다. 가장 약한 것 같은 물 한 방울이 바다로 모여들어 무서운 파도로 바뀔 수 있다. 이런 점에서 가장 약한 것은 가장 강한 것이 될 수 있다.

노자는 부드러움을 강조한다. 그러면서 '유약함이 강함을 이긴다'고 가르친다. 도를 활용하는 덕의 쓰임에서 노자는 '텅 비고 고요하다'는 의미의 허정(虛靜)과 '억지로 행함이 없는' 무위(無爲)를 강조한다. 도는 자연(自然), 즉 '스스로 그러함'이라는 이치를 따르고 비어 있으면서도 고요한 원리로 억지로 행하지 않고 자연의 법칙을 따른다. 인간의 욕심과 농간, 조작을 버리고 허정한 자연, 순박한 자연의 품에 안기려고 한다. 그래야만 모든 사람이 조화를 이루고 스스로의 생성화육(生成化育)을 도울 수 있다.

이러한 노자의 사상에서 일관되는 핵심은 무위자연(無爲自然)이다. 무위는 '가만히 앉아서 아무것도 하지 않는다'는 의미가 아니다. 노자는 다음과 같이 무위의 의미를 인식하였다. "학문을 하는 자는 날로 더함이 있고 길을 닦는 자는 날로 덜어 냄이 있다. 덜어 내고 덜어 내서 마침내 무위에 이르게 되고 무위에 이르게 되면 행하지 않음이 없다(《道德經》48章)." 여기서 말하는 더함과 덜어 냄은 지식이나 재능, 의례나 형식이다. 더함은 지식을 더 많이 알게 된다는 뜻이고 덜어냄은 지식이나 재능을 감소시킨다는 의미다. 그렇다면 왜 지식이나 재능, 의례나 형식을 감소하는 일은 인간의 길이 되는가?

지식과 재능, 의례나 형식은 인간에 의해 인위적으로 만들어진 것으로 진실이 아닐 수 있다. 그러므로 허위를 벗기고 감소시키면 비로소 참된 무위의 경지에 도달할 수 있다. 무위는 성숙한 자의 경지를 말한다. 이렇게 볼 때, 무위는 어떤 행위도 하지 않는 것이 아니라, '억지로 허위를 더 하지 않는다'는 말이다. 어떤 측면에서는 본질을 추구하여 끊임없이 허위의 껍질을 벗기는 적극적 행위다(김충렬, 2004).

한편, 장자는 노자의 사상을 깊이 있게 계승하였다. 워낙 많이 알고 지혜로웠던 까닭에, 장자의 말은 바다와 같아서 끝이 없었다. 동시에 어떤 것에도 걸림이 없이 자유분방하였다. 그의 자유정신은, 자신을 높은 벼슬에 초빙했을 때 답한, 다음과 같은 언급에서 찾을 수 있다.

> 천금은 엄청나게 큰 돈이며 재상은 엄청나게 높은 자리라오. 당신은 하늘에 지내는 제사인 교제(郊祭)에서 제물로 쓰이는 소를 알고 있겠지요? 희생으로 쓰이는 소 말이오. 몇 년 동안 잘 길러 비단 옷을 입히고는 결국은 종묘로 끌고 가서 제물로 바치지요. 그때 그 소가 하찮은 돼지 새끼처럼 자유롭게 살고 싶어 한들 무슨 소용이 있겠소. 때는 이미 늦은 것이오. 무슨 말인지 알겠소? 그대는 빨리 돌아가시오. 나를 욕되게 하지 마시오. 더럽혀질 판이었으면 내 차라리 진흙탕 속에서 헤엄이나 치면서 유유자적하지 않았겠소? 당신 왕에게 구속되어 살고 싶지는 않소이다. 평생토록 벼슬길에 나가지 않고 내 멋대로 즐기고 싶소이다. (《史記》〈老子韓非列傳〉)

이로 보아 장자가 얼마나 자기 세계를 구축하고 자유정신을 구가하려고 했는지 짐작할 수 있다(장영기 외, 2001).

장자의 중심 사상은 한마디로 얘기하면, '무(無)'자에 있다. 무심(無心), 무용(無用), 무기(無己), 무위(無爲), 무지(無知), 무언(無言), 무시비(無是非), 무피차(無彼此), 무생사(無生死), 무내외(無內外) 등 무(無)자를 즐겨 활용한다. 그는 인간 세상에서 상식적으로 저질러지는 모든 일들에 대한 분별과 구분, 차별의 세계를 벗어난 자유자재의 해탈 세계를 추구했다(안동림, 2000).

이처럼 도가는 노자와 장자의 사상을 중심으로 형성된 사유 체계다. 노자와 장자의 사유는 대체로 '있는 그대로의 모습', 자연(自然)을 핵심개념으로 다룬다. 그리고 이 자연이라는 개념은 사실상 무목적·무의식적으로 일체 사물들을 생성할 수 있는 도(道)의 기능을 형용한 것이다. 따라서 자연이란 구체적으로 실재하는 어떤 것을 지시하기보다는 '저절로 그러하다', '스스로 그러하다'라는, 일종의 상태를 형용한 것이다.

도가에서의 배려 문제는 이러한 자연스러움의 추구, 도의 운동에 따른 인간 활동 그 자체를 생명으로 하여 전개되는 삶의 태도를 의미한다.

2) 배려를 향한 세 가지 보배 — 자애, 검소, 겸손

노자의 생각은 매우 소박하다. 그래서 그의 사상을 가공하지 않은 거친 통나무인 '박(樸)'이라는 말로 표현하기도 한다. 그리고 그것은 자연(自然)과 무위(無爲)라는 개념으로 생명의식과 관계의 조화를 드러내기도 한다. 그렇다면 노자가 가장 중요하게 여기는 덕목은 어떤 것인가? 즉, 인간관계에서 배려의식의 토대를 이루는 것은 무엇인가?

> 나에게 세 가지 보배가 있는데 늘 그것을 지니고 보존한다. 첫째는 자애이고, 둘째는 검소함이며, 셋째는 세상 사람보다 앞서지 않는 겸손이다. 자애하기 때문에 용감할 수 있고, 검소하기 때문에 넓힐 수 있고, 겸손하기 때문에 다른 사람의 모범이 될 수 있다. 이제 그 자애를 버리면서 용감하려 하고, 검소함을 버리면서 널리 베풀려고 하고, 겸손을 버리고 앞서려 한다면 인간으로서 생명력을 잃게 될 것이다. (《老子》 67章).

노자가 제시하는 보배, 인간 삶의 지혜는 세 가지다. 자애로움과 검소함과 겸손이다. 자애는 사랑이다. 부모가 자식에게 갖는 아주 소박하고 자연스러운 사랑, 이것이 타인과의 관계에서도 자연스럽게 발휘된다면 배려의 정신 자체가 무화(無化)될 수도 있다. 즉, 배려의 차원을 넘어서서

'온전한 사랑'으로 가득 찬 '무배려의 배려'로 나아갔다고 볼 수 있다.

다음으로 검소함이다. 검(儉)은 아주 적은 욕심으로 모든 것을 아껴서 가능한 한 여러 사람, 여러 세대에 걸쳐서 생명정신을 이어 주자는 의미다. 이런 검소함의 정신은 바로 자기 생명의 보전을 넘어 타인의 생명까지도 연장시키며 확장해 가는 지혜가 숨어 있다. 여기에서도 배려 정신은 현실에서 타인과의 관계를 넘어서는 초월적 배려의 의미를 담지하고 있다.

세 번째로 타인에 앞서서 행하지 않는 겸손이다. 겸손은 유순함과 양보 정신의 극치를 보여 준다. 배려는 양보와 겸허함, 희생정신 없이 이루어지지 않는다. 배려라는 것은 기본적으로 자기 것을 덜어 내는 데서 성립하기 때문이다.

노자가 보배로 여기는 자애와 검소함, 겸손이 우리의 본성에서 나온다면, 우리는 다른 사람에게 소극적으로 행할 수 있으며, 어떤 다른 수단을 사용하지 않고 목적을 달성할 수 있다. 타인들 스스로에게 그가 원하는 것을 원하게 할 수 있다. 이 세 가지 보배는 사람과 사람 사이에서 인력(引力)처럼 작용한다. 자애로운 사람, 검소한 사람, 겸허한 사람은 '세상의 모범'이 될 수 있다. 이러한 덕목을 지닌 사람이야말로 가장 배려를 잘하는 사람이자 배려받을 수 있는 사람일 것이다. 노자의 사유에 의하면, 배려의 정신은 자애, 검소, 겸손의 정신 속에서 자연스럽게 우러나오는 덕목임에 분명하다.

3) 조화(調和)와 물화(物化)의 배려

도가 사상의 주요 내용 중 하나는 조화다. 그것은 자아와 타인의 조화와 일체를 향해 나아감을 의미한다. 그 극치를 보여 주는 생각이 바로 《장자》의 〈제물론(齊物論)〉이다.

제물론은 '다양한 주장을 가지런히 조화시킨다'는 의미다. 온갖 입장들을 가지런히 하려면, 모름지기 크게 깨달은 진인(眞人)이 세상에 나와 세상 사람들에게 자신도 잊고 남도 잊게 하여 참으로 깨닫게 해야 한다. 나와 남이 다르지 않다는 것을 알게 하고, 대도(大道)라는 큰 바다에서 모든 것을 놓아 버리도록 해야 한다. 이는 자아와 타인 사이의 관계 문제를 조화로 풀어내는 또 다른 차원의 배려 정신이다. 내가 남이 되고 남이 내가 되는 경지란 배려가 필요 없는 배려의 완성 단계로 보아도 좋다.

대부분의 사람은 자기의 입장에 따라 자기의 주장은 옳고 타인의 주장은 그르다는 태도를 취한다. 그러나 장자는 이를 꾸짖는다. 그에 대해 다시 생각해 보게 함으로써 깨우친다. 즉, 자기주장이 아니라 타인에 대한 배려, 혹은 그것을 넘어서는 초월적 배려를, 논변을 통해 드러내 보인다.

> 내가 당신과 논변한다고 하자! 당신이 나를 이기고 내가 당신을 이기지 못한다면 당신이 옳고 나는 그르다는 것인가! 내가 당신을 이기고 당신이 나를 이기지 못한다면 나는 옳고 당신은 그르다는 것인가? 아니면 당신과 나 가운데 한쪽은 옳고 다른 쪽은 그르다는 것인가? 아니면 당신과 나 모두 옳거나 아니면 모두 그르다는 것인가?
>
> 나와 당신이 이 문제를 알 수는 없다. 그것은 사람이 태어날 때부터 이러한 일을 알 만한 능력이 없기 때문일지도 모른다. 나는 누구에게 부탁하여 이 문제를 바로잡게 할까?
>
> 당신과 같은 견해를 가진 사람에게 바로잡으라고 할까? 당신과 의견이 같다면 어떻게 바로 잡을 수 있겠는가? 나와 같은 의견을 가진 사람에게 바로잡게 할까? 이미 나와 의견이 같다면 어떻게 바로잡을 수 있겠는가? 나나 당신과 의견이 다른 사람에게 바로잡게 할까? 이미 나나 당신과 의견이 다른 사람이라면 어떻게 바로잡을 수 있겠는가? 나나 당신과 의견이 같은 사람에게 바로잡게 할까? 이미 나나 당신과 의견이 같다면 어떻게 바로 잡을 수 있겠는가?
>
> 그렇다면 나와 당신, 그리고 다른 사람이 모두 바로잡을 수 없으니, 이제 어떤 것을 기다려야 할까? (《莊子》〈齊物論〉)

배려는 서로에 대한 관심과 이해를 바탕으로 이루어진다. 장자는 각자의 주장을 과감히 버리고, 서로의 논변이 일치를 이룰 때, 인간 이해의 지평이 열린다고 진단한다.

배려도 마찬가지다. 내가 배려한다고 해서 그것이 진정한 배려인 것은 아니다. 남이 배려한다고 해서 그것이 진정한 배려가 아닌 것도 아니다. 진정한 배려는 열린 마음에서 사물을 가지런히 할 수 있어야 가능하다. 내가 배려하지 않았는데도 남에게는 배려가 될 수 있고, 남이 배려하지 않았는데도 나에게는 배려가 될 수 있다. 의도하지 않았던 일은 얼마든지 일어날 수 있다. 이는 어떤 객관적이고 고정적인 배려의 기준이 있기보다는 상황에 따라 서로가 서로에게 조화와 일치가 일어날 때, 배려는 저절로 드러남을 암시한다. 다시 말하면, 배려는 서로가 느끼지 못하는 사이에 온전한 '만남'을 통해 완성되는 것이다.

이것을 그 유명한 '호접몽(胡蝶夢)'에서 유추해 보자.

> 그림자끼리 퉁탕거리며 논박하고 있다.
>
> 바깥의 그림자가 안쪽 그림자에게 물었다.
>
> "조금 전 그는 걷더니 이제는 멈추고, 조금 전에는 앉아 있다가 지금은 일어나는구먼. 왜 그리도 지조가 없어!"
>
> 안쪽 그림자가 대답했다.
>
> "의지하는 게 있어서 그런 것이 아닌가. 또한 내가 의지하는 것도 기대는 게 있어서 그러네. 혹시 나는 뱀의 비늘이나 매미의 날개에 기대고 있는 건 아닐까? 어째서 그런 줄 알며 왜 그렇지 않은 줄 알겠는가.
>
> 언젠가 장주(莊周)가 꿈에 나비가 되어 즐거이 날아다녔네. 스스로 흡족하게 날아다니다 보니 자신이 인간 장주인지도 몰랐지. 그러다가 문득 잠에서 깨어나 보니 분명히 누워 있는 게 바로 장주였다네. 그가 꿈에 나비가 된 것인지 나비가 꿈에 그가 된 것인지 몰랐다네. 장주와 나비는 틀림없이 다른 존재일 것이므로 이를 물화 (物化)라고 일컫는다네." (《莊子》〈齊物論〉)

완전한 만남은 내가 너 되고 너가 나 되는 물화의 상황 속에서 이루어진다. 따라서 서로에게 삼투해 들어가며 조화하는 것이 중요하다. 이것이 인간의 이해요, 배려의 실천이다. 장자의 호접몽은 바로 그런 상황의 극치를 보여 준다. 그런데 자아와 타인 사이의 조화를 위해서는 무엇보다 중요한 것이 아집(我執)의 타파다. 아집은 배려가 아니라 배타(排他)와 배제(排除)를 가져온다. 배려는 아집의 소멸을 통해 드러나는 타자에 대한 관심이다.

3. 불교의 배려관

1) 불교의 기본 사상

불교를 창시한 부처(고타마 싯타르타)는 '출생-늙음-병듦-죽음(生老病死)'으로 대표되는 인간의 고통을 자신의 것으로 받아들이고 해결하기 위해 자신을 관찰하였다. 이때 관찰은 합리적 논리나 지성을 통해 획득되는 것이 아니다. 종교적 삶 속에서 가능하다. 그렇다 하더라도 논리나 합리를 끝까지 고민하며 추구할 필요는 있다. 그 한계의 끝에서 지성[이성]을 넘어서는 감성의 체념에 다다를 때, 인간 삶의 비약이 이루어진다.

불교의 사상은 인간의 참된 삶은 '다른 것과의 관계 속에서 생긴다'는 연기법(緣起法)을 기초로 한다. 여기에서 파생된 교설이 불교의 기초 이론을 이루는 삼법인(三法印)과 사성제(四聖諦)다. 이 세상의 만물은 홀로 존재하는 듯하지만, 사실은 원초적으로 그물망처럼 얽혀 있다. 석가모니는 모든 사물은 모두 인연이 화합해서 이루어진 것이며 모두 인과관계를 일으키는 것이라고 하였다. 즉, 인생의 고통, 인간의 생명, 인간의 운명은 자기가 원인을 짓고 자기가 결과를 받는다. 이는 부처가 깨달은 진리로, 불교에서는 연기법이라고 한다. 그것은 '인간의 삶이 왜 어둠 속에서 헤매는가?' 그 원인을 밝혀냄과 동시에 그것을 벗어나기 위한 교설이다.

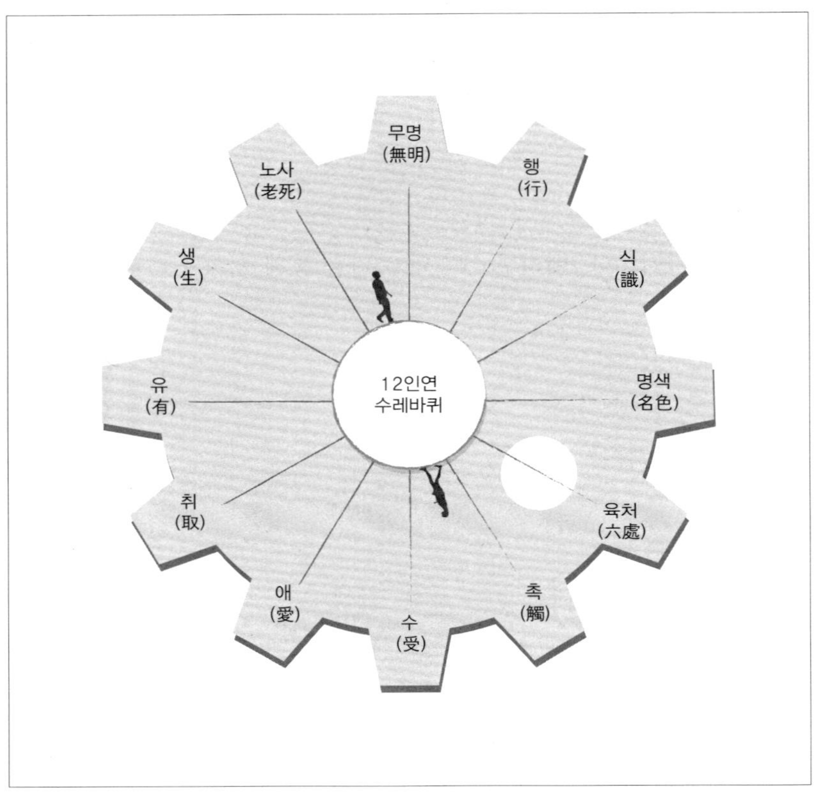

그림 5. 12연기의 상의상관

이 연기법의 대표적인 것이 십이연기인데, 열두 가지의 연결 고리로 설명된다. 때문에 십이연기는 모든 존재의 역동적인 상의상관성(相依相關性)을 열두 마디의 '고리'로 그려 낸다(프레비쉬, 박용길 옮김, 1989:56).

① 근본적 무지[무명: 無明]

② 형성력[행: 行]

③ 의지 활동[식: 識]

④ 주관과 객관[명색: 名色]

⑤ 대상을 인식하는 장소[육처: 六處]

⑥ 접촉[촉: 觸]

⑦ 감각을 받아들이는 작용[수: 受]

⑧ 맹목적이며 충동적인 망집[애: 愛]

⑨ 집착[취: 取]

⑩ 사상 행위[유: 有]

⑪ 내세의 삶[생: 生]

⑫ 늙음과 죽음[노사: 老死]

열두 인연의 내용과 관계는 다음과 같다(方立天, 1989: 94-95). '무명'이란 어리석음과 무지를 말하는데, 행의 조건이 된다. 행은 의지활동을 가리키는데, 식의 조건이 된다. 식은 뱃속의 심식(心識), 정신활동으로 명색의 조건이 된다. 명은 마음·정신이고, 색은 물질·육체를 뜻하는데, 육처의 조건이 된다. 육처는 눈, 귀, 코, 혀, 몸, 의지로 육입이라고도 하는데, 촉의 조건이 된다. 촉은 촉각으로 수의 조건이 된다. 수는 감수로 애의 조건이 된다. 애는 갈망, 탐애, 탐욕인데 취의 조건이 된다. 취는 추구하는 집착으로 유의 조건이 된다. 유는 업으로 생의 조건이 된다. 생은 내세의 생으로 생사의 조건이 된다. 생이 있으면 반드시 노사(老死)가 있다. 미래에 생이 이루어져서 그 후에 노쇠하고 사멸에 이르는데, 이것이 노사다. 이처럼 열두 부분은 계속 결과를 일으키기 때문에 원인이라 불리며, 서로 조건이 되기 때문에 인연이라고도 일컬어진다. 그래서 합하여 십이인연이라고 한다.

십이인연은 중생이 생사유전하게 되는 인과관계를 설명한 것으로 12개의 부분이 순서대로 인과의 순환관계를 이루고 있다. 어떤 생명체도 해탈하기 이전에는 이러한 인과율에 의지하여 삶을 지속한다. '계속 태어나고 늙고 죽으니 윤회가 끝이 없다.' 십이연기는 실로 시작도 없고, 끝도 없으며, 시간적으로나 공간적으로도 아무런 구애를 받지 않는다. 그러기에 십이연기는 생명 현상의 총괄적인 설명이며, 또한 생명체의 고통의 원인이다. 그런데 이러한 십이연기는 과거－현재의 인과관계와 현재－미래의 인과관계라는 이중구조를 넘어서지 않는다.

이러한 십이연기를 관찰함으로써, 삶에 대한 인식과 태도가 정립된다. 그것은 크게 세 가지로 드러나는데, 제법무아(諸法無我), 제행무상(諸行無常), 일체개고(一切皆苦)라고 하는 불교의 근본 교의인 삼법인이다. 이때 인(印)은 '불변하는 진리'임을 강조하는 표현이다.

첫째, '제법무아'는 "일체가 무상으로 '나'라는 존재가 없다"라는 의미다. 나는 실체가 아니다. 그렇다고 자기존재 자체를 부정하는 것은 아니다. 또한 긍정하지도 않는다. 부처는 어디까지나 '나의 본질을 파악할 수 없다(非我)'는 것만 가르쳤다. 인간의 참된 실존적 모습은 원인과 조건의 화합에 따라 변화·존속된다.

둘째, '제행무상'은 "모든 것은 늘 변한다"라는 의미다. 모든 현상은 순간적인 존재다. 찰나마다 또는 일정한 기간을 두고 바뀌어 간다. 불교는 이를 통해 '영원하다'는 사고 혹은 '소유한다'는 관념을 포기하도록 가르친다.

셋째, '일체개고'는 "우리들이 경험하는 모든 것은 '괴로움'이다"라는 의미다. 괴로움이란 자기 생각대로 완전하게 되지 않는 것을 말한다. 경전에 따라서는 일체개고 대신에 열반적정(涅槃寂靜: 열반에 들어 고요한 상태에 이름)을 삼법인으로 제시하는 경우도 있고, 모두 합해 4법인으로 정돈하는 경우도 있다. 어느 경우든 삶에 대한 올바른 인식으로 이끌기 위함이다.

삼법인을 통해 인간 삶의 본질을 인식했다면, 어떻게 올바른 존재방식으로 유도할 것인가? 불교에서 가장 먼저 모습을 드러낸 실천적 교설은 네 가지 진리인 고(苦)·집(集)·멸(滅)·도(道)의 사성제(四聖諦)다(프레비쉬, 박용길 옮김, 1989: 49-52).

첫째, '고제(苦諦)'는 '미혹된 범부의 생존은 괴로움의 덩어리뿐이다'라는 말이다. 그렇다고 부처가 즐거움과 기쁨, 행복을 부정하려는 것은 아니다. 단지, 이 말을 통해 육체적·정신적 쾌락의 무상함을 강조하려고 했을 뿐이다. 괴로움에는 크게 세 가지 종류가 있는데, '육체적·정신적 고통', '애착하고 있던 것이 괴멸하는 데서 오는 고통', 그리고 '세간의 모든 것이 인연으로 얽혀 있음으로 인해 빚어지는 고통'이다. 이는 현실 세계에 대한 인식이 '고통'을 핵심으로 전개하고 있음을 보여 준다.

둘째, '집제(集諦)'는 '현실 세계는 괴로움이 생기는 원인이다'라는 말이다. 괴로움의 원인은 세 가지로 분류된다. 즉, 인간은 다시 태어나고자 하고, 쾌락을 갈망하며, 탐욕을 부린다. 이는 미혹된 세계의 인과관계 속에서 욕망에 물든 삶의 방식이 괴로움을 만들어 낸다는 사실을 토로한 것이다.

셋째, '멸제(滅諦)'는 '욕망에 물든 세계가 사라진 상태가 이상의 경지다'라는 말이다. 우리는 스스로 이러한 괴로움에서 벗어날 수 있다. 괴로움의 원인에 대해 올바른 이해와 수행을 통해 우리 스스로 괴로움의 뿌리를 끊고 열반에 이를 수 있다. 멸제에는 두 가지가 있다. 하나는 생전에 열반에 이르러 자신의 부정함을 벗어 버리는 것이고[잠시멸, 暫時滅], 다른 하나는 깨달은 이가 마침내 죽음에 이르러 자신의 육신마저 모두 벗어버리는 것[구경멸, 究竟滅]이다. 이는 인간 존재의 이상세계에 대한 방향설정이다.

넷째, '도제(道諦)'는 '괴로움을 없애기 위해서는 수행이 필요하다'라는 의미다. 즉, 괴로움을 끊는 방법에 관한 것이다. 이는 구체적 수행의 필요성에 대한 인식과 실천이다. 그렇다면 구체적인 실천방법, 깨달음에 이르는 도리는 무엇인가? 그것은 팔정도(八正道)라는 여덟 가지 올바른 길로 제시된다.

① 바른 견해[정견: 正見]: 사성제에 대한 올바른 이해를 말한다.

② 바른 사유[정사유: 正思惟]: 욕망과 사사로운 견해, 그리고 무자비를 여읜 바른 생각을 말한다.

③ 바른 말[정어: 正語]: 거짓말, 이간질, 욕설, 실속 없는 말 등을 삼가는 것이다.

④ 바른 행위[정업: 正業]: 살인, 도둑질, 일체의 삿된 행동을 범하지 말아야 한다. 이는 불교의 윤리관을 그대로 보여 준다.

⑤ 바른 생활[정명: 正命]: 점성술, 마술, 예언, 중매, 혼인집전, 그 외의 온당하지 못한 직업(예컨대 백정)에 종사하는 것을 금한다.

⑥ 바른 수행[정정진: 正精進]: 끊임없는 노력으로 이미 일어났던 나쁜 생각을 미리 막는 것이다. 될 수 있는 한 선한 생각을 많이 해서 이를 잘 보전하는 것을 가리킨다.

⑦ 바른 정신[정념: 正念]: 마음을 한 곳으로 모아 자신의 심신은 물론 주위의 일체 사물을 바로 관찰하는 것이다.

⑧ 바른 정신통일[정정: 正定]: 사선정(四禪定)에 이르기 위해 명상에 열중하는 것이다.

2) 자비의 배려심

불교의 근본 목적은 현실생활의 궤도에서 벗어나 '해탈(解脫)'을 얻는 데 있다. 그것의 중심에 깨달음과 자비(慈悲)의 윤리가 있다. 불교에서 보살핌, 배려의 문제도 바로 자비심의 발로와 직결된다. 왜냐하면 결국 타인에의 배려와 관심은 사랑과 연민이라는 자비심의 표출이기 때문이다. 불교에서 자비의 의미는 다음과 같다.

> 자(慈)는 중생(衆生)을 사랑하고 생각하여 항상 편안하고 즐거운 일로 풍요하고 이익이 있게 함을 말하는 것이다. 비(悲)는 중생을 연민스럽게 여기고 다섯 가지 도(道) 가운데서 온갖 육체적 괴로움과 정신적 괴로움을 받는 것을 말한다.
>
> 그러기에 대자(大慈)는 모든 중생에게 즐거움을 주는 일이고, 대비(大悲)는 모든 중생의 괴로움을 없애 주는 일이다. 대자는 중생에게 기

쁨과 즐거움의 인연을 주는 일이며, 대비는 중생에게 이별과 괴로움의 인연을 주는 일이다. 대자라는 것은 중생들에게 즐거움을 얻게 하도록 생각하고 또한 즐거운 일을 주는 일이며, 대비는 중생의 괴로움을 연민하고 괴로움을 해탈케 하는 일이다.

자(慈)를 닦는다는 것은 탐욕을 끊는 일이며, 비(悲)를 닦는다는 것은 진에(瞋恚)를 끊는 일이다. (《大智度論》)

자비는 사랑과 연민이다. 그런데 이 사랑은 이기적인 탐욕을 벗어날 때만 올바르게 실현될 수 있으며, 연민은 불관용의 진에(瞋恚)인 성냄을 극복할 때만 발휘될 수 있다. 다시 말하면 자비는 상대방인 타인에게 행복을 주고 괴로움을 없애 주거나 함께하는 삶을 말한다. 특히, 대승불교에서는 나 자신의 해탈을 넘어 나 아닌 다른 사람들이 나와 똑같이 해탈하여 나와 똑같이 열반의 행복을 누릴 수 있을 때까지 기다리며 그들을 도와주어야 한다는 정신을 갖는다(박이문, 1990: 185).

이것이 바로 타인에 대한 배려요 관심이다. 그리하여 불교적 배려는 오로지 남들의 고통에 그 바탕을 둔다. 남의 고통을 의식하고 함께 괴로워하는 마음 자세, 남들의 아픔과 기쁨에 대한 윤리적 실천이 바로 불교의 자비요, 배려다.

배려는 타인에 대한 사랑의 정신에서 실천된다. 타인에게 행복을 주고 타인과 괴로움을 함께하는 나눔이 배려다. 이런 점에서 대자대비(大慈大悲) 정신은 불교적 배려의 근본 원리다. 이런 불교의 자비정신은 타인에 대한 배려요, 타인에 대한 배려는 해탈로 가는 지름길이다.

배려를 설계하는 내 삶의 길 5

동양의 배려 정신을 현대화할 수 있는가?

유교와 도교, 불교 등 동양의 배려 사상을 담고 있는 세 사상은 매우 소중한 전통이다. 오랫동안 많은 사람들이 잊고 있었기에 박제된 이론처럼 보일 수도 있지만, 현재도 여전히 우리 생활 속에서 다양한 양상으로 작용하고 있다.

유교의 오륜(五倫)이나 도가의 자연(自然)과 조화(調和), 불교의 자비(慈悲) 정신은 나름대로의 전통은 이어가고 있겠지만, 서구에서 유입된 민주주의가 발달하면서 그것은 민주 시민들이 지켜야 할 윤리 정신과 결합되어 다른 차원으로 바뀌고 있다. 민주주의를 살아가는 인간은 그에 적합한 가치와 제도에 따라 삶을 지향해야 한다. 그것이 민주 시민 사회에서 올바른 길이기 때문이다.

민주주의 시민윤리의 차원에서 볼 때,

유교의 오륜은 어떻게 전환되거나 대체될 수 있는가?

노자와 장자가 주장하는 세 가지 보배나 조화의식이 민주 시민윤리로 가능한가?

불교의 자비는 어떤 차원에서 응용될 수 있는가?

동양의 전통적인 배려 정신을 현대화할 수 있는가? 그 방법은 무엇인가?

유교, 도교, 불교의 가치나 배려 정신이 현대 민주주의 사회에 어떤 의미가 있는가? 사라져야 할 인습인가? 보존해야 할 유물인가? 냉정하게 그 지속가능성을 성찰하고 고려해 본다.

동양의 배려 정신

1. 동양의 유교, 도교, 불교가 지닌 배려 정신은 현재는 물론 미래에도 지속 가능한 배려의 가치다. 그 이유는

때문이다.

2. 동양의 유교, 도교, 불교가 지닌 배려 정신은 시대에 뒤떨어진 낡은 인습이자 의미 없는 유물이다. 왜냐하면

때문이다.

3. 동양의 유교, 도교, 불교가 지닌 배려 정신은 시대에 맞게 재해석하고 변주해 나갈 가치가 있다. 그 이유와 구체적인 사례는

이다.

제6장

현대 서구의 배려 이론

1. 나딩스의 관계 윤리

20세기 중반 이후 21세기에 들어서면서 서구의 철학은 배려(Caring), 혹은 보살핌의 윤리에 대해 적극적이다. 서구의 철학과 교육에서 사용하는 배려와 보살핌은 의미상 약간의 차이가 있다. 보살핌은 상대방이 자신보다 미약하고 열등한 입장일 때를 상정하고 있는 말인 듯하고, 배려는 자신과 상대방의 능력이나 지위에 구애됨이 없이 가능한 일이라는 의미가 강하다(이나현, 2008: 18). 보살핌과 배려, 혹은 돌봄이라는 개념을 포괄적으로 고려해 볼 때, 현대 서구의 철학자 중에서 이런 문제에 관심을 둔 학자로 나딩스가 눈에 띈다.

나딩스(N. Noddings, 1929~)는 배려를 일상적·언어적 의미에서 분석하기보다는 관계적 관점에서 이해한다. 즉, 배려하는 사람과 배려받는 사람의 관계를 규정하기 위한 기초로서 배려를 정의하였다. 배려는 타인에 대해 감정적으로, 혹은 도덕적으로 전념하고, 정신적으로 부담을 갖는 상태로 사물에 대해 염려하거나 근심하는 것을 의미한다. 따라서 '배려한다'는 것은 다음과 같은 차원에서 논의된다.

첫째, 어떤 상대에 대해 부담을 느끼고 초조해하고 걱정하는 작업이다.

둘째, 누군가에 대해 강한 욕구와 성향을 느끼고 그의 입장과 관심을 고려하는 일이다.

셋째, 나이 많은 사람들의 복지나 건강에 대해 책임감을 느끼는 것이다.

나딩스는 이러한 배려의 주제와 중심을 여섯 가지로 논의한다. 그것은 '자아에 대한 배려', '친밀한 사람들에 대한 배려', '낯선 사람과 멀리 있는 사람에 대한 배려', '동물·식물 그리고 땅에 대한 배려', '인간이 만든 세상에 대한 배려', '사상에 대한 배려'다(나딩스, 추병완·박병춘·황인표 옮김, 2002).

첫 번째 '자아에 대한 배려'는 배려에서 가장 중요한 주제다. '자아'는 삶을 영위하는 주체이며, 이 자아의 삶은 육체, 영혼, 직업, 여가라는 네 가지 측면으로 살펴볼 수 있다.

① 육체적 삶(Physical Life)을 통한 배려

육체적 삶은 '건강한 신체에 건전한 정신이 깃든다(A Sound Mind in A Sound Body)'는 구호와 같이, 정신을 강화시키기 위한 단순한 수단이 아니다. 육체는 사람의 영혼과 이성을 통해 활력을 갖는다. 단순히 폐활량과 근육만을 늘리는 운동은 육체적 삶이 아니다. 육체적 삶은 운동뿐만이 아닌 복잡한 인간의 신체적 활동을 의미하며, 더불어 그 활동에 대한 이해다. 이러한 이해와 확인은 자신에 대한 배려를 위해 필수적이다.

② 정신적 삶(Spiritual Life)을 통한 배려

정신적 삶을 영위하기 위해서는 숭고함을 공부하거나 이에 참여해야 한다. 왜냐하면 숭고함은 개인뿐만 아니라 집단에게도 중요하며, 실존적인 배려의 핵심이기 때문이다. 숭고함에 대한 이해는 종교적 활동이나 그림, 음악, 시 등 다양한 방식으로 그 가능성이 열려 있다.

③ 직업적 삶을 통한 배려

직업은 단순하게 어떻게 먹고 사느냐를 넘어서 있는, 자신의 삶의 목적과 관련된 중요한 활동이다. 직업적 삶이라는 것은 그 목적을 향해

자신의 내부에 있는 열정과 잠재능력을 최대한 발현하는 작업이다.

④ 여가적 삶을 통한 배려
여가는 육체적 피곤함과 일상생활의 지루함을 해결해 주는 일종의 탈출구다. 한편으로는 새로움과 신선함을 선사해 주는 모든 활동이기에 일상생활에서 새로움과 신선함을 느꼈다면 이 또한 여가가 될 수 있다. 여가는 휴식과 더불어 삶 자체에 활력을 불어넣어 준다.

두 번째, '친밀한 사람들에 대한 배려'가 있다. 앞에서 언급한 것처럼, '자아에 대한 배려'는 배려의 기본이다. 그러나 이것만으로는 인간이 잘 살 수 없다. 왜냐하면 인간은 사회에서 타인과 어울리고, '자아'라는 존재는 홀로 살아갈 수 없기 때문이다. 다시 말하면, 사회라는 하나의 상황, 인간과 인간이라는 관계 속에 존재하는 '자아'는 '타인에 대한 배려'가 필요하다. 특히, 나와 직접적 관계를 맺고 있는 '친밀한 사람들'에 대한 배려가 중요하다. 친밀한 사람일지라도 두 가지 관계가 있다. 하나는 평등한 관계에 있는 사람들이고 다른 하나는 불평등한 관계에 있는 사람들이다.

① 친밀한 사람일지라도 평등한 관계에 있는 사람들에 대해 배려해야 한다. 평등한 관계에서는 배려하는 자와 배려받는 자가 고정되어 있지 않다. 상호 간에 그 역할을 교대로 수행할 수 있다. 배우자와 연인들, 친구, 그리고 동료와 이웃은 평등한 관계에 있는 사람들이다. 이들과 맺는 애정이나 우정, 사회적 관계는 친밀한 동시에 평등하므로, 배려를 실천하기 위해 정해진 원칙은 없다. 다만, 삶 속에서 각 상황에 맞는 배려를 학습해 나간다. 이는 무엇보다도 인간의 도덕적 성장을 촉진시킨다.

② 친밀한 사람일지라도 불평등한 관계에 있는 사람들과의 문제다. 불

평등한 관계는 배려하는 자와 배려받는 자가 고정되어 있다. 이러한 관계에 놓여 있는 이들이 바로 아이들과 학생들이다. 이들은 배려를 받는 과정에서 배려를 배워야 한다. 특히, 교육현장에서는 학생들이 배려할 수 있는 능력이 생겼을 때 그 능력을 실천할 수 있는 기회를 열어 놓아야 한다. 또한 자신에게 무엇이 필요한지 배려하는 자에게 요구할 수 있을 만큼 서로 안정적 관계를 형성해야 한다.

세 번째는 '낯선 사람과 멀리 있는 사람에 대한 배려'다. 물리적으로 멀리 떨어진 사람을 배려하는 것은 매우 어렵다. 왜냐하면 배려의 완성을 직접적으로 확인할 수 없고, 배려 대상에 대한 이해가 부족해질 수 있기 때문이다. 자주 만나고 가까이 있어야 쉽게 친해지고 인정이 생기는 법이다. 멀리 떨어져 있으면 배려의 문제를 쉽게 체험하기 어렵다는 것도 현실이다. 낯선 사람이나 멀리 떨어져 있는 사람의 경우, 선입견이나 잘못된 지식으로 인해 배려 그 자체가 하나의 폭력이 될 수 있다. 그러므로 자신에 대한 지식뿐만 아니라 다른 사람에 대한 지식을 얻을 수 있는 적절한 방법, 의사소통의 길을 계속 열어 놓아야 한다.

네 번째는 '동물·식물 그리고 땅에 대한 배려'다. 우리는 동물·식물, 그리고 땅과 상호의존적 관계에 있다. 인간의 삶은 이들과 분리되어 존재할 수 없다. 동물·식물·땅에 대한 배려는 결국 우리가 살고 있는 환경에 대해 민감성을 가지는 작업이다. 그것은 생태의식의 함양과 통한다. 우리 주변의 많은 것들에 대해 무의미한 것을 의미 있는 것으로 환원시키는 일이다. 이는 우리에게 절제 있고 민감하며 책임 있는 삶을 요구한다.

다섯 번째는 '인간이 만든 세상에 대한 배려'다. 세상 사물에 대한 배려는 다른 배려와 달리 즉각적인 윤리적 영향은 없다. 하지만 이를 어떻게 다루느냐에 따라 다른 대상들에게 영향을 미친다. 그러므로 사물에 대한 배려는 어떤 측면에서 보면, 도덕적인 삶의 부분으로 고려될 수 있다. 즉, 도덕적 함축성을 갖고 있기에 소중하게 다루어야 한다.

여섯 번째, '사상에 대한 배려'다. 사상(idea)에 대한 배려는 이를 받아들이는 사람의 입장, 즉 그 사람의 목적·관심·능력을 고려하는 것이다. 예를 들면, 중·고등학생들을 교육하는 이유가 교육과정에서 운영되는 각 교과의 전문가를 육성하기 위한 것이 되어서는 곤란하다. 전문적인 수준은 고등교육에 참여하는 대학생 이상의 학습자에게 부과되어야 한다. 중·고등학생들의 교육과정은 학생들에게 기초 지식과 기본 교양을 일러주고 올바른 인간으로 성장할 수 있도록 도와주는 일이어야 한다. 그런데 많은 교사들은 중·고등학생들에게 전문가 수준을 요구한다. 이는 배려의 차원에서 보면, 매우 낮은 수준의 지도다. 학생들 스스로 자신의 효용성을 발견할 수 있도록, 스스로 선택하도록 열어 놓아야 한다.

이처럼 배려의 윤리는 다른 사람에 대한 책임감과 민감성을 갖고 보살핌을 소중히 여기며 인간관계의 유지에 역점을 두는 도덕 판단의 지향성이다(이나현, 2008: 18쪽). 배려는 의무감에서가 아니라 감정에서 생겨나는 다른 사람들에 대한 관심이다. 또한 관심과 주의, 다른 사람에 대한 느낌, 말하자면 다른 사람의 이익을 자신의 이익과 동일하게 혹은 더욱 중요하게 생각하는 것, 다른 사람의 성장과 발전에 대해 관심을 가지는 것, 가족 혹은 자기와 가깝거나 관계된 사람들의 공통적 이익을 지향하는 것 등이 포함된다. 이는 보편적이고 공정한 원리나 의무감과는 대조되며 타인에 대한 특별한 감정이라고 할 수 있다.

이런 차원에서 배려는 부담을 갖는 정신적 상태다. 배려는 어떤 사람이나 사물에 대해 관심을 갖거나 이끌리는 경향성을 지닌다. 그러기에 그 사물이나 사람을 배려한다. 사람이 자신의 윤리적 이상을 실현하기 위해서는 그와 특수한 관계에 있지 않는 사람들에게도 배려하는 마음을 갖고 관계를 맺어야 한다. 우리 자신에게 가장 좋았던, 배려하는 순간과 배려받는 순간에 대한 기억은 우리에게 하나의 감정으로 각인되어 있다(Noddings, 1984).

나딩스는 우리의 이해가 다른 이의 필요와 충돌할 때, 우리가 어떤 의

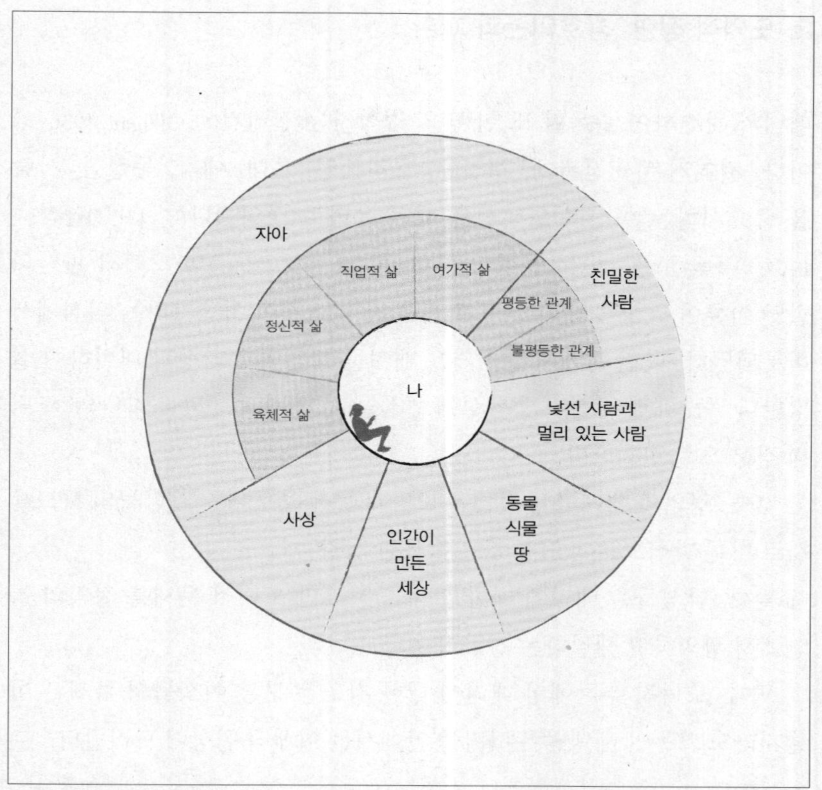

그림 6. 배려의 주제들

무를 갖는다면 이는 다른 사람에 대한 의무가 아니라고 본다. 그것은 도덕적이 되려는, 관계를 존속시키려는 우리 자신에 대한 의무다. 그러므로 배려는 관계의 윤리학이 된다.

2. 도덕적 정향, 상호의존과 교환

배려와 관련하여 주목할 또 한 명의 철학자는 길리건(C. Gilligan, 1936~)이다. 길리건은 인간관계, 책임, 상호의존성, 유대, 애착, 동정심, 사람을 중요시하는 여성적 도덕성을 배려 윤리로 정의했다(길리건, 허란주 역, 1997; 박병춘, 2002). 이는 콜버그(L. Kohlberg, 1927~1987)의 도덕적 판단의 발달 이론이 남성에 대한 어떤 편견을 간직한 것이 아닌가라는 의심에서 비롯되었다. 이런 점에서 길리건은 배려를 정의의 윤리성과 대비하여 설명한다. 즉, 배려의 심리적 특성에 관심을 갖고 배려 윤리를 하나의 '도덕적 정향'으로 정의한다.

첫째, 정의와 배려의 관점들은 도덕적 문제들에 대한 사람들의 사고를 서로 다른 방식으로 조직해 주는 독특한 정향들이다.

둘째, 남성들은 배려에 대한 고려를 하지만 도덕적 문제를 정의의 틀 안에서 정의하고 해결하는 경향이 있다.

셋째, 도덕적 추론에서 배려에 대한 강조는 모든 여성들의 특징은 아닐지라도 그동안 혜택받은 사람들 안에서는 여성적 현상이 드러난다(박병춘, 2002).

길리건에 의하면, 남성은 도덕적 판단을 내리기 위해 권리와 정의를 강조하는 상호이익의 양식을 따른다. 또한 도덕적 성숙에서 개인성과 자율성이 특징적으로 강조된다. 그러나 여성은 배려와 인격적 관계에 반응하는 반응 중심의 양식을 따른다. 즉, 관계성과 책임성이 특징적으로 강조된다(이미식·최용성, 2002: 116). 이제 여성들은 인간관계에서 자신의 목소리를 내야 한다. 자신의 목소리를 내지 않고 이타적으로만 행위하는 것은 결국 자신의 목소리를 포기하고 인간관계에서 책임을 회피하는 일이다. 그것은 궁극적으로 여성 자신의 소멸을 가져온다.

진실한 관계는 자신과 타인이 함께 포함되고 동등한 처지에서 관계를 유지한다. 자신이 배제된 관계는 진실한 관계가 아니다. 진실하지 못한 관계에 대해 침묵하고 자신을 희생하는 것은 자신을 상실하는 결과를 낳는다.

길리건에게서는 과거에 강조되던 여성들의 '천사의 도덕'은 부도덕한 것으로 인식되고 거부된다. 여성이 도덕적으로 발달하기 위해 이제는 천사의 도덕을 극복해야 한다(길리건, 허란주 역, 1997). 때문에 전통적인 현모양처(賢母良妻)의 모습처럼, 여성의 미덕으로 여겨져 왔던 모성적 배려나 천사의 도덕이 아니라, 자신과 타인을 동일한 지위에서 동시에 배려하고 관계 속에서 상호작용하는 도덕성이 중요하게 된다(박병춘, 2002: 106).

또 다른 유사한 시각이 있다. 메이어오프(M. Mayeroff, 1971)의 경우, 배려는 다른 사람이 성장할 수 있도록 도와주는 작업이다. 그 전형적인 예로, 부모가 자식을 양육할 때, 교사가 학생을 교육할 때, 의사가 환자를 보살필 때, 남편이 아내를 대할 때의 배려를 제시한다. 이때 배려는 단순히 다른 사람이 잘되기를 소망하거나 다른 사람을 좋아하는 것, 또는 단순히 다른 사람에게 관심을 갖거나 다른 사람을 배려해 주고 싶은 욕구를 갖는 것과 차원이 다르다. 이런 일은 엄밀히 말하면 배려라고 보기 어렵다. 그렇다고 메이어오프가 말하는 배려가 배려하는 사람의 배려만을 상정하는 것은 아니다. 배려하는 사람은 배려를 통해 부수적으로 자신의 성장을 이룰 수 있다. 메이어옵은 배려하는 사람과 배려받는 사람 간의 상호의존성을 강조한다.

이외에도 파커(R. Parker)는 배려를 일시적으로 또는 영구히 자신을 돌볼 수 없는 사람들을 배려하는 '실질적 행동'으로 정의한다. 배려하는 행동의 구체적 사례로, 파커는 소변을 가릴 수 없는 사람들에게 음식물을 먹여 주고, 목욕시켜 주는 일 등을 들고 있다. 또한 그레이엄(H. Graham)은 배려를 '사랑의 노동'으로 정의한다. 배려는 사랑이라는 정서적 노동이다. 여기에서 배려가 지니는 태도는 동기적 측면과 행위적 측면이 통합된다(박병춘, 2002: 14-15).

피셔와 토론토(B. Fisher & J. Toronto)는 배려에 대해 좀더 구체적으로 제시한다(박병춘, 2002: 16-17). 배려는 우리가 이 세계를 잘 살아갈 수 있도록 세계를 관리하고 유지하고 고쳐 가는 모든 것을 포함한 '종(種, species)의 활동'이다. 세계 속에는 우리의 육체, 자아, 그리고 환경과 집을 세우고 치료하는 행위들이 포함된다. 우리는 이 모든 것을 하나의 복합적이고 생존을 유지하는 그물로 엮어 내고자 노력한다. 그런 세계의 그물을 관리하고 유지하고 수리해 가는 포괄적 의미의 관계적 차원이 배려다. 이런 배려의 활동은 네 과정으로 이루어진다(Toronto, 1994).

첫째, '염려(念慮)'와 '주의(主意)'다. 이 과정에서는 먼저 배려가 필요하다는 것을 인식하고 그것이 어떻게 충족되어야 하는지 평가한다.

둘째, 배려를 하기 위해 준비하고 배려의 책임을 맡는다. 그것은 책임감을 핵심적인 도덕적 의무로 인식하며, 배려의 책임을 지는 과정이다. 이때 규명된 요구에 대한 책임감과 요구에 대해 어떻게 응답할 것인지를 결정하는 일도 포함된다.

셋째, 구체적으로 배려를 실천한다. 배려에 대한 요구를 직접적으로 충족시켜 주는 일이다. 배려하는 사람은 배려를 위해 육체노동이 필요하기도 하고, 배려의 대상과 직접적으로 접촉해야 한다. 예컨대, 울고 있는 아이에게 직접 젖을 주고, 굶어 죽어가는 사람에게 직접 식량을 공급해 주며, 환자의 옷을 직접 세탁해 주는 그런 행동들이다.

넷째, 배려를 받는 사람이 배려에 응답하는 과정이다. 예컨대, 피아노를 조율하면 소리가 좋아지고, 환자를 돌봐 주면 상태가 좋아지며, 굶주린 아이에게 음식을 주면 건강해지는 경우와 같이 배려하는 자의 배려에 대해 배려받는 자가 어떻게 응답하는지 고려해야 한다.

이런 과정에서 각각 주의 깊음, 책임, 능력, 응답능력과 같은 윤리적 태도가 요청된다.

표 2. 피셔와 토론토의 배려 활동

단계	내용	윤리
1	염려와 주의	주의 깊음(attentiveness)
2	준비와 책임	책임(responsibility)
3	실천	능력(competence)
4	응답	응답 능력(responsiveness)

그리고 탈로(B. Tarlow)의 경우, 배려는 호혜적 관계 안에서 구현되는 지적이고 정서적이며 도구적인 '상호교환'이라고 정의한다. 이때 성공적인 배려의 관계는, 두 사람이 하나로 결합하는 관계가 아니다. 밀접성과 독자성이 조화를 이루면서, 배려를 행하고 취하고 수용하고 교환하는 관계이다. 그는 이를 8가지로 구분하여 설명한다(박병춘, 2002: 18).

첫째, 배려를 시작하기 위해서는 반드시 '사람'들이 존재해야 한다.

둘째, 배려의 과업을 수행하기 위한 '시간'이 있어야 한다.

셋째, 이 과정을 촉진시켜 주는 수단으로서 '대화'가 있어야 한다.

넷째, 배려하는 사람은 반드시 다른 사람의 필요에 '민감'해야 한다.

다섯째, 타인에게 최상의 '이익'을 주기 위해 행위해야 한다.

여섯째, '감정'을 투자해야 한다.

일곱째, 타인에게 '도움'이 되는 일을 해야만 한다.

여덟째, 배려를 받는 사람은 반드시 배려의 과정을 영속화할 수 있는 방식으로 '응답'하며 상호성을 가져야 한다.

호혜적 관계에서 배려를 실천하기 위해서는 사람-시간-대화-민감성-이익-감정-도움-응답이라는 유기적 행위 패턴이 상호밀접하게 독자성을 유지하면서 교환되어야 한다.

이와 같은 20세기 현대 서구에서의 배려 개념은 기존의 전통과 관념에 신선한 영향을 미쳤다. 그것은 배려하는 사람과 배려받는 사람의 인식을 바뀌게 하고, 배려와 보살핌, 돌봄의 의미가 인간의 삶에서 얼마나 중요

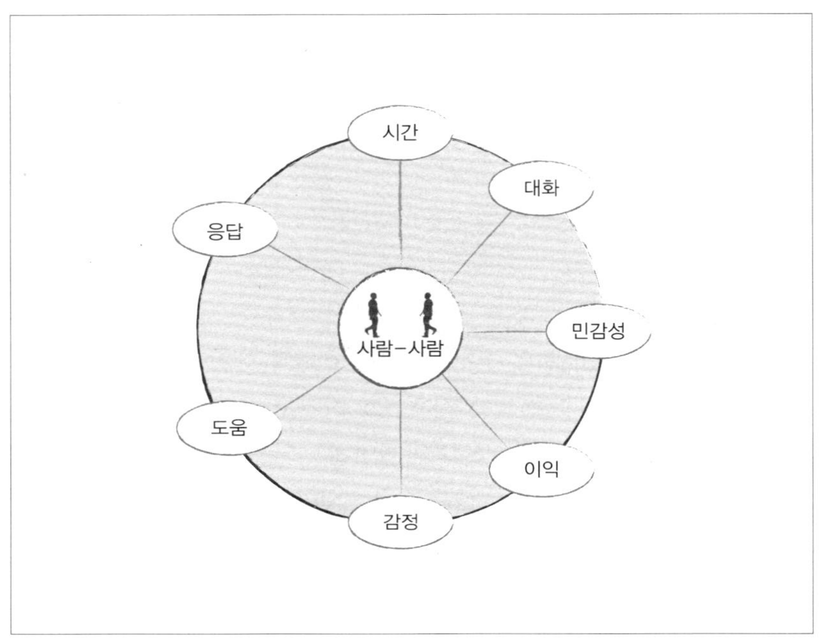

그림 7. 호혜적 상호교환

한지 일깨워 주었다.

미국의 철학자 듀이(J. Dewey, 1859~1952)가 "교육은 삶 자체"라고 말했듯이, '배려는 삶 자체'다. 왜냐하면 인간은 배려를 통해 상호작용하면서 삶의 건강성을 담보할 수 있기 때문이다. 어떤 맥락에서 보면, 배려의 실천은 배려를 실천한 것 이상으로 건전한 사회를 확립하는 데 일조할 수 있다. 그것은 가정생활, 자녀양육, 이웃과의 정, 심미적 감상, 도덕적 민감성, 환경에 대한 지혜, 종교적 또는 영적 지능 등 완전한 삶을 위한 주인정신을 발현하게 만든다(카츠·나딩스·스트라이크, 윤현진 외 옮김, 2007: 43).

3. 부버의 만남과 대화

부버(M. Buber, 1878-1965)는 흔히 '만남'의 교육철학자로 인식된다. 그것은 부버의 인간관과 세계관에서 드러난다. 부버는 인간이 세계에 대해 가질 수 있는 두 가지의 주요한 관계를 제시한다. 즉 '나-그것'의 관계로 표현되는 사물 세계와 '나-너'의 관계로 표현되는 인격적 만남의 세계다. 그러므로 어떤 관계를 형성하느냐에 따라 인간 삶의 양상도 달라진다(강선보, 2003).

부버는 '나-그것'의 사물관계에서 '나-너'의 인격관계로의 회복을 염원했다. 특히, 타자와의 직면으로부터 이루어지는, 각자가 타자에게 진실로 책임을 지는 진정한 대화 관계를 중시했다. 그것은 삶의 철학에 출발점을 둔 주체적이고 관념적으로 발전된 나에게 열렬히 기울어지고, 또 한편 오직 너와 교제하고 상호작용함으로써만 발전할 수 있는 삶을 강조한다. 이 모든 참다운 삶은 만남이다(Bollnow, 1967: 90-91). 이런 점에서 삶은 만남의 장을 통해 공동적으로 참여하면서 이루어지는 포용이자 신뢰이며 타자에 대한 책임이다.

부버의 사상을 이해하는 데 필수적인 두 기둥은 하시디즘(Hasidism)과 '만남'이다. 그런데 '만남'의 철학은 하시디즘을 발판으로 생성된 것이기 때문에 하시디즘을 모르고는 부버를 이해할 수 없다. 하시디즘은 18세기에 엘리에저(I. Eliezer, 1700~1760)에 의해 동유럽의 폴란드에서 생겨난 유대교의 경건주의적 신비운동이다. 하시디즘의 근본이념은 모든 사물 및 피조물들을 신성한 것으로 보며, 그 가르침은 '하느님의 세계를 사랑하는 것'에 있다. 따라서 하시디즘은 세계 속에서의 적극적인 봉사를 요구하며, 종교의 외면적 형식보다는 일상생활의 충실·관심·사랑을 강조한다.

부버가 하시디즘을 통해 우리에게 보여 주려고 한 바는, 인간이 일상생활을 통어해야 한다는 것이었다. 그것은 일상생활의 모든 것을 신성화하는 작업이다. 이 같은 견해를 부버는 "하느님의 신성을 발견할 수 있는 존재의 사다리 계단은 언제, 어디에서라도 발견할 수 있다"라고 함축적으로 표현하였다.

하시디즘을 모태로 한, 부버의 철학은 '만남'의 철학이다. 앞에서 언급했듯이, 부버는 인간이 세계에 대해 가질 수 있는 두 가지의 주요한 태도 혹은 관계를 '나-그것'의 관계로 표현되는 사물세계와 '나-너'의 관계로 표현되는 인격적 만남의 세계로 인식하였다. 이런 세계 인식에서는 인간이 세계에 대해 취하는 이중적 태도의 양태에 따라 세계도 인간에게 이중적으로 된다.

인간의 이중적 태도는 두 개의 근원어(primary words)로 표현되는데, '나-너'라고 하는 근원어와 '나-그것'이라고 하는 근원어다. '나-그것'의 세계는 경험과 인식, 그리고 이용의 대상이 되는 세계다. 사람이 세계를 경험한다고 말할 때, 그것은 사람이 세계를 객체로 소유하고 이용한다는 뜻이다. 이때의 세계는 경험의 대상으로서 '어떤 것'일 뿐, 경험하는 주체와 적극적이고 직접적인 관계에 있지 않다. 이처럼 방관자·관찰자·조정자로서 세계와 관계하는 자는 '나-그것'의 '나'이다.

그러나 '나-너'의 세계는 경험의 대상이 아니다. 여기서의 '너'는 뭇 성질로 분해할 수 없는 전 존재를 말한다. 따라서 사람은 '나-너'의 관계에서 서로 전존재를 기울여 참인격으로 관계한다. 이러한 관계는 직접적이며 상호적이요, 근원적이다. 이러한 '나-너'의 관계에 들어서는 것이 곧 '나'와 '너'의 '만남'이다. 이처럼 세계와 상호관계 하는 자는 '나-너'의 '나'이다. 그러므로 '나-너' 관계에서의 '나'와 '나-그것' 관계에서의 '나'는 서로 다르다. '나-그것'의 '나'는 개별적 존재로서 나타나고 자기를 경험과 이용의 주체로서 의식하는 반면에, '나-너'의 '나'는 인격으로 나타나고 자기를 종속적 성격을 가지고 있지 않은 주체성으로 의식한다.

이처럼 부버는 관계의 개념으로 인간의 위치 및 본질을 파악하고자 한다. 그러기에 참다운 인간 존재는 고립된 실존 속에 있는 것이 아니라 관계형성을 통해 드러난다고 보는 것이다. 결국 부버에게서 인간이란 관계를 통해 그의 실존을 형성해 나가는 창조자로 파악된다. 이에 근거하여 그는 철학적 인간학의 기본사상을 "인간 실존의 기본적인 사실은 인간이 인간과 더불어 있다는 것"으로 함축성 있게 표현하였다. 이처럼 그의 인간학은 '인간의 전체성'에 관한 탐구다(김정환·강선보·신창호, 2014).

배려는 근본적으로는 살아 있는 인간이 또 하나의 자유로운 인간을 만나는 인간의 전체성과 관련된다. 근원적 차원에서 배려는 기계적 테크닉이 아닌 사람 사이의 삶의 소통이다. 그러기에 사람 사이의 참된 관계는 배려의 내용과 방법에 선행한다. 이런 맥락에서 부버의 '만남'의 철학은 사람 사이의 관계 확립에 시사하는 바가 크다(강선보, 2003: 217-236).

1) 인격적 친교

인격적 친교는 사람과 사람 사이에 둘 다 자유로이 활동하는 인격체로서 각각의 인격이 '상호 만나는 것'을 의미한다. 따라서 사람 사이의 만남은 항상 서로를 하나의 인격체로 대하고, 수단이 아닌 목적으로 만나야 한다. 왜냐하면 배려의 기본 목적은 타인에게 무언가를 주는 데만 있기보다는 개개의 인간을 책임감 있는 인격적 존재로 마주하는 데 있기 때문이다. 사람을 수단시하였을 때, 배려하는 사람과 배려받는 사람의 관계는 비인격적으로 전락하고 만다.

인격적 상호관계는 단순한 자극-반응의 관계가 아니다. 자극반응의 관계는 우리가 자주 이용하는 자동판매기에서도 이루어진다. 그런 기계적 반응은 감정을 서로 주고받을 수 있는 인격적 친교작용으로 볼 수 없다. 배려하는 사람과 배려받는 사람 사이의 인격적 친교작용이 없다면, 그 관계는 동전을 집어넣으면 기계적 반응을 하는 자동판매기의 이용과 마찬가지다.

인격적 관계형성을 위해서는 배려하는 사람 자신이 먼저 인격을 갖추어야 한다. 자기 자신의 내부로부터 자신의 인격성에 눈뜬 사람은 아직 눈뜨지 못한 사람을 배려할 수 있다. 진정한 배려는 그때 이루어진다. 부버는 그런 만남을 다음과 같은 비유로 설명했다.

어떤 사람이 노래를 부르는데 목소리를 더 이상 높일 수 없는 음(音)이 있다. 바로 그때, 또 다른 사람이 다가와 그와 함께 노래를 부른다. 그 사람은 그 이상의 음을 낼 수 있었다. 이를 계기로 첫 번째 사람도 덩달아 그의 목소리를 높일 수 있게 되었다. 바로 이것이 영혼과 영혼 사이의 결합의 신비다.

배려하는 사람과 배려받는 사람의 관계는 이와 같아야 한다. 인격에 눈뜬 배려하는 사람은 배려받는 사람의 영혼, 인격을 일깨워 줄 수 있다. 그러기에 배려의 본질은 영혼과 영혼의 접합이며, 인격과 인격의 만남이다.

2) 구도적 동반자

구도적 동반자(求道的 同伴者) 관계는 배려하는 사람과 배려받는 사람 사이를 상하관계로 보지 않고, 진리와 삶 앞에 적나라하게 서 있는 동등한 구도자의 관계로 보는 것이다. 부버는 이것을 '우정'의 관계라고 표현했다. 이런 정황에서는, 때로는 배려하는 사람이 되기도 하고, 때로는 배려받는 사람이 되기도 한다. 진리와 삶 앞에서 배려하는 사람이 배려하는 사람이기를 그치고, 배려받는 사람이 배려받는 사람이기를 그칠 때, 어떤 편견도 없는 진정한 배려와 만남이 가능하다. 그러므로 배려받는 사람이 배려하는 사람과 만나는 경우라 하더라도, 그것은 배려를 위한 만남의 특수 형태가 아니라, 어디까지나 단순히 사람 사이의 만남이다. 따라서 삶과 진리 앞에 배려하는 사람과 배려받는 사람이 동등한 구도자의 자세로 마주설 때 진정한 만남이 가능하다. 다음에 제시된 ㉠ ㉡의 두 나그네 사례를 보며 생각해 보자.

눈이 펑펑 쏟아지는 추운 겨울날, 한 나그네가 길을 떠났다. 목적지에 도달하기 위해서는 깊은 산을 넘어야 했다. 계곡을 가다 보니 웬 나그네 한 명이 눈 위에 쓰러져 있었다.

㉠ 나그네: 쓰러진 나그네를 배려할 것인가 말 것인가? 나그네는 망설였다. 쓰러진 나그네를 보살피거나 업고 가다가 지체하면 자기마저 얼어 죽을 것이라는 생각에 못 본 체하고 지나쳤다. 결국 이 나그네는 추위를 이기지 못하고 얼마 못 가 얼어 죽고 말았다.

㉡ 나그네: 당연히 저 사람을 보살펴야지, 이 추운 날 저렇게 쓰러지다니. 나그네는 쓰러진 나그네를 업고 목적지를 향해 부지런히 걸었다. 이마에는 구슬 같은 땀이 흘렀으며, 등에서는 따스한 체온이 솟아 나와 업힌 나그네의 가슴으로 전달되어 언 몸을 녹여 주었다. 결국 둘 다 살았다.

㉠ 나그네는 삶과 진리 앞에 떳떳이 맞서지 못했기에 결국 파멸하고 말았다. 그러나 배려의 정신으로 떳떳이 맞선 ㉡ 나그네는 공생(共生, living together)을 하게 되었다. 나만이 아니라 나와 너가 함께 살 수 있는, 이른바 윈윈(win-win)의 삶을 보여 주었다. 진흙에 빠진 사람을 구하기 위해서는 어떻게 해야 할까? 진흙 속으로 뛰어들어야 한다!

오늘날, 첨단과학과 지식정보의 홍수 시대를 살아가는 사람들은 위의 예에서 본 쓰러진 나그네처럼, 진리와 삶의 문제로 방황하며 고뇌한다. 배려 정신을 갖춘 사람은 이러한 사람들을 지나쳐 버려서는 안 된다. 구도자적 자세로 그들의 삶에 동참하여 동반자로서 고뇌할 때, 배려의 정신이 살아나고 윤리는 실천된다. 배려를 통해 서로 일깨움을 주고받음으로써 삶의 건전함을 지속할 수 있다.

3) 포용적 관계

포용적 관계는 배려하는 사람과 배려받는 사람이 상호 정체성(identity)을 지니면서도 상대편의 삶에 동참함으로써 자기 생(生)의 실현을 맛보는 일이다. 즉, 어떠한 선입견이나 편견 없이 상대방을 있는 그대로 받아들이면서 상호존중하고 이타적 삶을 영위하는 것이다. 참되게 배려하는 자는 배려받는 사람의 삶에 동참한다. 그리고 자기 자신을 비이기적으로 주는 아가페적 사랑 속에서 진정한 자기 삶을 발견한다.

앞에서 살펴본 "네 이웃을 내 몸과 같이 사랑하라"라는 기독교 정신이나, "사람을 사랑하라"는 유교의 인(仁)이 바로 여기에 해당한다. 이웃(사람)을 버리는 것은 자기 자신을 버리는 짓이다. 배려받아야 할 사람을 버리는 것은 우리 자신을 버리는 짓이다. 배려받아야 할 사람은 상대적으로 미성숙하거나 어려움에 처했을 수 있다. 이른바 결점 투성이다. 그러한 난점과 결점조차도 사랑할 때, 배려받을 사람의 삶을 있는 그대로 포용할 때, 배려받는 사람도 배려하는 사람의 삶을 포용하게 된다. 이때, 비로소 상호 포용적 관계가 성립한다.

4) 개방적 믿음

개방적 믿음은 배려하는 사람과 배려받는 사람이 신뢰의 분위기 속에서 서로의 삶 앞에 자기 자신을 드러내는 것을 의미한다. 배려하는 사람이 심사숙고해야 할 중요한 과제는 배려받는 사람들에게 믿음의 가치를 깨우쳐 주는 일이다. 믿음의 전제가 되는 것은 개방이다. 자신을 먼저 상대방에게 드러내 보여야 상대방도 믿고 자신을 드러내 보인다. 여우와 늑대의 우화를 보자.

> 여우와 늑대가 같은 방향으로 걸어가고 있었다. 앞에서는 늑대가 걸었고 뒤에서는 여우가 걸었다. 늑대와 여우의 거리는 어느 정도 일정하게 유지되고 있었다. 앞에서 걷는 늑대가 깊은 생각에 잠겼다(지금 여우는 내 뒷모습을 보며 걷겠지. 내가 고개를 뒤로 살짝 돌리면 여우의 얼굴을 보겠구나).
>
> 늑대는 더 밝은 곳을 기다렸다. 다행히 저 앞에 아주 밝은 곳이 펼쳐져 있었다. 그곳에 이르자 늑대는 고개를 살짝 돌려 여우의 얼굴을 훔쳐보았다. 다시 앞을 바라보며 늑대가 큰소리로 외쳤다.

"너는 내 뒷모습을 보며 걷지만 나는 너의 얼굴을 봤다."

여우가 빙그레 웃으며 입을 열었다.

"나도 방금 전에 네 얼굴을 봤다. 상대방의 얼굴을 보려면 먼저 자신의 얼굴을 보여 줘야 한다구!"

이 우화가 시사하는 것처럼, 닫아 놓은 상대방의 마음의 빗장을 열기 위해서는, 먼저 자기 자신의 마음의 빗장부터 열어야 한다. 마음의 문을 열지 않는 사람을 누가 믿겠는가?

배려하는 사람이 자기 자신을 개방하고 믿음직한 분위기를 형성하기 위해서는 용기와 진실한 태도, 그리고 상당한 원숙성을 필요로 한다. 자신을 진리 앞에 내놓고, 그 결과가 어찌되든, 기다린다.

이것은 넓은 의미에서 '자기를 내던진다'는 뜻이다. 그렇다고 믿음과 개방이 반드시 배려의 성공을 보장하는 것은 아니다. 즉, 모험적 성격을 지니기 때문에 믿음과 개방이 거부되는 상황에서는 배려의 실패를 가져올 수도 있다. 그럼에도 불구하고, 배려하는 사람이 배려받는 사람을 믿고 자기 자신의 내면성을 개방하지 않을 수 없는 이유는, 믿음과 개방의 모험 없이는 구체적인 배려의 성과를 낼 수 없다고 보기 때문이다. 그러므로 배려하는 사람은 때때로 실패의 벽에 부딪히게 되지만, 그가 배려하는 사람이기 때문에 또다시 믿음을 긍정하고 자신의 마음을 열어야 한다.

5) 개성의 조화

개성의 조화는 배려하는 사람과 배려받는 사람이 각각 자유로운 개성적 존재로서 상호 만나는 관계를 의미한다. 부버는 이 세상의 모든 참된 관계가 개별화에 근거해 있다고 보았다. 우리는 개별화에 근거해 있기에 서로 다른 사람끼리 알게 되며 또 만나기도 한다. 그러나 이 개별화 자체가 관계의 한계가 되기도 한다. 개별화 상태에서는 상대를 완전히 알기 어렵기 때문이다.

우리는 개별화를 통해 상대가 서로 다름을 안다. 즉, 타자성을 인정하게 된다. 그러므로 배려하는 사람은 배려받는 사람들의 독자적 타자성을 인정하며, 진리에 대한 자신의 관계를 그들에게 강요해서는 곤란하다. 뚜렷하고 특색 있는 독립적 인격을 서로가 보장할 때 대화적 관계가 성립될 수 있다.

인격과 인격의 관계는 결코 주관과 객관의 관계가 아니다. 주체와 주체 간의 관계다. 배려하는 사람은 배려받는 사람을 하나의 개성적 인격으로 파악해야 한다. 오케스트라 연주에서 보듯이, 여러 악기들은 제각기 독특한 음을 내면서 한데 어우러져 아름답고 웅장한 선율을 이룬다. 즉, 개개 악기의 개성을 유지하면서 조화를 통해 새로운 예술 세계를 창출한다. 이처럼 배려의 관계도 제각기 다른 개성을 인정하면서, 하나의 화음을 이룰 때 더욱 아름답다.

6) 대화적 관계

대화적 관계는 배려하는 사람과 배려받는 사람이 대화를 통해 서로의 인격을 함양해 주는 관계다. 부버는 인간이 단독자로서는 불완전하다는 점, 고립된 존재는 인간이 아니라는 점을 역설하였다. 그래서 참된 삶이란 서로 만나는 일, 사람과 사람과의 관계 속에 사는 데 있다고 보았다. 여기에서 만난다는 것은 대화의 삶을 말한다. 대화 속에서 한 사람은 다른 사람에게 말을 건네고, 삶이 자기에게 무엇을 의미한다는 것을 상대방에게 제시한다. 우리가 한 인격으로서 다른 인격에게 전달할 때, 나의 전 인격이 당신에게 무엇인가 말을 해 주며, 당신의 전 인격이 나의 생활에 그 무엇을 말해 주게 된다. 이러한 대화관계에서는 내가 만나는 인격을 결코 나의 경험의 대상이나 이용의 대상으로 보지 않고 주체로서 파악하게 된다. 그러기에 대화적 관계는 인격적 만남의 관계다.

대화란 너를 향하여 말하려는 나의 의지만이 아니라, 너가 나에게 말하려는 바를 들으려 하는 의지 사이의 민감성이다. 대화적 관계는 자신의 입장을 상대방에게 강요하지 않는다. 대화는 상호관계이며, 각자가 상대방의 처지를 체험하면서 참된 말을 주고받는 것이다. 따라서 대화는 무책임한 '예'보다는 책임 있는 '아니오'를 더 존중한다. 왜냐하면 진실한 대화에서만이 참된 인격적 친교가 이루어질 수 있기 때문이다.

진실한 대화를 하고 있다면, 우리는 분명 줄곧 그 대화에 참여하고 집중하게 된다. 우리가 듣지 않으면 응답할 수 없을 뿐만 아니라, 상대편의 주의를 끌지도 못한다. 그런 경우, 우리는 상대방을 이해시키려고 노력해야 하며 또한 이해하도록 관심을 기울여야 한다. 그리고 상대방을 믿게 하도록 노력해야 하며 믿기 위해 애써야 한다. 이러한 상황에서 우리가 완전하고 솔직한 응답을 하게 될 때, 인격적 만남을 경험한다. 어떠한 배려이든 간에, 배려하는 사람과 배려받는 사람 사이가 대화적 관계로 형성될 때, 배려는 온전하게 될 수 있다.

배려를 설계하는 내 삶의 길 6

현대 서구의 배려 이론을 받아들일 수 있는가?

현대 서구사회는 그 어느 때보다 배려의 가치를 고민하며, 일상은 물론 학문적으로도 부각시키고 있다. 서구사회에서 직접 생활하며 경험해 보지 않는 한, 정확하게 확인하기는 어렵겠지만, 거기에도 분명 다양한 양식의 배려 전통이 지속되어 왔을 것이고, 일상생활 속에 스며들어 있을 것으로 판단된다.

그럼에도 불구하고 21세기 들어서서 배려의 사유가 보다 강조되는 데는 분명한 이유가 있을 것이다. 왜 최근 들어 배려를 그렇게 강조하는 것일까? 서구사회와 상당히 다른 전통을 형성하고 있는 한국사회에서, 그들이 주장하는 현대 서구의 배려 이론을 우리가 당당하게 받아들일 수 있을까?

나딩스, 길리건, 메이어오프 등 서구의 다양한 배려 이론이 나의 삶에서 배려의 지침이 될 수 있는지, 비판적으로 재고하며 심각하게 고려해 본다.

서구의 배려 이론 수용

1. 나딩스를 비롯한 다양한 현대 서구의 배려 이론은 한국에서 충분히 수용하여 실천할 수 있는 가치다. 그 이유는

때문이다.

2. 나딩스를 비롯한 다양한 현대 서구의 배려 이론은 중요한 배려의 지침을 제공하지만, 한국에서의 수용이나 실천을 위해서는 재검토할 부분이 있다. 왜냐하면

때문이다.

3. 한국 사회의 배려에 대한 생각이나 동양의 배려사상에 비추어 볼때, 현대 서구의 배려 이론은 어떤 장단점을 지니고 있는가? 혹은 어떤 동질성과 이질성을 지니고 있는가? 그 구체적 사례를 찾아보면 다음과 같다.

제7장

배려를 위한 효과적인 활동

1. 의사소통

인간관계의 핵심인 배려는 타인과의 상호작용에서 발생한다. 이는 자신과 타인에 대해 보다 많은 것을 알고, 상호 간의 수용과 성장을 촉진함으로써 발전된다. 따라서 긍정적인 인간관계의 기술, 타인에 대한 배려는 인간에게 생산적으로 협동하고 효과적으로 배울 수 있는 분위기에서 타인과 의사소통을 하도록 돕는다.

의사소통은 생명체들(living beings) 사이에서 감정, 태도, 사실, 신념, 생각 등을 전달하는 과정이다. 언어가 의사소통의 일차적인 수단인 것은 분명하다. 그러나 결코 유일한 수단은 아니다. 비언어적 의사소통은 얼굴표정, 침묵, 몸짓, 감촉, 입모습, 눈짓 등을 통해 이루어진다. 뿐만 아니라, 사람들이 서로 의미를 주고받는 데 사용하는 다양한 비언어적 기호나 단서 등을 통해 이루어진다. 요컨대, 사람 사이의 의사소통은 어느 한 사람이 타인에게 영향을 주고 타인을 이해하는 데 사용되는 모든 수단을 포함한다.

배려를 위한 활동 중에서 가장 중요한 작업이 의사소통일 것이다. 배려하는 사람과 배려받는 사람 사이의 의사소통을 통한 상호작용은 배려의 성패를 좌우한다. 효과적인 의사소통을 위해 중요한 것은 무엇일까?

무엇보다도, 효과적인 의사소통은 쌍방적 과정이다. 쌍방, 혹은 양방으로 통로를 개방하기 위해서는 양쪽 참여자가 협동할 필요가 있다. 다음에 제시하는 방식들은 기본적인 몇 가지 규칙들로서 의사소통을 원만하게 하는 데 도움을 줄 수 있다(엘린슨, 주삼환·명제창 공역, 1988: 127-133). 그것은 감정이입을 하고, 장애물을 의식하며, 피드백을 주고 받고, 타인의 말을 경청하며, 권력과 조작에 의한 전달을 피하고, 타인을 수용하려고 노력하며, 자기를 존중하고 상대방을 신뢰하는 일이다.

첫째, 감정이입.

타인을 이해하고 소통을 하기 위해서는 무엇보다도 자기가 타인의 입장에 서 보는 것이 중요하다. 타인에게 자기의 온정과 이해를 전달하는 능력을 가져야 한다. 그래야만 감정이입이 일어난다.

감정이입을 한다는 것은 타인의 경험을 자기의 경험 속에서 재창조하는 것을 말한다. 그것은 타인의 관점에서 세상을 보려는 삶의 태도다. 우리는 결코 타인과 똑같은 경험을 할 수 없다. 그것은 필요하지도 않고 가능하지도 않다. 그러나 감정이입을 통해 타인의 기쁨을 나름대로 볼 수 있고, 타인의 슬픔을 '내면화'할 수 있으며, 타인과 '동반자 의식'을 느낄 수 있다. 그리하여 타인에게 다가가고 타인과의 관계를 강화시킬 때, 소통의 발판을 마련하게 된다.

둘째, 장애물 의식.

효과적인 의사소통을 위해서는 바람직한 의사소통을 방해할 수 있는 장벽을 가능한 한 제거해야 한다. 고정관념이나 기타 선입견은 버려야 한다. 특히, 서로 간의 차이점이 있다고 해서 의사소통이 되지 않을 것이라고 생각해서는 곤란하다. 무엇보다도 중요한 것은 의사소통을 자발적으로 하려는 태도다. 자신의 마음을 개방한 상태에서 타인의 얘기를 듣되, 선입견을 갖고 판단하면서 의사소통의 과정에 참여하지 말아야 한다.

최대한 타인의 관점에서 상황을 보도록 노력하라. 그러면 타인도 그런 관점에서 상황을 보려고 할 것이다. 자신이 갖고 있는 가정적 배경, 과거의 경험, 사적인 가치, 신념, 흥미 등이 자신의 지각에 영향이 미침을 인식하고, 그러한 시각에서 메시지를 고찰하도록 노력해야 한다. 왜냐하면, 사람들은 자신이 갖고 있는 왜곡된 태도로 인해 때때로 말하지 않았던 것들을 알게 되면서, 의도했던 메시지를 듣지 못하게 되기 때문이다.

셋째, 피드백.

쌍방적 의사소통이 아무리 잘된다고 할지라도 피드백은 매우 중요하다. 타인이 전하려는 의도나 의미를 이해했다는 확신을 갖지 못했다면, 다시 물어보아야 한다. 예를 들어, "제가 선생님을 정확하게 이해했는지 모르겠습니다"라고 말하고 나서, 상대방이 말하려고 했던 것에 대한 나의 지각을 반사시켜 주거나 피드백 해 줄 수 있다.

아니면 "선생님은 선생님께서 ~하게 느낀 것을 말했습니까?"라고 말하고 나서, 내가 이해한 것을 말해 줄 수도 있다. 이와 같은 방법으로 의사소통 당사자들 간에 공통된 이해를 가져야 하고 함께 협동할 수 있는 분위기를 만들어야 한다. 때로는 상대편의 의도에 대한 해석, 또는 메시지가 명확하게 전달되고 있는지를 알아보기 위해, 의사소통의 내용을 부분적으로 자세하게 검토할 필요가 있다. 상대방의 말을 들으면서 그 말을 자기의 말로 의역하고 자신의 말에 반영하는 능력을 계발해야 한다. 그리고 피드백을 주고받을 때 자신에 대한 개방적 인식의 영역을 넓히고 새로운 통찰을 얻도록 노력해야 한다.

넷째, 경청.

다른 사람의 말을 경청(敬聽)하는 행동은 타인에 대한 적극적인 책임의식이다. 단순히 수동적인 행동이 아니다. 우리는 의사소통의 과정에서 상대방이 말하고 있는 경우, 듣는 사람이 된다. 이때는 단순히 그 사람이 하는 말뿐만 아니라 그 사람의 사상과 감정을 알아차리는 '마음의 귀(inner ear)'를 갖고 얘기를 들어야 한다. 그리고 메시지에 대한 자신의 지각을 피드백 해야 한다. 때로는 "그런 얘기를 들어서 뭐해? 그들과 얘기를 하느니 차라리 벽을 보고 얘기를 하는 게 낫지?"라는 말을 할 정도로 타인의 태도에 대해 불필요하게 느낄 수도 있다. 그렇다 하더라도 진정한 배려를 위해서는 사람들을 담벽을 하고 있는 것같이 앉아 있는 것이 아니라, 즉각적인 반응을 보여 주며, 타인들이 진정으로 그들의 말을 경청하고 있음을 알게 해야 한다. 그래야 그들도 나의 말을 경청한다.

다섯째, 권력과 조작에 의한 전달 회피.

가끔, 권력을 갖고 있는 사람들은 자신의 지위를 이용하여 자신이 원하는 방식으로, 자신의 권력을 이용할 권리를 갖고 있다고 생각한다. "나는 주인이자 지도자니까 그 일을 내 방식대로 할 수 있어!"라고 주장한다. 이는 권력의 남용이다. 분명하게 책임을 져야 할 지위에 있는 사람들이, 어떤 결정을 내리기 위해서는 권위를 필요로 한다. 이때 중요한 것은 그들이 그러한 권력을 어떻게 사용하느냐의 문제다.

권위적 인물들이 최선의 것을 알고 있는 여러 가지 사례가 있다. 이들이 의사소통의 명수라면, 타인들을 통제하고 조작하는 권력을 사용하지 않고, 타인들이 최선의 결정을 할 수 있도록 도와줄 수 있다. 그렇다고 이들이 모든 해결 방안을 알고 있는 것은 아니다.

어느 한 사람의 '권위'는 타인들이 그를 어떻게 보느냐에 달려 있다. 그것은 보통 사람들이 지원과 격려를 위해 서로 의존하는 대인관계로 알려져 있다. 지원을 해 줄 때, "당신이 나를 사랑한다면 그렇게 행동하지는 않을 거야", "내가 말해 준 대로 한다면 당신을 도와줄 수 있어", "당신이 그따위 일[행동]을 멈추지 않는다면 아마 일이 잘 풀리지 않을걸" 등과 같이 '어떤 조건'을 설정해 놓고 지원하려는 사람들은 의사소통의 측면에서 현명하지 못하다. 이러한 경우, 권위는 오용된 것이고, 상대방은 이를 의미 있게 고려하지 않는다.

왜냐하면, 신뢰와 이해의 관계는 개인의 권력에 기초하는 것이 아니라 믿음과 신뢰에 근거해야 하기 때문이다. 사람들은 자신이 권력의 남용이나 조작적인 상황에 처해 있다는 것을 알게 되면, 인간관계를 승리와 패배의 시각에서 보게 된다. 그렇지만, 사람들이 진실한 마음으로 효과적인 의사소통을 바라고 있다면, 어떤 사람도 권력 싸움에서 일방적으로 이기지는 못하게 된다.

여섯째, 타인 수용.

타인을 수용하기 위해서는 먼저, 타인의 존재와 견해를 존중하고 배려를 해야 한다. 타인의 강점을 격려해 주고 강화시켜 주어야 한다. 타인을 수용하는 것은 타인과 함께하려는 개방적이고 자발적인 태도를 포함한다. 여기에는 또한 "당신이 가장 예쁘거나 자랑스럽게 생각하는 것이 무엇입니까"라고 말하는 것과 같이, 타인이 갖고 있는 자아상을 키워 주는 것도 포함된다.

조건 없이 타인을 수용하는 것은 의사소통을 원활하게 한다. 이러한 분위기는 애정 어린 수용을 가능하게 한다. 사람은 자신이 실수를 했을 때, 어쩔 수 없는 것으로 받아들이기 쉽다. 여기에는 쌀쌀맞음도 없고 책망이나 거절, 비난이나 비웃음도 없다. 상호존중은 의사소통을 하는 사람들이 진실하고 솔직한 수용 태도를 갖고 접근하게 만드는 요인이다.

이로 인해 사람들은 상대편에게 "당신은 훌륭하고, 나는 당신이 하는 말을 경청하고 싶어" 등과 같은 메시지를 전달하게 된다. 사람이 자기의 관심사를 자유롭게 얘기하고, 그러한 관심사를 토론할 만한 가치가 있는 것으로 수용할 수 있음을 알도록 하는 작업이 매우 중요하다. 상대방에 대한 판단을 하지 말고, 먼저 그 사람에게 접근하여 얘기를 나누는 일이 필요하다.

일곱째, 자기존중 상대신뢰.

의사소통이 안 될 경우, 우리는 자기 자신과 상대방을 신뢰하려는 자세를 가져야 한다. 이를 위해서는 열린 마음으로 정직하게 상대방의 요구에 대처할 필요가 있다. 때로는 상대방에 의해 자신의 의견이 거절될 수도 있다. 그것은 역설적으로 상대방과 깊고 의미 있는 관계를 이룰 수 있다는 가능성이기도 하다. 즉, 자신이 오해하였을지도 모르는 모험이 있는 반면, 또한 자신의 방식대로 이해를 도모할 수 있는 기회가 될 수도 있다. 때문에 자신의 생각과 경험을 함께 얘기해 볼 기회를 잡아야 한다. 종종 상대방이 인정하지 않거나 비웃을지도 모른다는 생각 때문에 자기 자신의 생각과 감정을 숨기려는 경우도 생길 것이다. 그러나 내가 갖고 있는 생각과 경험은 이해의 문을 여는 열쇠가 될 수도 있다. 불분명한 문제를 규명할 일이 생길 경우, 자발적인 태도를 가져야 한다.

어떤 문제는 논의하기가 아주 어려울 수도 있겠지만, 그래도 토론을 통해 문제 해결의 실마리를 잡을 수 있다. 타인에게서 신뢰와 믿음을 발견하려면, 먼저 신뢰받는 사람이 되어야 한다. 이것은 자신의 행동에 대한 책임감과 믿음을 갖고 생활할 때 가능하다. 믿을 만한 사람을 찾고자 할 때마다 우리는 내가 신뢰할 수 있으며 동시에 내가 알고 있는 사람을 찾을 것이다. 마찬가지로 나 자신이 먼저 신뢰받을 수 있는 사람이 되어야 한다.

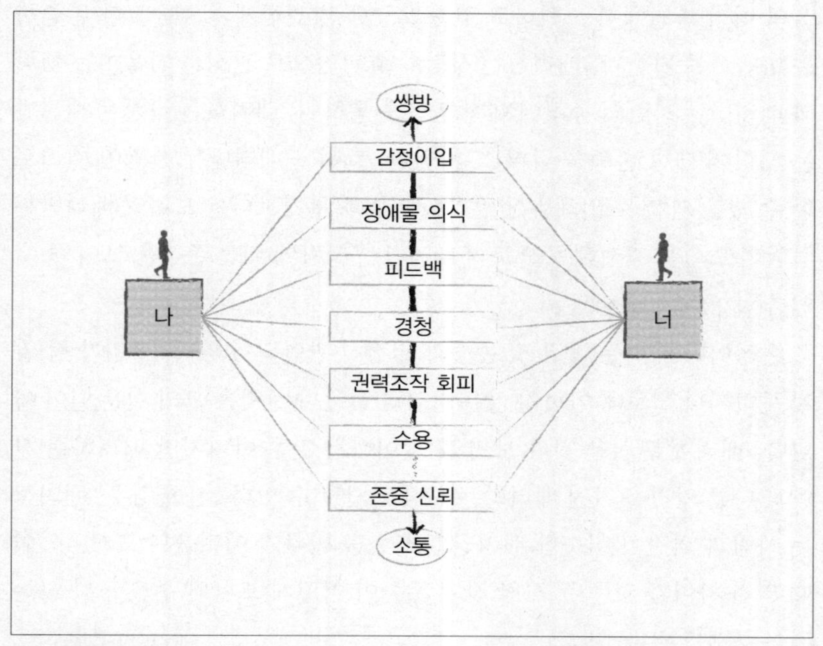

그림 8. 의사소통의 방식

2. 공감과 존중

배려를 하기 위해, 공감(共感)은 필수적이다. 공통의 관심과 느낌! 그것은 진정한 배려의 전제다. 공감은 다른 사람의 입장에서 이해하는 능력이자 실제적으로 나눔을 통한 협력에서 발생한다. 따라서 그것은 상호작용의 뿌리다. 달리 말하면 배려의 뿌리가 된다. 우리 주변에서 흔히 볼 수 있는 나누기, 돕기, 위로하기, 협조하기 등 서로 공감하는 친사회적 행동은 타인에 대해 관심을 갖고 배려하는 심리적 특성이 행동으로 표출된 것이다. 이런 점에서 공감은 이타성(利他性)을 낳고, 이타성이라는 심리적 특성은 친사회적 배려 행위를 낳는다(이미식·최용성, 2002: 135).

우리가 누군가를 배려하려고 할 때, 자신의 문제를 스스로 해결할 수 있는 잠재력을 믿지 못한다면, 그를 도울 수 없다. 특히, 배려받는 사람의 독특한 개성과 자질을 이해하면서 그를 존중해야 한다. 배려받는 사람이 삶의 여러 측면에서 노력하고 있는 모습을 발견하게 될 때, 그를 존중하는 마음은 증가한다. 배려하는 사람이 효과적으로 관심을 기울이는 행동과 배려받는 사람의 능력에 대한 믿음을 통하여, 배려하는 사람은 배려받는 사람에 대한 존중을 나타낼 수 있다. 그리고 배려받는 사람이 스스로 할 수 있을 때 그를 위해 무엇인가를 지원해 주기보다는 오히려 배려받는 사람의 노력을 격려해 줌으로써 배려받는 사람에 대한 존중을 보여 줄 수 있다(이장호·금명자, 2008: 64-65).

온정이나 배려는 공감 및 존중과 밀접히 관련되어 있다. 우리가 잘 알지 못하거나 별로 좋아하지 않은 사람을 돕는다는 것은 그리 쉬운 일이 아니다. 배려에 관심을 갖다 보면 꼭 싫어하는 것은 아니지만 배려하는 사람과 다른 의견을 가진 배려받는 사람도 만날 수 있다. 심한 경우, 배려하는 사람과 의견이 비슷한 배려받는 사람을 만나기 어려울 수도 있다. 이때 의견 차이가 있는 두 사람 간에 존중이 어떻게 교환될 수 있느냐 하는 것이 문제가 된다.

배려하는 사람이 배려받는 사람의 의견에 동의하지 않는 것과 배려받는 사람을 거부하는 것은 구별되어야 한다. 즉, 배려받는 사람의 의견에는 동의하지 않을 수 있지만 배려받는 사람을 하나의 인격체로서 존중할 수 있다. 거부나 이의는 수용적 행동이 아니라는 생각에서, 배려받는 사람의 말을 덮어놓고 받아들여서는 안 된다.

한편, 반대 의견을 전달할 경우엔 부드러운 음성이나 기타 비언어적 단서로 배려받는 사람을 인격적으로 수용하고 있다는 것을 전달해야 한다. 반대 의견의 표현과 인격적 거부가 서로 다르다는 점을 배려받는 사람에게 깨닫게 하는 것은, 그 자체가 배려받는 사람의 성장을 촉진하는 계기다.

중요한 점은 배려하는 사람이 반대 의견을 표현했을 때, 배려받는 사람이 협박을 받는 듯하고 불안을 느끼게 되면, 배려받는 사람은 조심스럽고 주저하게 되며 자신을 방어하게 된다. 또한 배려받는 사람은 자기의 감정과 생각을 자유롭게 표현하지 않을 것이다. 은은한 미소, 침착하면서도 부드러운 목소리 등 주로 비언어적 수단을 통해 온정이나 배려가 전달되지만, 무엇보다도 배려받는 사람을 하나의 인격체로 대한다는 점이 중요하다.

이러한 배려자 사이에 이루어지는 공감은 친사회적 행동인 동시에 이타적 행동의 뿌리다. 그러기에 공감은 다른 어떤 사람의 상황에 대한 대리적인 정의적 반응이다. 그 발달단계는 아래와 같이 제시할 수 있다(이미식·최용성, 2002: 135-136).

제1단계는 '전체적 공감(global empathy)'이다. 생후 첫해, 상당 기간 동안 갓 태어난 아기들은 자아와 타인을 제대로 구분하지 못한다. 타인으로부터 오는 곤경의 단서와 자신들의 신체에서의 자극들을 명확하게 구별하지 못한다. 타인들의 고통이 마치 자신의 것처럼 반응한다. 예를 들어, 아기가 옆에서 울고 있는 다른 아기들을 보았을 때, 따라서 우는 경향이 있다. 이것이 바로 전체적 공감[감정이입]이다.

제2단계는 '자기중심적 공감(egocentric empathy)'이다. 1세 후반기에서 2세로 접어들면서 어린 아이들은 타인과 자신은 신체적으로 구별되는 존재임을 알게 된다. 따라서 실제로 고통에 처해 있는 것이 자신이 아니라 타인이라는 것을 알게 된다. 그러나 다른 사람들이 자신이 경험하는 것과는 근본적으로 구별되는 어떤 다른 것을 경험할 수도 있다는 것을 아직 완전하게 이해하지 못한다. 어떤 사람이 곤경에 처해 있다는 것을 알지라도 자신의 감정에 적절한 방식 속에서 반응한다. 예를 들어, 어린 아이가 울고 있는 것을 본 아이는, 우는 아이의 엄마가 그 자리에 있음에도 불구하고, 자기 엄마의 손을 잡아끌어 우는 아이를 달래 주라고 재촉한다. 이것이 자기중심적 공감이다.

제3단계는 '타인의 감정에 대한 공감(empathy for another's feelings)'이다. 초보적 단계지만 나름의 역할을 조망할 수 있는 나이에 들어선 1~2세 무렵의 어린 아이들은 타인들이 자기와 구별되는 감정을 지니고 있다는 사실을 알게 된다. 언어 사용의 발달을 통해 어린 아이들은 보다 크고 복잡한 감정의 범위들을 공감할 수 있게 된다. 이런 정황이 타인의 감정에 대한 공감이다.

제4단계는 '타인의 삶의 조건들에 대한 공감(empathy for another's life condition)'이다. 아동 말기, 초기 청소년기의 아이들은, 시간의 경과에 따라 자아와 타인에 대해 지속적인 개인들로 이해하기 시작한다. 나름대로 독특한 인생, 그리고 현실 상황에 대해 긍정적, 혹은 부정적 감정들을 경험하는 개인으로 이해한다. 때문에 이 시기의 공감은 전체적인 삶의 상황이나 타인의 복지를 이해하는 정도에 따라 촉진될 수 있다. 이것이 타인의 삶의 조건들에 대한 공감이다. 공감의 발달단계가 비록 생후에서 청소년기에 이르는 아이들을 대상으로 연구한 것이지만, 이를 청년기 이후의 인간 행위에 적용한다면 색다른 차원의 배려 수준을 창출할 수 있다.

공감을 통해 배려하는 사람은 배려받는 사람에 대해 '수용적 존중성'을

표3. 공감성의 발달단계

단계	특징	내용
1	전체적 공감	자아와 타자의 미구별 무조건적 감정이입
2	자기중심적 공감	자아와 타자의 신체적 구별 감정이입적 반응
3	타인의 감정에 대한 공감	자아와 타자의 감정적 구별 감정의 범위 공감
4	타인의 삶의 조건들에 대한 공감	자아와 타자의 개인적 이해 타인의 이해에 의한 감정이입

갖는다. 수용하면서도 존중하는 태도는 다음과 같은 다섯 가지 수준에서 고려할 수 있다(이장호·금명자, 2008: 66-67).

첫 번째 수준은, 배려자 사이의 의사소통에서, 그 언어와 행동의 표현이 상대방에 대한 존중이 명백히 결여되어 있거나 부정적 배려만이 있는 정도다. 이 수준에서는 상대방의 감정과 경험이 고려할 만한 가치가 없다고 판단된다. 따라서 상대방이 건설적으로 행동할 능력이 없다는 인상을 전달한다. 즉, 상대방에 대한 배려가 없고 자신이 평가의 유일한 초점이나 기준이 된다. 그러므로 여러 가지 형태로 상대방의 감정이나 경험, 잠재력을 전혀 존중하지 않는다.

두 번째 수준은, 배려자 사이에서 상대방의 감정이나 경험, 잠재력에 대해 거의 존중하지 않는 경우다. 상대방의 여러 감정에 대해 기계적으로 또는 수동적으로 반응하거나 상대방의 감정을 거의 무시해 버린다. 즉, 여러 가지 형태로 상대방의 감정, 경험 및 잠재력에 대해 별로 관심을 두지 않거나 존중하지 않는다.

세 번째 수준은, 배려자 사이에서 상대방의 감정이나 경험, 잠재력에 대해 기본적으로 긍정적인 존중과 관심을 전달하는 정도다. 상대방의 자기표현 능력과 생활환경을 건설적으로 다루는 능력에 대해 존중해 주고 관심을 보여 준다. 요컨대, 여러 가지 방법으로 상대방이 누구이며 무엇을 하고 있고 또 중요한 존재임을 인식하고 있다는 느낌을 전달한다. 이는 대인관계의 기능을 촉진하는 기초 수준이다.

네 번째 수준은, 배려자 사이에서 상대방에 대해 깊은 긍정적 존중과 관심을 표명하는 단계다. 상대방에게 한 개인으로서 자유로움을 느끼도록 하며 자신이 가치 있는 인간임을 경험하도록 의사소통하는 수준이다. 이때는 상대방에게 감정이나 경험, 잠재력에 대해 깊은 관심을 전달한다.

다섯 번째 수준은, 배려자 사이에서 상대방에게 한 인간으로서의 가치와 자유인으로서의 잠재력에 대해 매우 깊은 긍정적인 존중을 전달하는 최고의 수준 높은 단계다. 상대방에게 인간적인 잠재력에 대해 아주 깊은 관심을 쏟아 주는 경우다. 이때는 상대방의 인간적 가치에 몰입되어 의사소통을 한다.

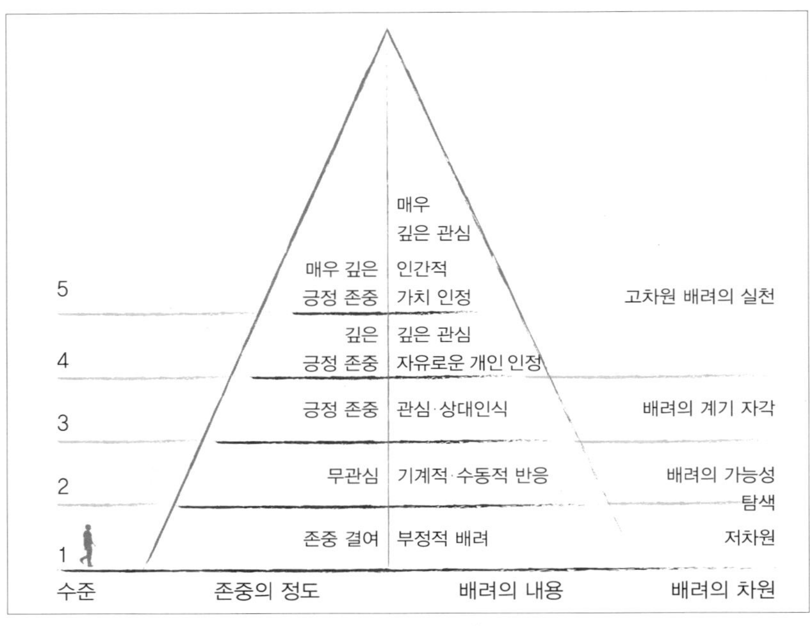

그림 9. 존중과 배려의 차원

3. 멘토링

1) 멘토의 유래와 중요성

배려를 실천하는 방법 중에 중요한 양식의 하나가 멘토링(Mentoring)이다. 멘토링은 멘토(Mentor)와 멘티(Mentee)가 어울려 만남의 체계를 구축한다. 멘토는 지혜롭고 신뢰할 만한 안내자이다. 어떤 직업 분야에 능통한 사람으로 조언과 격려를 해 주는 친구이기도 하다. 나아가 다른 사람의 학습과 성장을 기꺼이 도와주는 사람이기도 하다.

이들은 보다 건전하고 건강한 삶의 세계를 지속하기 위한 배려자로서 우리 앞에 선다. 이때 멘토는 배려하는 사람이 될 수 있고, 멘티는 배려받는 사람으로 이해할 수 있다. 물론 그것은 상황에 따라 달라지고, 유기적으로 영향을 미친다. 멘토링은 수련도가 낮거나 경험이 부족한 사람에게 특정한 역량을 키우고 개발하도록 북돋아 준다는 목적을 가지고, 숙련도가 높거나 경험이 풍부한 사람과 숙련도가 낮고 경험이 부족한 사람을 의도적으로 짝지우는 작업이다.

이런 멘토링은 고대 그리스 신화에서 유래했다. 우리에게 너무나 익숙한 이름인 오디세우스(Odysseus), 그는 당시 수시로 일어나던 전쟁에 참가하지 않으려고 미친 사람으로 변장도 해 보았다. 그러나 결국은 발각되어 트로이 전쟁에 참가하면서 아들인 텔레마코스(Telemachos)의 양육을 친구인 멘토르(Mentor)에게 부탁한다. 전쟁 10년, 방랑 10년, 20여 년의 세월이 지난 후 귀환한 오디세우스는 너무나 훌륭하게 성장한 아들을 만나게 된다.

여기에서 멘토의 역할과 기능이 떠오른다. 멘토르는 어떻게 텔레마코스를 교육했을까? 스승으로서 멘토르, 친구의 자식에 대한 배려자로서 멘토르는 무엇을 했을까?

텔레마코스는 아버지가 누구인지 몰랐다. 그는 어릴 때, 아버지가 전쟁에 나갔고, 편모 슬하에서 가끔씩 멘토르라는 사람을 만나고 있었다.

그러면서 20년의 세월이 흘렀고 아이는 성인이 되었다. 너무나 오랜 시간이 지나, 이제 그의 아버지 오디세우스의 생사를 아는 사람은 아무도 없었다. 그의 어머니는 여러 남자들과 어울리며 소모적으로 즐기느라 가정을 소홀히 했다. 그럴 때마다 젊은이는 화가 치밀었다. 때마침 나이 지긋하고 박식한 노인이 진지하게 조언한다.

> "이보게 젊은 친구, 여기서 이런 쓸모없는 사람들과 함께 지내는 것보다는 아버지를 한번 찾아보는 것이 어떻겠나? 아버지에게 무슨 일이 있었는지 알아보는 일이 좋지 않겠는가? 아버지를 찾으면 함께 집으로 오면 되고, 그런 일이야 없겠지만 아버지를 찾지 못하고, 혹시 사망했다는 소식이라도 듣고 그 사실을 알게 되더라도, 자식으로서의 도리를 다한 것이 되니 헛된 일은 아닐세그려. 아버지가 귀향하면 자네 가족을 책임질 수 있을 것이고, 어머니가 지금처럼 난잡한 생활을 하지 않도록 도움을 줄 수도 있지 않겠나!"

그리고 그 노인은 젊은이에게 여행 계획을 어떻게 세워야 하는지, 여행 중에 어떤 부류의 사람들을 만나야 하는지, 자세하게 이야기해 주었다. 뿐만 아니라 다음과 같이 격려하며 어깨를 두드려 주었다.

"나는 자네가 반드시 아버지를 찾을 수 있을 것으로 믿네. 자네는 아버지를 찾을 만한 충분한 능력과 자질을 갖추고 있어!" 이 짧은 장면이 그 유명한 호메로스의 《오디세이(Odyssey)》에 나오는 멘토르의 모습이다. 오디세우스의 아들 텔레마코스에게 충고한 현명한 노인의 이름이 다름 아닌 '멘토르'다. 그가 바로 인류의 역사에서 최초의 멘토이고, 당시 그의 실제 이름이 지금 현 사회에서 정신적 스승이나 마음의 조언자를 일컫는 '멘토'가 되었다.

엄격하게 말하면, 멘토르가 텔레마코스를 어떤 방법으로 양육했는지 자세하게 알려져 있지는 않다. 멘토르는, 전쟁에 나가는 오디세우스가 너무나 긴급한 상황에서 자신의 어린 아들 양육을 부탁한 인물로, 아주 짧게 언급되고 있을 뿐이다. 그러나 20여 년의 세월이 흐른 후에, 텔레마코스가 아버지를 찾아 나설 만큼 훌륭한 정신 세계를 구축하는 데 기여한 것은 분명하다. 그것이 멘토르를 멘토라는 이름으로 남게 한 이유이기도 하다.

사실, 《오디세이》에서 멘토르는 '지혜'의 여신인 아테나(Athena)가 변장을 한 인물이다. 이런 차원에서 멘토르는 '지혜'와 각별한 연관이 있다. 지혜를 주고받으며 타자를 배려하는 일과 상통한다. 텔레마코스와 같이 어려움을 겪는 이야기는 실제 우리의 삶에도 수시로 발생한다. 어려움을 헤쳐 나가기 위해 어떤 방법이 필요한가?

그것을 멘토의 사례에서 찾아보는 것도 좋다. 삶에서 좋은 스승을 만났다면 그것은 신이 준 선물이다. 값으로 따질 수 없는 지혜, 경험과 충고가 바로 최고의 선물이기 때문이다. 앞에서 본 것처럼, 멘토는 원래 남자이기도 하고 여자이기도 했다. 마찬가지로 인생에서 만나는 멘토에 동서고금 남녀노소의 구분이 없다.

멘토는 값으로 따질 수 없고 그 무엇과도 비교가 되지 않을 만큼 소중하다. 그것은 그들의 값진 경험을 나누어 가질 수 있기 때문이다. 멘토는 참담한 실패의 가르침을 여러 번 경험하면서 여러 가지 소중한 교훈을 배웠기 때문에, 좋은 멘토는 가르침, 충고, 지혜, 용기뿐만 아니라 약간의 동기마저 제공할 수 있다. 이런 차원에서 위대한 멘토는 우리의 삶을 완전히 변화시킬 수 있다.

멘토의 힘과 가치를 이해하려면, 일반적으로 주변의 친구와 동료가 나의 삶에 미치는 영향력을 생각해 보면 된다. 나를 둘러싸고 있는 주변의 영향력은 결코 작지 않다. 학창 시절에 공부를 잘하고 성적이 우수하며 똑똑하고 영리한 친구들과 어울렸다면 나도 좋은 성적을 받았을 가능성이 높다. 그와 반대로 수시로 가출을 하거나 비행을 저지르는 친구들과 어울렸다면 나도 그럴 확률이 높다.

2) 멘토와 상반되는 존재들 – 원통 안에 빠진 게

멘토가 지혜와 용기를 북돋워 주는 사람이라면, 멘토와 상반되는 사람도 있다. 그들은 배려에서 매우 부정적 영향을 미칠 수 있다.

'원통 안에 빠진 게'로 상징되는 그들의 모습을 보면서 경계의 모델로 삼자(워즈, 신우철 옮김, 2008: 89-90).

살아 있는 게들이 원통 안에 갇혔다. 어떤 일이 일어날까? 게들은 서로 가장자리로 올라가서 원통을 빠져나오려고 한다. 그러나 한 마리가 올라가려고 하면, 다른 게들이 집게로 다리를 붙잡으면서 서로들 올라가려고 기를 쓴다. 끌어내리려고 의도한 것은 아니었지만 결국은 서로를 끌어내려 자멸적 순환과정을 끝없이 되풀이한다. 이 과정에서 탈출에 성공하는 게는 단 한 마리도 없다. 슬픈 일이지만 인간 사회에서도 이와 유사한 행동을 발견할 수 있다.

겉보기에는 앞에서 본 '게와 같은 사람들(Crab people)'의 그럴듯한 충고가 별것 아닌 것처럼 들릴 수 있다.

"밤새워 일하지 말고 좀 쉬어. 자넨 휴식이 필요해. 그간 못 만났던 친구들도 좀 만나야지."

이런 종류의 말은, 처음에는 우호적이고 악의 없는 말처럼 들린다. 그러나 시간이 지나면서 그 표면 속에 놓인 부정, 두려움, 시기, 분노 등의 의미가 조용히 드러난다. 이와 같은 감정은 인간 본성의 일부분일 뿐이다.

부정적인 생각을 하는 사람들은 성공을 향한 사람들의 노력에 후한 점수를 주기보다는 실패할 것으로 예단한다. 두려움이 많은 사람들은 운명에 도전하면, 상황이 더 악화될 것이라고 말한다. 때문에 이러한 부정적인 사람과 어울리면 실패할 확률이 높아진다.

일을 하다 보면, 실패할 수도 있다. 그러나 한두 번의 실패로 인해, 삶을 포기한다면 '게 같은 사람들'은 속으로 크게 기뻐한다. 사람들의 포기를 본 그들은 노력을 기울이지 않고 옛 방식을 고수하는 자신들이 옳다는 사실을 확인하려고 한다. 그러면서 그들은 동병상련(同病相憐)을 부르짖는다.

인생의 성공을 향유하려면 이 점에 대해 매우 신중하게 생각해야 한다. 성공을 향해 노력하는 최초의 순간부터, 우리는 성공을 하더라도 흥분하지 않을 성숙한 사람들로 둘러싸여 있지 않다면, 다음과 같은 선택의 기로를 만날지도 모른다. 부정적인 영향력을 가진 친구들과 결별하느냐, 아니면 꿈을 포기하느냐. 시기심 많은 사람들은 자신들이 당신의 소유물을 가질 자격이 있다고 생각한다. 노력을 한 것은 그들이 아니라 바로 당신인데도 말이다. 분노하는 사람들은, 그들과 똑같은 지점에서 시작해서 그들보다 더 훌륭한 결과를 만들어 낸 당신을, 자신들에 대한 묵시적인 비판이라고 여기며 화를 낸다.

성공의 궤도에 진입하면 이제는 그에 못지않게 중요한 선택을 해야 한다. 성공을 달성하기 위해서, 남보다 앞서가려고 남을 짓밟는 비윤리적인 사람들과 함께 일을 하느냐, 아니면 우회로를 선택해 약간 돌아가느냐를 선택해야 한다. 이것은 친구, 직장동료, 그리고 심지어 멘토에 이르기까지 모든 주변 사람들에게 적용된다.

모든 멘토가 똑바른 길을 가르쳐 주는 것은 아니다. 멘토가 꾸불꾸불한 길을 가라고 충고하는 경우, 그 길을 밟아 나가면서 습득하게 될 교훈이, 그만한 대가를 지불하면서 배울 만한 가치가 있는지를 결정해야 한다.

3) 훌륭한 멘토를 구하는 방법

나를, 타자를, 혹은 세상의 다양한 사물들, 그런 멘티를 배려하기 위해, 우리는 멘토를 요청한다. 그렇다면, 어떻게 훌륭한 멘토를 찾을 수 있을까?(워즈, 신우철 옮김, 2008: 91-96). 컴퓨터 업계의 거장 세계 최고의 부자인 빌 게이츠나 유엔 사무총장과 같은 분을 멘토로 모시고, 그들을 만나기 위한 약속 날짜를 잡는다는 것은 정말 어려운 일이다. 그렇다고 기업의 총수나 유명한 정치 지도자에게 갑자기 다가가서 “안녕하십니까? ○○○ 회장님, 혹은 ○○○ 시장님. 당신이 이제 나의 새로운 멘토이니 당신이 알고 있는 지식을 내게 가르쳐 주십시오”라고 말할 수도 없다. 더군다나 누군가에게 다가가 다음과 같이 말하는 배려자 중에서 훌륭한 사람은 없다.

“안녕하십니까? 나는 대한민국에서 가장 훌륭한 멘토인 ○○○라고 합니다. 당신이 훌륭한 멘토가 되는 방법을 가르쳐 줄 테니 잘 들으시오.”

아무리 훌륭한 조언일지라도 먼저 묻기 전에 그런 식으로 조언하면 사람들은 화를 내기 쉽다.

대부분의 경우, 멘토와의 관계는 친구로부터 시작된다. 내 삶의 향상에 영향을 준 멘토는 꽤 많다. 그들 모두가 우정을 통해 나의 멘토가 되었다. 나는 그들 중 누구에게도 그들이 알고 있는 것을 내게 가르쳐 달라고 조른 적은 없다. 그들이 하고자 하는 이야기에 관심을 드러냈을 뿐인데, 나도 모르게 의도하지도 않았던 우정이 싹텄다.

부모님과 형제자매, 친척, 선생님을 제외하고 내 인생의 초반부에 가장 중요한 멘토는 초등학교 친구들이다. 친구들은 내가 우울할 때 함께 놀아 주고 웃어 주며 미래에 대한 의견을 나누었다. 현재 그 친구들의 상당수는 사회에서 성공적인 생활을 하고 있다. 40년이나 지난 지금도 나는 친구들을 수시로 만나면서, 서로 흉금 없는, 그러나 건설적이며 협력적인 피드백을 주고받는다. 친구들은 내가 원하는 경우 언제나 내게 충고와 격려의 말을 건넨다. 때로는 원하지 않는 경우에도 말이다.

초등학교 친구들은 함께 시간을 보내면서 서로가 서로의 멘토였고 멘티였다. 자신도 모르게 서로의 모습을 닮고자 했는지도 모른다. 나는 친구들과 함께 있으면 좀더 훌륭한 사람이 되는 것 같은 느낌이 들었다. 그렇기 때문에 멘토를 발견하는 것은 진정으로 존경하는 사람에게 접근하여 그를 존경하는 마음으로 마주하는 것을 의미한다.

누구나 알다시피, 우정은 계획에 의해 얻어지는 것이 아니다. 그렇게 얻어서도 안 된다. 우연과 상호 간의 공감를 기초로 자연스럽게 발전하는 것이다. 그렇기 때문에 눈 씻고 찾는다고 훌륭한 멘토를 반드시 발견하는 것은 아니다. 어느 맑은 날 오후에 멘토를 찾으려고 나서는 것은, 특정한 곳에서 정해진 날짜에 좋은 친구를 우연히 만나는 것만큼이나 비현실적이다.

훌륭한 멘토를 만나기 위해서는 먼저 자신의 주변 상황을 이해해야 한다. 그리고 기회가 생길 수 있을 곳 같은 데 자리를 잡는다면 친구와 멘토 모두를 발견하기 위해, 일단은 올바른 길에 들어선 것이다. 이렇게 해서 실제로 친구와 멘토를 만난다면, 그것은 우연처럼 보이겠지만, 결코 우연이 아니다.

그렇다면 성공한 사람들은 왜 남들에게 멘토처럼 행동하는가? 멘토는 이런 관계에서 어떤 이익을 얻는가? 간단히 말하면, 멘토는 자신의 지식과 경험을 통해 타자를 배려하는 것에서 만족을 얻는다.

이것은 인간의 보편적인 본성이다. 우리 모두는 좋아하는 것을 남들과 공유하고 싶은 바람과 필요성을 가지고 있다. 성공한 사람, 즉 훌륭한 멘토는 누군가가 진정한 학습욕구가 있다는 것을 아는 경우, 그의 심성이 착하고 말을 귀담아 듣는 사람이라면, 그들이 알고 있는 것을 가르쳐 주는 데 기쁨을 느낀다.

그렇다고 멘토에게 배우려는 사람들 모두가 좋은 멘티인 것은 아니다. 성공할 수 있는 방법을 알려 달라고 조르기도 하고, 멘토에게 일을 부탁한 후 대가를 지불하려는 사람도 있다. 이것은 진정한 멘티의 자세가 아니다!

훌륭한 멘토는 코치와 같이 성공 전략을 알려 주고 용기를 심어 주며 격려해 준다. 성공 전략과 용기는 필수적이다. 멘토-멘티 관계의 핵심은 멘토의 경험으로부터 가르침을 얻지만, 그 가르침은 지적으로 최고의 성공 확률로 일을 하는 방법인 동시에 감정적이기도 하다. 멘토가 "난 경험이 있으니까 무슨 말을 하고 있는지 알아. 자네는 이 일을 할 수 있어!"라고 격려하면, 멘티는 “멘토가 한 말은 사실이 분명해”라고 생각하며 자신감을 얻는다.

그렇다면 진정한 멘토란 어떤 사람일까? 그것은 바로 우리가 인생에서 실패를 경험했을 때, 함께할 수 있는 사람이다.

“모든 일을 충실하게 했다고 생각했는데, 결과가 이렇게 나왔어요. 너무 실망스럽고 서글퍼서 울어 버릴 것 같아요.”

이렇게 말했을 때, 진정한 멘토들은 다음과 같이 달래는 경우가 부분이다.

“예, 안타깝군요. 하지만 어디가 잘못되었는지 다시 확인하며 고민해 봅시다. 함께 개선책을 찾아 봅시다.”

진정한 멘토라면, 자신의 경험에 비추어, 시도할 수 있는 여러 가지 방법을 알려 줄 수 있다. 멘티는 어떤 측면에서는 경험이 부족할 수도 있고 의욕이 앞설 수도 있다. 자신의 삶과 업무에 너무 충실하다 보니 노력을 했지만, 실패한 원인을 알 수 없는 경우도 있다. 마치 숲속에서 나무는 보이지만 숲 전체를 볼 수 없는 것과도 같다.

예를 들어, 어떤 멘티가 “이것 이외에 다른 방법을 도저히 못 찾겠어”라고 했을 때, 현명한 멘토라면 이렇게 말할 것이다.

“나도 그런 방법으로 시도해 봤어. 하지만 결과는 실패였어. 내가 어떻게 문제를 해결했는지를 알려 줄게. 나라면 그와는 다른, 이런 방법으로 시도했을 거야.”

이런 충고는 기존의 상투적인 어법에 매여 있던 생각과 다른 관점을 제공한다. 뿐만 아니라 새로운 정보를 제공하여 자신감을 가지게 한다. 멘토-멘티 관계, 멘토링이 젊은이들에게만 적용된다고 생각하는 사람들이 많다. 하지만, ‘멘토링’은 동서고금 남녀노소를 막론하고 언제 어디서나 형성될 수 있다.

앞에서 언급한 수천 년 전 최초의 멘토는 젊은 텔레마코스가 아버지 오디세우스를 찾도록 격려했고, 오디세우스가 전쟁에서 승리하여 왕관을 되찾고 그의 왕국에 평화를 회복하도록 도왔다.

세상에는 내가 도전하는 분야에서 나보다 훌륭한 많은 사람들이 분명히 존재한다. 그러므로 우리는 기꺼이 멘토를 찾아 나서야 한다. 훌륭한 멘토는 하늘이 준 선물이다. 우리는 진정한 멘토를 통한 배려의 관계망, 멘토링의 세계를 구축해야 한다. 그 실천의 첫 단추가, 좋은 친구를 사귀는 일이다.

배려를 설계하는 내 삶의 길 7

내 인생의 배려, 그 수레바퀴를 만들어 본다

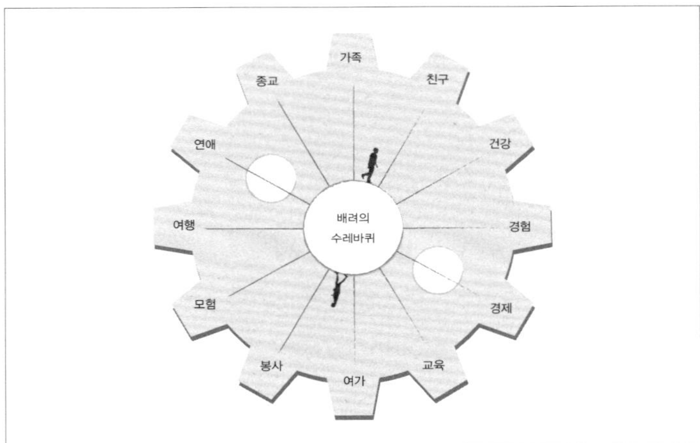

내 배려(삶)의 수레바퀴

나의 인생, 성인의 입문 시기인 청년 대학생으로서 내 삶의 목표는 하나가 아니다. 너무나 많다. 그만큼 배려할 것도 많아진다. 하지만 내 삶의 목표나 배려의 실천이 하나만을 향해 독립적으로 행해질 수는 없다. 여러 부분이 서로 만나면서 균형과 조화가 절실하게 요청된다.

나는 이제 내 삶을 싣고 갈 수레바퀴를 내 두 발에 달았다. 그 수레바퀴에는 서로 다른 바퀴살이 여러 개 달려 있다. 그 바퀴살에 의지하여 나는 이제 수레바퀴를 굴려 가야 한다.

내 삶의 수레바퀴, 내 배려의 수레바퀴를 어떻게 굴려 갈 것인가? 배려의 좌표를 그려 가면서 균형을 유지하자.

배려의 좌표

아래에 예시하는 배려의 좌표를 참고로 내 삶이 지향하는 배려의 좌표를 그려 본다.

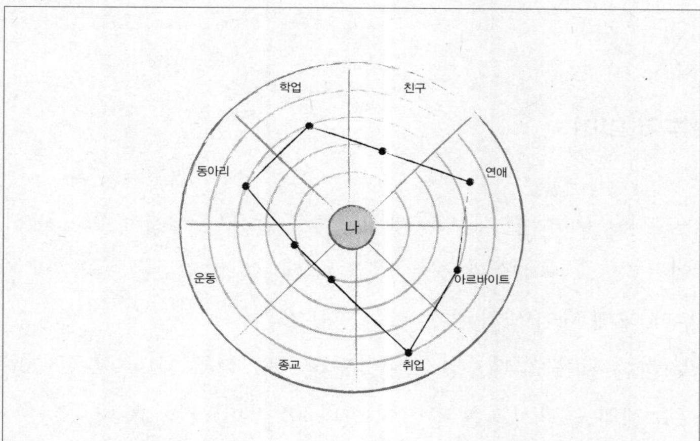

예시

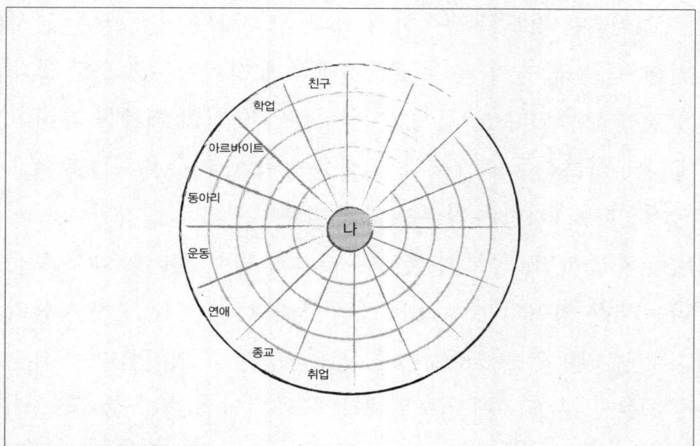

내가 지향하는 배려의 좌표

제8장

공부와 학습

1. 공부의 의미

공부! 공부! 공부! 어릴 때부터 제도교육을 받으면서 귀에 못이 박히게 들어 온 언표다. 그런데 진짜 '공부'라고 할 때, 이것이 무슨 뜻일까? 진정으로 공부에 대해 깊이 생각해 본 적이 있는가?

'공부'라는 말을 쓸 때, 우리는 일반적으로 '학문'이나 '교육', '전공' 등 지식의 문제와 연관시키는 경향이 있다. 청소년 시기, 특히, 초·중·고등학생일 때는 국어, 영어, 수학, 과학과 같은 교과목 지식을 학교나 학원에서 배우고 익히는 것으로 생각하기 쉽다. 그러다 보니, 공부는 교사나 교재에 의해, 즉 누군가, 혹은 무엇인가에 의해 시켜지는 것으로 생각한다. 이런 상황에 노출되다 보니, 공부는 정돈된 지식의 체계를 자신이 처한 상황에 따라 확보하는 과정이나 '지식을 습득'하고 응용하는 작업으로 의미가 굳어진다. 그리하여 공부는 삶과 별개의 문제로 생각한다.

엄밀하게 말하면, 공부의 본뜻은 다음과 같이 정돈할 수 있다. '공부하다'라는 말은 영어의 'to study'에 해당한다. 이는 '개념적 지식의 한계를 넓히다'는 의미의 '지식(知識, knowledge) 공부'를 의미한다. 우리말에서 공부(工夫)는 공부(功扶)에 내포된 뜻이 축약되어 표출된 것이다. 공(功)은 'to achieve', 부(扶)는 'to support' 혹은 'to aid'의 뜻으로 '무엇 무엇을 도와 성취하다'는 의미다. 그러니까 공부는 단순히 대상적이고 과학적인 지식의 습득을 훨씬 넘어서 있는 개념으로, 삶에 필요한 다양한 사안을 성취하는 작업과 연관된다.

동양의 유학에서는 이런 공부를 하는 데 네 가지 방법을 제시한다. 첫째는 잘못을 미연에 방지하는 마음 상태를 의미하는 '예(豫)'다. 둘째는 때에 적절하게 깨달음을 얻는 것을 말하는 '시(時)'다. 셋째는 자기의 직분과 능력을 뛰어넘어 무리를 하지 않고 배우는 겸손을 뜻하는 '손(孫)'이다. 넷째는 항상 끊임없이 서로를 본받으면서 몸을 닦는 '마(摩)'다. 다시 말하면, '예(豫)'-'시(時)'-'손(孫)'-'마(摩)'는 예방과 시의적절함, 겸손과 모범적 수양에 해당한다.

현대 중국어의 경우, 공부(工夫)는 '궁푸'로 발음하는데, 이는 무술 도장과 같은 곳에서 흔히 볼 수 있는 '쿵푸'(궁푸, 功夫)라는 말과 의미가 같다. 이때 공부(궁푸)는 어떤 기술자가 자기 분야에서 놀라운 기술을 발휘할 때, 쓰는 말이다. 예를 들면, 목수가 나무를 정교하게 깎는다거나 서예가가 붓을 능숙 능란하게 휘두른다거나 요리사가 식칼을 자유자재로 놀린다든가 할 때, '공부가 대단하다'고 말한다. 이는 '어떤 사람이 무엇 무엇을 도사같이 잘 한다', '탁월하다(excellence)'와 같은 '전문가 수준'이다. 옛날식으로 말하면 장인(匠人)이고 현대적으로 말하면 프로페셔널의 경지다. 흔히 말하는 '생활의 달인들'이다.

이런 점에서 인간의 모든 행위는 공부의 상황이요, 전문적 수준의 달인을 향한 여정이다. 직업에 종사하는 사람들이 온전한 직업인이 되는 과정과도 같다. 그것은 자신의 삶을 예술로 끌어올리는 차원이다. 직업의 세계에서 공부는 '전문성의 확보'와 관련된다. 전문성의 확보는 끊임없는 '노력'의 결과이자 공부의 효과다. 그러므로 모든 인간이 나름대로의 분야에서 노력을 통해 자신의 입지를 굳건히 할 때, 공부의 수준을 논의할 만하다. 흔히 말하길, 어떤 분야나 영역에서 본분을 다하는 '~다운 사람', 혹은 '된 사람'이다.

그렇다면, 인간은 왜 공부를 해야 하는가? 다시 강조하지만, 공부는 단순하게 지식을 확보하거나 획득하는 과정을 훨씬 넘어 존재한다. 공부는 학교에 다니는 학생이나 취직 시험 준비를 하는 사람, 교육에 종사하는 일부에 국한되어 쓰는 말이 아니다. 사람이라면, 누구나 자신의 삶의 과정에서 필연적으로 실천해 가야 하는 작업의 총체를 의미한다. 이런 차원에서 공부는 본질적으로 인생을 관통하고 있다.

중요한 것은 사람이 자신의 인생을 운영하기 위해, '무슨 공부를 어떻게 하느냐, 그리하여 삶의 아름다운 질을 보장할 수 있느냐'의 문제다. 왜냐하면 공부는 '잘 삶'의 조건을 갖추고, '잘 삶'의 과정을 지속적으로 실천하는 작업이기 때문이다.

2. 공부의 목적

인생의 의미는 무엇인가? 특히 청소년을 벗어난 청년 대학생, 성인의 입문 시기에 있는 내 삶의 첫 걸음은 어디를 내디뎌야 하는가? 이런 근원적 물음은 배려의 가치, 진정한 공부, 그리고 학습의 의미가 어떤 것인지 진지하게 성찰할 기회를 준다.(Krishnamurti, 강옥구 번역, 1980: 13-17)

우리는 무엇을 위해 살며, 무엇을 위해 투쟁하고 있는가? 명예를 얻기 위해, 더 훌륭한 직업을 구하기 위해, 더욱 능률적이기 위해, 또는 더 많은 사람을 지배하기 위해? 이런 것에만 매몰된다면, 우리의 인생은 천박하고 공허해질 것이다. 단순하게 직업적으로 과학기술문명을 선도하는 과학자, 책에 집착하는 학자, 또는 전문지식에 몰두하는 전문가가 되기만을 위해 공부를 한다면, 우리는 궁극적으로 세계를 파악하겠지만 세계를 비참하게 만드는 데 기여하게 되리라.

인생에서 보다 넓고 높은 의미를 발견할 수 있음에도 불구하고, 그런 노력을 하지 않는다면, 공부가 무슨 가치가 있겠는가? 최고의 교육을 받을지언정, 생각과 감정의 깊은 융화(融化)가 없는 한, 우리의 삶은 불완전하고 모순되며 온갖 불안으로 찢겨질 것이다. 우리의 공부가 융화된 인생관을 길러 주지 않는 한, 그것은 그만큼 의미가 축소됨이 분명하다.

현대 문명은 우리의 삶을 여러 부분으로 분리하였다. 따라서 우리 자신의 공부도 특별한 기술이나 전문적 직업을 획득하는 것으로 추락하였다. 개인의 융화된 지성을 일깨우는 대신, 인간을 일정한 틀 안에 적응하도록 고무하여 자신을 포괄적으로 이해하는 것을 방해한다. 그러다 보니, 우리가 공부하는 환경은 우리에게 개인적 이익과 안전을 구하고 자신만을 위해 투쟁하도록 훈련시켰다. 그런 상황은 아름다운 어휘로 포장될 수도 있다. 하지만 끊임없이 축적되는 불안과 이기적인 사용을 기반으로 하는 조직 안에서 우리는 여러 가지 직업을 위해 공부해 왔을 뿐이다. 그런 공부가 우리 자신과 세계에 혼란을 주고 비참한 삶을 가져왔다. 왜냐하면 그런 공부는 자신을 분리하고 자신을 이웃으로부터 분리하는 정신적 장애를 개인에게 만들어 주었기 때문이다.

공부는 단순히 마음을 훈련하는 것이 아니다. 훈련은 능률적으로 만들 수 있어도 완성을 이루지는 못한다. 그저 훈련되어 온 마음으로는 과거를 연장할 뿐, 결코 새로운 것을 발견할 수 없다. 그러므로 올바른 공부를 위해 우리는 인생의 전체 의미를 찾아야 한다.

그런데 대부분의 사람들은 인생의 포괄적인 의미를 제일로 여기지 않는다. 현재 자기가 공부하는 것에 무게 중심을 두고 이른바 전문지식이라는 미명하에 한정된 지식의 일부분을 획득하는 데 여념이 없다. 이는 삶의 일차적인 가치보다는 이차적인 가치를 강조하는 작업이다. 물론 삶에서 지식과 능률도 필요하다. 하지만 이 둘만을 강조할 때, 우리의 삶은 갈등과 혼란으로 떨어지기 쉽다.

다시 강조하면, 현재 우리가 하고 있는 공부는 수단적 차원의 공업화, 지식정보화, 국제화 전쟁과 직결되어 있고 능률을 발달시키는 것이 제일의 목적이 되어 있다. 우리는 이러한 냉혹한 경쟁과 상호파괴의 기계 안에 갇혀 있다. 우리가 하는 공부가 인간 사회를 전쟁으로 이끌고 우리 자신을 상호파괴로 인도한다면, 이 공부는 궁극적으로 실패작이다.

올바른 공부는 우리에게 인생의 의미를 포괄적으로 이해해 줄 수 있어야 한다. 그러기 위해서는 한곳에만 집중하는 일관된 생각이 아니라, 직접적이고 진실하게 생각할 수 있어야 한다. 끊임없이 생각만 하는 사람은 사상이 없는 존재다. 왜냐하면, 그런 사람은 일정한 형식에 얽매이고, 관용구를 되풀이하여 외우며, 판에 박은 듯한 생각을 하기 때문이다. 우리는 존재를 추상적으로나 이론적으로 설명할 수 있다. 인생을 이해하는 것은 우리 자신을 이해하는 일이며 그것이 공부의 시작이자 목적이다.

공부는 단순히 지식을 축적하며 사실을 모아서 상호 관련시키는 것이 아니다. 공부는 인생의 의미를 포괄적으로 바라보는 것이다. 공부의 기능은 융화이며 지성적 인간을 창조하는 작업이다. 지성적이지 않아도 우리는 대학 졸업장을 취득하거나 기계적으로 능률적일 수 있다. 지성은 단순한 지식이 아니다. 지성은 책에서 얻을 수 없으며 재빠른 자아 방위적 반응이나 공격적 주장을 지니지도 않는다. 배우지 않는 사람이 배운 사람보다 더 지성적일 수 있다. 우리는 공부를 한다는 미명하에 시험 성적이나 학력을 지성의 기준으로 만들어 왔고 궁극적인 인간의 문제를 회피하도록 교활한 마음을 길러 왔다. 지성은 '본질(What is)'을 탐구하는 능력이며 내 자신이나 타인에게 이 능력을 깨우치는 작업이다.

우리가 단순히 어떤 특정한 공식에 매달리거나 특정한 슬로건을 반복하지 않도록, 공부는 우리에게 지속적인 가치를 발견하도록 도와주어야 한다. 또한 인간 사이에 적개심을 일으키는 국가적이며 사회적인 장해(障害)를 강조하는 대신, 그 장해를 깨우칠 수 있도록 우리를 고무해야 한다. 그리하여 공부의 목적은 단순한 학자나 기술자들 그리고 직업을 구하는 사람들을 만드는 대신, 불안에서 해방되어 융화된 인간을 산출하는 것이어야 한다. 그러한 인간들 사이에서만 지속되는 평화가 존재할 수 있다.

3. 학습의 의미

학습은 공부와 관련하여 가장 많이 언급되는 말이라 해도 과언이 아니다. 동아시아 전통에서 학습이란 말은 어디에서 나왔을까? 학(學)—배움—이란 용어는 여러 경전에서 엄청나게 등장한다. 《논어》만을 살펴보아도 60회 이상 언급된다. 그러나 그것이 습(習)—익힘—과 결합되어, 학습(學習)이라는 용어로 쓰인 사례를 찾기란 쉽지 않다. 《논어》의 첫 편이 〈학이(學而)〉이고 첫 구절이 유명한 "학이시습지 (學而時習之)"로 규정되어 있다는 점에서, 학습의 맥락을 유추할 수는 있다.

《논어》에는 왜 학습과 관련되는 내용이 맨 처음 등장할까? 《논어》의 편집자들이 의도적으로 이런 구성을 한 것은 아닐까? 유교가 학습을 강조하는 이론과 실천의 학문임을 천명하기 위한, 계산된 작업은 아니었을까? 어떤 의도와 지향을 담고 있건, 유교 최고의 경전인 《논어》, 그 첫 머리에 학(學)을 배치했다는 것은 유교가 '배움의 시스템'임을 선언한 것이다. 유교는 인간 삶의 모든 문제를 배움에서 시작하려는 의도와 지향을 품고 있다. 그것은 필연적으로 익힘과 연결되어 배움의 완결성을 담보한다. 이런 점에서 학습의 출처를 《논어》의 첫 구절에서 찾는다고 해도, 무리는 아닐 것 같다.

배움은 삶에 필요한 윤리도덕과 지식, 기능의 습득이다. 그러나 그것은 특정한 저작에 담긴 지식을 수용하는 작업은 물론, 경험적·감성적 지식이나 도덕·윤리적 기반의 체득도 포함한다. 익힘은 이런 지식과 윤리도덕의 심화 과정이자 궁극적으로는 그것을 체화하는 작업이다. 온습(溫習)과 실습(實習), 연습(練習)과 같은 행위가 이에 해당한다. 현대적 의미에서는 온전한 복습(復習), 응용(應用)이나 습득(習得)과도 유사하다.

여기에서 학(學)과 습(習)의 문자를 간략하게 분석하면서, 그 원초적 의미맥락을 짚어 보자. 학(學)은 爻 + 臼 + 冖 + 子, 네 글자가 결합된 모습이다. 글자의 윗부분은 臼자 안에 爻자가 들어 있는 형상이다. 臼는 원래 양손[又+又]이 마주보고 있는 모습인데, 두 손으로 무언가를 움켜잡고 있는 형상이다. 爻는 陰(-: --)과 陽(+: –)으 로 상징되는 사물의 근원적 요소가 서로 얽혀 있는, 그물망과 같이 상호교차된 우주의 모습(☯)이다. 따라서 학(學)의 윗부분은 복잡다단하게 얽혀 있는 세계를 두 손이 움켜쥐고 있는 상황이다. 즉, 세계가 이미 나와 접촉하고 마주하며 내 손 안에 들어 있다. 혹은 내가 세계에 다가가서 대상 세계를 만나고 있는 의미다. 그런데 중간부분에는 冖이 자리하여 아랫부분의 子가 의식하려는 지향을 막고 있다. 冖은 '물건을 덮은 모양'을 표현한 글자이다. 천으로 물건을 덮었는데 위쪽은 편편하고 양쪽 가장자리가 아래로 내려진 모습을 본떴다. 물건을 덮는다는 것은 물건을 가리고 있는 모습을 상징한다. 가려진 물건은 보이지 않으므로 파악하기 어렵다. 천에 물건이 가려진 것처럼, 현실 속에서 인간은 무언가에 가려져 지혜롭지 못한 양상으로 존재한다. 아직 깨우치지 못한 상태로 무지몽매하다.

글자의 모습으로 본, 학(學)의 이미지를 정돈해 보자. 윗부분은 세계와 마주하는 인간의 삶이다. 두 손은 세계를 끌어안고 있고, 인간은 어떤 행위를 위한 준비태세를 갖추고 있다. 아랫부분은 아직 깨우치지 못한 어리석은 사람이 무언가에 가려 상황을 파악하지 못하고 허둥댄다. 이 지점에서 무지몽매를 타파하려는 인간의 본성, 이른바 인지적·정의적 발달이 연상된다. 합쳐서 보면 내 손에 잡은 세계, 이미 마주치고 있는 세계를, 아직 깨우치지 못한 상태에서, 그것을 분명히 밝혀 보려는 자기 노력으로 해석 가능하다. 때문에 "깨달음이나 깨우침", "본받음"으로 표현했다(《說文解字》;《廣雅》;《論語》) 이는 학(學)이 세계와 인간의 만남을 전제로 하되, 무지몽매에서 벗어나려는 자기 노력의 과정으로 이해된다. 다시 말하면, 이미 세계를 접촉하고 있는 어리석은 인간이 아직 깨우치지 못했음을 인식하고 부지런히 본받으며 애쓰는 모습이다.

습(習)은 羽+日이 결합한 글자이다. 윗부분의 羽는 새의 날개(새가 날개 짓하는 모습)를 뜻하고, 日은 날마다(매일)를 의미한다. 따라서 새가 매일 여러 번 나는 것을 배우는 일로 묘사된다. 이는 '되풀이하여 반복하다'는 뜻으로, 어린 새가 날기 위해 날개를 되풀이 하며 파닥거리는 동안, 시행착오를 거듭하여 잘 날 수 있는 상황과 같다. 미국의 소설가 리처드 바크(Richard Bach)의 《갈매기의 꿈 (Jonathan Livingston Seagull)》에 나오는 주인공의 비행 체험을 연상하면 쉽게 이해할 수도 있겠다.

이러한 새의 날기 연습에 비유하여, 습(習)을 인간의 삶에 적용할 수 있다. 그것은 인간이 타고난 재주를 반복하여 익히는 동안, 그에 대한 이해가 깊어지고, 드디어 자기 것으로 체득하는 논리다. 인간은 습(習)을 통해 자신의 잠재능력을 성장시킬 수 있다. 부단한 노력을 통해 부정적인 습관을 바꿀 수도 있고, 환경을 극복할 수도 있다. 그리하여 궁극적으로 자신의 정체성을 형성하여 쉽게 변하지 않은 상태에 이른다. 그것은 습관(習慣), 습속(習俗), 연습(練習), 복습(復習) 등 다양한 일상용어로 녹아 있다.

'자기 노력'의 차원에서 보면, 습(習)은 학(學)과 동일한 차원이지만, 의미와 방법의 측면에서 습(習)이 훨씬 심원하다. 그것은 단순한 본받음이나 깨달음의 차원을 넘어, 일관된 태도로 꿰뚫는 작업이다. 이른바 체득이나 능숙, 능란과 연관된다. 그러기에 "학(學)을 그만두지 않음이 새가 자주 나는 것과 같다"(《論語》〈學而〉)고 했다. 그것은 배움이 익힘으로 이어져, 학습의 온전한 체계로 굳어져야 함을 반증한다.

4. 명상과 소통

공부와 학습의 의미를 발견했다면, 우리는 두 가지 길을 모색할 수 있다. 하나는 모든 종류의 숙고를 통한 명상(瞑想, meditation)이고, 다른 하나는 공동생활과 공동토의, 공동침묵 가운데 모든 종류의 상호이해를 통한 인간과의 소통(疏通)이다. 명상과 소통은 야스퍼스(K. Jaspers, 1883~1969)의 《철학입문》 가운데 '철학적 생활태도'에서 따온 것이다. 그것은 자기 배려와 타자 배려를 가능하게 하는 훌륭한 방법 중의 하나다. 뿐만 아니라 공부와 학습의 근원을 성찰하게 만드는 철학적 사유의 모범이다.

인간에게 매일 내면을 성찰하는 순간이 없어서는 안 된다. 불가피한 그날그날의 산만한 상태에서 근원의 현존을 잃어버리지 않도록 자기 확인을 하게 된다. 이때 내면의 성찰이나 자기 확인은 무엇을 통해 가능한가?(야스퍼스, 윤성범 역, 1983: 95-99)

첫째는 자기반성이다. 나는 내가 하루 동안에 행하고 생각하고 느낀 바를 마음에 그릴 수 있다. 나는 나 자신에게 성실하지 못했는지, 내가 무엇을 회피하려 했는지, 내가 정직하지 못했는지 등의 행위에서 무엇이 잘못이었는지를 검토하게 된다. 나는 내가 시인할 경우와 자신을 뛰어 넘으려할 경우를 보게 된다. 나는 내가 나 자신을 뛰어넘어 실현하려는 나 자신을 의식적으로 감독하게 된다. 그리고 나는 하루 동안 이러한 감독을 게을리하지 않는다. 나는 자신에 관하여 판단하게 된다. 그러나 그것은 나 개인의 태도에 관해서이지 나에게 있어 도달할 수 없는 전체자로서의 나 자신에 관해서는 아닌 것이다. 나는 내가 적응하려는 원칙을 발견하게 된다. 나는 혹시 노여움, 절망, 권태, 그리고 그 밖의 자기 상실 상태 가운데 나에게 들리려고 하는 말을, 말하자면 자신을 상기하게 하는 주문(예컨대, 절제하라, 다른 이를 생각하라, 기다리라 등)을 자신이 정하게 된다. 그리고 수많은 전통적 지식으로부터 배우게 된다. 이와 동시에 그것은 우리에게 자기반성과 그것 자체가 완전하지 않다는 것과 그것이 무한히 사람을 속일 수 있다는 가능성을 경험하도록 요구하고 있다.

둘째는 초월적 반성이다. 철학적 사상의 과정을 통해 나는 본래적 존재, 이른바 신성(神性)을 확인하게 된다. 나는 시와 예술의 도움으로 존재의 암호를 읽게 된다. 나는 존재의 암호를 철학적 표현을 통해 이해한다. 나는 시간 안에서 초시간성 혹은 영원을 확인하려고 힘쓴다. 나의 자유의 근원과 자유를 통하여 자기 자신과 접촉하기를 힘쓴다. 창조와 관계하여 알게 된 지식의 근저에 육박해 가려고 한다.

셋째는 무엇이 현재 행해지지 않으면 안 되느냐에 관한 반성이다. 나의 목적적 사유에서 없어서는 안 될 의향이 포괄적 의미를 잃어버리게 될 때, 공동체에서 자기생활의 상기는 현대의 시대 과제나 그날그날의 사소한 일에 이르기까지 삶의 의미를 밝히는 배경이 된다.

우리가 내면을 성찰하는 가운데 나만을 위해 획득하는 것은, 만일 그것이 전부라면, 획득하지 않은 것과 마찬가지다. 소통 가운데 실현되지 않은 것은 아직 존재하지 않은 것이고, 궁극에 가서 소통에 근거하지 않는 것은 충분한 근거를 가지고 있지 않음을 의미한다. 진리는 두 사람의 사이 세계에서 시작된다.

그러므로 배려와 학습은 항상 소통을 구할 것, 뒤를 돌아보지 말고 소통을 감행할 것, 항상 다른 옷을 입음으로써 강요해 오는 나의 교만한 자기주장을 버릴 것, 이러한 극기로부터 내가 예측할 수 없도록 재삼 나에게 허용되어지는 소망 가운데 살 것을 요구한다. 때문에 나는 항상 자신을 의심할 수밖에 없으며 안심할 수도 없다. 나를 확실하게 비추고 참되게 평가하려는, 내 안에 있는 그릇된 완고한 지점을 고집해서도 안 된다. 이러한 자기확신은 참되지 못한 자기주장이 가장 빠지기 쉬운 형식이다.

5. 공부의 시간과 공간

컴퓨터가 없거나 스마트폰이 없는 세상을 상상해 보았는가? 인터넷, 우주산업으로 대표되는 첨단과학기술문명의 시대, 유전자 분석, 빅 데이터, 인공지능, 나노 기술로 상징되는 제4차 산업혁명의 시대에 지식은 폭증하고, 인간은 그것을 따라 잡지 못하며 허우적대고 있다.

급격한 사회 변화와 변혁 속에서, 우리 인간은 폭증하는 과학기술문명에 가려 엄청난 학습 결손과 교육 결핍을 느낀다. 배워야 할 내용은 기하급수적으로 늘어나고 배울 것은 태산 같은데, 어떻게 대처해야 하는가?

오늘 배운 것이 내일은 쓸모없게 되고, 학교에서 배운 것이 사회에서 소용없는 듯이 보이는 이 시대에, 어떤 돌파구가 필요한가?

전통적으로 공부나 학습은 '학교'나 '학원'에서 하는 것으로 생각한다. 지식이 폭증하는 사회에서는 제한된 교과교육에 치우친 학교교육은 명백한 한계를 드러내기 마련이다. 이제 학습은 출생에서 사망에 이르기까지, 언제 어디서 누구나 공부해야 하는 평생학습이 필수다.

1) 학습의 시간 해체

제2차, 3차 산업혁명의 사회에서는 '교육과 훈련(education & training)'이 강조되었다. 이는 강제적 성향이 강하고 조직의 필요성을 강조한다. 그러나 지식정보화 사회를 넘어 제4차 산업혁명에 들어선 현대는 '자기학습(self learning)'이 강조된다. 이는 자발성이 강하고 개인의 필요성을 강조한다. 인간의 지식은 가속도로 변화한다. "배우고 버리고 다시 배우고 다시 버린다!"라는 말이 유행할 정도다. 끊임없이 생겨나고 사라지는 지식의 순환 속에서 인간은 언제나 배워야 하는 존재로 자리매김된다.

이제 인간은 '탄생-보육원-유치원-초·중등학교-대학교-직장-노인-죽음'에 이르기까지, 한순간도 쉼 없이 배워야 하는 '학습사회(learning society)'로 들어가는 존재가 되었다. 과거처럼 학습은 학교나 학원에서 행하는 것이고 일반 사회나 직장에서는 일만 한다는 사고는 매우 위험하다. 오히려 사회나 직장에서 훨씬 더 강도 높은 학습과 전문성이 요구되는 사회다.

특히, 청년 대학생의 경우, 사회에 진출하면서, 바로 지식을 적용하고 응용하며 창의적으로 생산할 수 있는 기본적 학습 자세와 능력을 확보해야 한다. '배우고 늘 익힌다'는 의미의 "학이시습(學而時習)"의 자세가 요구된다. 21세기 지식기반 정보화 사회를 넘어 제4차 산업혁명의 시대에 들어선 지금 첨단우주과학기술문명을 구가하려면, 학습활동에서 정해진 시간은 없다. 늘 학습해야 한다!

2) 학습의 공간 해체

전통적으로 학습의 공간은 가정, 학교, 사회로 나누었고, 이 중에서도 학교교육이 중시되어 왔다. 특히, 학교는 사회생활의 준비를 위한 공간 역할을 했다. 이제 학습 공간은 가정이나 학교, 사회를 포함하여 내가 존재하는 모든 곳으로 바뀌었다. 가정-학교-사회라는 인생의 발달 단계에 따라 학습이 순차적으로 진행되는 것이 아니라, 학습은 동시다발적으로 발생한다. '더 이상 정해진 학습 공간은 없다'라는 표현이 정확할지도 모른다. 내가 활동하는 모든 곳이 학습의 공간이다. 학교, 학원, 놀이터, 박물관, 여행지, 아르바이트 장소, 카페, 사회봉사활동, 인터넷 미디어 등 모든 상황에서 학습이 가능하다.

그것은 열린 학습사회의 구현으로 상징된다. 학습의 공간 가운데 중요도를 점점 더해 가는 것이 '사이버 공간'이다. 그 대표적인 것이 온라인 인터넷 강의, 동영상 콘텐츠 등이다. 인공지능까지 등장했다. 이는 기존의 오프라인 공간의 중요성과 인터넷 사이버 공간의 혼합으로 이어진다. 지금까지는 정해진 교실공간에서 주어진 학습 내용을 적절하게 활용해 왔다. 이제는 그것의 해체와 합리적 탈피가 효율적인 학습을 하느냐 그렇지 않느냐를 가름한다.

3) 평생학습 사회와 직업

그렇다면 평생학습 사회에서는 무엇을 어떻게 배워야 할까? 한마디로 말하면 "지식(knowledge)"이다. 그런데 지식의 속성과 차원이 문제다. 객관적으로 존재하는 과학적 지식을 아느냐 모르느냐가 중요하지 않다. 그런 사실적 지식은 단순히 암기하거나 주입하여 획득할 수 있었다. 지식기반 정보화 사회나 유전자 분석, 빅 데이터, 인공지능으로 대표되는 이 시대의 지식은 단지 아는 데서 끝나는 것이 아니다. 새로운 자원으로서 고부가가치를 창출하는 아이디어로 전환한다. 앞에서도 강조했지만, 지식은 이제 정보를 전달받은 사람에 의해 습득되고 가공되어 그 사람 속으로 녹아들어 간다. 그 내면화를 거친 지식은 사람의 마음을 형성하고 행동으로 나타난다. 이러한 과정을 통해 새로운 지식이 창출되고 인간은 새로운 생명력과 생산성을 지닌다.

지식을 성공적으로 창출하고 지속적으로 활용하는 것이 중시되는 시대에 청년 대학생들은 지식을 '창출'하고 '활용'할 줄 아는 능력을 배양해야 한다. 왜냐하면, 기술 환경의 변화, 생활수준 및 생활양식의 변화, 국제환경의 변화 등 시대의 혁신에 의해 직업에 대한 전망이 달라지기 때문이다. 특히, 첨단과학, 지식정보화로 인한 정보통신 부문, 고령화로 인한 실버 관련, 여가 및 문화 관련, 세계화에 따른 국제 관련, 여성 취업 증가로 인한 육아 및 교육 관련, 유전자 분석, 빅 데이터, 인공지능 등과 관련된 직업의 수요가 증가하는 부분을 눈여겨볼 필요가 있다. 이 시대는 이런 혁신과 관련된 부분에 대한 끊임없는 학습과 문제제기를 요구한다.

4) 학습의 내용

과거 어떤 대기업 회장이 이런 말을 한 적이 있다. "세상은 넓고 할 일은 많다!" 그렇다. 세상은 우리를 향해 열려 있고, 할 일 또한 우리를 향해 끊임없이 손짓한다. 그만큼 세상은 상상할 수 없을 정도로 인간을 포용하면서도 급변하고 있다. 특히, 과학기술문명의 변화, 제4차 산업혁명 시대는 내가 몸으로 느낄 사이도 없이 첨단으로 치닫는다. 그러다 보니, 배워야 할 것이 너무나 많다.

할 것은 많은 데 무엇부터 공부해야 할까? 어디서 시작해야 하는가? 국제화 시대니까 외국어부터 마스터해야 하는가? 대학교에서 전공이 따로 있으니까 그것부터 완벽하게 해야 하는가? 아니, 취직이 어려우니까 취직 대비에 전념하며, 학점 관리와 스펙을 쌓아야 하는가? 그래도 명색이 대학생인데, 교양 수준을 끌어올릴 수 있는 공부를 해야 하는 것은 아닌가? 21세기 지식정보화 시대, 제4차 산업혁명 시대에 청년 대학생은 무엇을 공부해야 하는가? 공부할 내용, 학습 내용은 불 보듯 뻔한데…

교양과 전공 수업을 중심으로 강의시간표에 정해진 대로 공부하면 되지, 뭘 그리 고민이냐고? 정말 그런가? 무엇을 공부해야 하는지 곰곰이 생각해 보았는가? 학습할 내용이 쉽게 떠오르는가?

지식기반 정보화 사회를 넘어 제4차 산업혁명 시대에 진입한 지금, 무엇을 공부해야 하는지 진지하게 성찰해 보자. 이제 분명한 것은 전통적으로 학습의 대상이던 사실적·경험적 지식 습득을 넘어, 새로운 지식 개념을 인지하고 실천하는 새로운 학습의 내용을 인식할 필요가 있다. 그 첫째는 지식의 개념에 대해 새롭게 생각해 보는 일이고, 둘째는 어떤 차원에서 학습의 내용을 전환하고 싶은지 고려하는 것이며, 셋째는 학습내용의 전환에 따른 실천양식을 이해하는 작업이다.

(1) 정보화와 제4차 산업혁명 시대에 '지식'의 함의

앞에서 언급한 지식기반 정보화 사회와 제4차 산업혁명 시대를 참고로, 다시 지식사회의 지식이 어떤 내용을 담고 있는지, 점검해 보자. 무엇보다도 중요한 문제는 시대인식과 자기이해, 그리고 상황에 대한 적응과 삶의 선도다. 나의 목적에 맞는 지식, 정보를 통합하고 개별화·주관화를 거친 것, 부가가치의 창출, 외부에서 주어지는 데이터와 정보, 데이터의 분석파악과 적용능력, 사물에 대한 인간의 실천 행위 등 지식과 관련한 모든 가능성을 고려할 때, 시대를 대비할 수 있다.

(2) 학습내용의 패러다임 전환

전통적으로 학습, 혹은 공부는 '지식'의 암기나 습득이었다. 지식을 알고 이해하고, 그것을 가지고 있기만 해도 살아가는 데 큰 불편이 없었고, 때로는 지식습득이나 학력이 하나의 권력이었던 시대도 있었다. 그러나 이젠 상황이 달라졌다. 정말, 너무나도 확 달라졌다.

세계 최고의 부자라고 하는, '빌 게이츠'는 하버드대학 3학년 중퇴생이라 한다. 그런 그에게는 전통적인 인문·사회·자연·과학적 지식도 상당히 축적되어 있었지만, 시대의 흐름과 미래를 꿰뚫어 볼 줄 아는 '혜안'이 삶의 기초로 작용했다. 미래는 컴퓨터 시대, 첨단과학기술문명, 디지털 시대다!! 그리고 그에 맞는 자기학습을 시작했다. 그것이 마이크로소프트 사를 시작으로 현재까지 세계 최고의 부자이면서 존경을 받고, 영향력 있는 인물로 삶을 지속해 온 빌 게이츠의 모습이다.

문제는 학습혁명이 오래전에 시작되었다는 것이다. 우리 청년 대학생들은 그것을 빨리 확인하고 적응하며 선도해야 한다. 학습은 단순한 지식의 습득이 아니라, 지식의 활용이고 실천이다! 즉, '무엇을 아느냐'의 문제를 넘어 무엇을 알고 할 수 있는 '능력의 확보'다.

무엇을 알아야 하고 어떻게 알고 있느냐의 존재(being) 문제도 중요하지만, 나는 무엇을 해야 하고 무엇을 할 수 있느냐의 생성(becoming)과 행위(doing)의 양식이 더욱 부각되고 있다!

이런 측면에서 학습내용에 대한 새로운 이해가 중요하다. 다시 강조하지만, 전통적 학습은 사실적·경험적 지식의 습득이었다. 지식기반 사회 이후의 학습은 '시대정신에 맞는 적용과 응용, 실천과 행위양식의 확보'다. 화석이나 박물관에 보관된 죽은 지식을 넘어 그것이 삶 속으로 녹아들어 인생을 살찌우고 사회를 건강하게 만드는 살아 있는 지식으로 전환할 수 있는 능력을 학습해야 한다. 많이 아는 것도 중요하다. 그러나 조금 알더라도 전문적이고 실제적이며, 자기 분야를 통해 보편성을 확보할 수 있는 지적 체계도 중요하다.

지식사회 이후, 살아 있는 지식을 확보한 사람을 지식 노동자(knowledge worker)로 부른다. 살아 있는 지식을 확보한 사람은 단순히 책에 있는 내용만을 암기하거나 이해하여 그 내용을 얼마나 아는지 시험을 보아 '지식'의 확보 정도를 제시하지 않는다. 새로운 상황에 그런 지식을 응용하고 적용하고 실천하면서 자신의 삶을 가꾸어 가고, 문화를 창출하며, 사회에 보람을 던질 수 있는 능력을 지녔다.

청년 대학생으로서 주목해야 할 학습내용이 이런 차원에 함축되어 있다. 그것은 시대를 선도할 수 있는 능력의 확보다! 그것은 결코 단순한 지식의 대량 습득만을 의미하지는 않는다. 그것은 전문화 과정을 거친 지식의 응용과 새로운 지식의 창출이다!

(3) 청년 대학생의 학습실천

다시, 21세기 지식정보화 사회를 넘어선 지금, 제4차 산업혁명 시대에 무엇을 공부할 것인가? 청년 대학생들이 실천해야 하는 학습의 내용은 의외로 복잡하다. 이는 청년 대학생들이 처해 있는 삶의 위상과 연관된다. 청년 대학생은 개인적으로 사회적으로 어떤 처지에 존재하는가? 청년 대학생은 청소년에서 성인으로 가는 징검다리 위에 서 있고, 사회적 지도성, 즉 우리 사회에 대한 책무성과 리더십의 구비를 요구받고 있으며, 지식 실천의 핵심 동력으로 자리매김된다. 이런 측면에서 청년 대학생이 학습해야 할 주요영역을 다음과 같이 정돈할 수 있다.

첫째, 교양 수준의 제고(提高)다. 청년 대학생은 전 학문 영역에 걸쳐 기본 교양 수준을 확보해야 한다. 대학의 다양한 강의를 통해 그것을 확보할 수도 있으나, 강의는 기본 지침에 불과하다. 모든 교양 수준은 자기 노력에 의해 확보된다. 그러기 위해, 1주일에 1~2권의 책을 독파하라! 도서관이나 서점을 밥 먹듯이 들락거리며, 또는 독서 자료를 확보할 수 있는 인터넷 사이트나 전자책을 통해, 광범위한 지식을 접하는 데 몰두할 필요가 있다. 이럴 경우, 자기 나름의 독서카드나 도서목록을 작성하면서, 시간 계획을 세워야 할 것이다.

둘째, 전문 영역의 심화다. 청년 대학생인 나는 무엇을 중심으로 사고하고 삶을 살아가야 하는가? 한 인간이 이 세상의 모든 일을 소화할 수는 없다. 명백한 한계가 있다. 그런데 청년 대학생들은 너무나 많은 일을 하고 싶어 한다. 이것저것 손을 대 보고 싶은 것이 많다. 그것은 아직 자기정체성이 확립되지 않았기 때문일 수도 있고, 세상에 대한 관심과 호기심이 왕성한 시기이기 때문이기도 하다. 그것이 성년 초기의 특징이다. 중요한 문제는, 자신이 하고 싶은 일을 위해 자기를 충분히 점검하는 작업이다. 무엇을 중심으로 인생을 영위할 것인지, 차분하고 신중하게 고려하라! 전문 영역의 학습, 다시 말하면 '전공'은 주어지는 것이 아니다. 대학을 입학할 때 소속된 '무슨 학과', 혹은 '무슨 학부'에서 결정되는 것이 결코 아니다. 그것은 내가 '찾고 만들어 가야 하는' 하나의 삶의 지침일 뿐이다. 전공은 나의 적성과 의지, 욕구를 담보로 지식 사회에서 나를 지탱하는 하나의 힘이 될 수는 있다. 하지만 진정한 힘은 전공 학과의 '명칭'에 있는 것이 아니라, 내가 해야 할 '일의 속성'에서 발견된다. 내가 하고 싶은 일을 발견했다면, 그것에 관심을 갖고 몰입하고 집중하라. 그것이 나의 전공이다. 누구보다도 그 분야에서 뛰어날 수 있도록 자기 노력을 다해야 한다. 이른바 '그 분야의 최고'는 아니더라도, 그 분야에서 '인정'받을 수는 있어야 한다.

셋째, 의사소통 능력의 극대화다. 삶은 의사소통으로 구성된다고 해도 과언이 아니다. 특히, 우리말, 한글 소통이 중요하다. 아무리 국제화 시대라고 하지만, 제일 우선시해야 할 부분은 한국어 능력이다. 일상에서 쓰는 말은 물론이고, 일기나 편지, 이메일 등 다양한 일상적 글쓰기에서 과제물이나 시험, 논문에 이르기까지 정확한 우리말과 글을 구사하기 위한 노력이 중요하다. 그것은 지식정보화 사회 이후, 우리 시대를 선도하기 위한 지식을 응용하고 창출하기 위한 기초가 된다. 동시에 교양 수준이나 전문 지식, 국제화 시대에 부합하는 외국어 능력을 지닐 필요가 있다. 다시 강조하지만, 최우선은 우리말, 우리글인 한국어 능력이다.

넷째, 인간관계망의 합리적 확보다. 인간관계에서 중요한 능력은 자기사랑을 바탕으로 타인에 대한 이해와 배려를 지니는 것이다. 대학생활을 통해, 자기이해와 계발, 사랑하는 방법을 터득하라! 그리고 타자를 배려하고 포용하는 진실한 만남과 대화의 관계를 지속하라! 이것이 지식정보화 사회 이후에 시대를 선도할 수 있는 능력의 확보 방법이다.

지식정보화 사회, 그 이후의 시대에 무엇을 학습해야 하는가? 그 해답은 '무엇'이 아니라, '무엇을 할 줄 아는 능력', '무엇을 할 수 있는 실력'의 문제다. 따라서 우리는 '능력'과 '실력' 확보를 위한 학습에 매진해야 한다. 어떤 특정한 방법을 통해서라기보다는 끊임없는 자기노력을 통한 학습 과정에서, 교양과 전문지식, 의사소통과 인간관계를 위한 예비적 성찰이 요구된다. 청년 대학생은 생활의 집중을 이런 노력과 '능력 향상'에 두어야 한다. 그것의 핵심은 그냥 주어져 있는 빅 데이터나 정보, 지식이 아니다. 그것은 부단한 사고나 아이디어 창출을 통해 만들어 가고, 지속적으로 생성하고 획득하여 나누어 줄 수 있는 역동적 지식체계에 있다.

제9장

학습을 위한 진단과 처방

1. 대학생활에서 학점과 취업

인간의 삶에서 중요한 것이 여러 가지가 있지만, 그중에서 핵심을 꼽으라면 생업을 갖고 생활하는 일이다. 왜냐하면 인간은 누구나 생업을 갖게 되고, 생업을 통해 자신의 생존을 보장하는 동시에 자신이 궁극적으로 추구하는 바를 행할 수 있기 때문이다. 이 생업의 기본축은 구체적 직업이다. 직업 활동은 성년기에서 노년기에 이르기까지 대략 삶의 절반 이상을 차지하는 긴 기간 동안 이루어진다. 이러한 직업생활은 인간으로서 삶의 의미를 확인하는 공간이자 한 사람의 일생을 평가받는 잣대이기도 하다.

그렇다면 한 사람이 직업을 준비하는 데 가장 큰 영향을 미치는 것은 무엇일까? 여러 가지를 생각할 수 있지만, 고등교육이 양적으로 확대된 현대사회에서 대학은 중요한 역할을 한다. 대학은 풍부한 교양과 전문지식을 습득하는 고등교육기관인 동시에, 사회의 구성원으로서 살아가기 위해 필요한 사회생활의 기술을 터득하는 곳이기도 하다. 아울러 대학 졸업 후에 맞게 될 취업준비의 공간이기도 하다. 이 중에서도 취업은 심각한 사회문제로 대두했다. 급변하는 국제 정세와 경제적 상황의 부조리는 고등교육을 받은 실업자들을 양산하면서 대학생들에게 당면한 과제 가운데 하나가 취업 전선이라고 해도 과언이 아닐 정도가 되었다.

대부분의 취업준비생들은 자신의 진로를 고민하며 열심히 공부하고,

대학 졸업 이후, 직장의 문을 두드린다. 신입사원을 뽑는 대부분의 업체에서는 지원자가 대학 졸업자로서 갖고 있는 다양한 능력을 평가하여 자기 업체에 가장 적합한 인재를 선발하려고 한다.

신입사원을 평가하는 준거는 여러 가지가 있겠으나, 그중 대표적인 것이 대학시절 학점이다. 왜냐하면 학점은 학생이 대학생활 동안 이수했던 수업의 성과를 평가해 놓은 것으로 대학생활을 얼마나 성실히 이행했는지 하나의 기준이 되기 때문이다. 물론 대학생활의 성과를 학점으로만 평가하는 것은 일면적 평가에 불과하며, 위험한 시도라는 비판을 제기할 수 있다. 그렇지만 학점이 가지는 유용성과 그것의 누적적 결과를 마냥 무시해서는 안 된다. 때문에 많은 기업체에서 학점을 주요한 준거로 이용하여 신입사원들의 능력을 평가하고 사정하는 것이 현실이다. 그런데 어떤 학생들의 경우, 지나치게 낮은 학점을 받고 졸업을 하여 취업에서 심각한 문제가 발생되기도 한다.

물론 낮은 학점을 받는 것이 반드시 비난받거나 비판의 대상이 되는 것은 아니다. 낮은 학점을 이유로 한 인간의 모든 것을 평가하고 재단하는 것은 부당하며 불합리한 일일 수 있다. 그러나 학점은 대학생활을 평가하는 유용한 준거다. 동시에 제3자가 납득할 만한 적절한 수준의 학점을 받는 것은 대학생활에서의 성실성을 뒷받침하는 것이므로 유의할 필요가 있다. 특히, 취업을 염두에 둔다면, 신입사원을 선발하는 기준에서 학점이 결정적 역할을 한다면, 학력저하로 인해 학점을 낮게 받는 경우, 대학생활에 대한 진지한 성찰이 요구된다.

다시 강조하지만, 인간의 삶에서 직업은 다른 어떤 것보다도 중요한 요소다. 대학생활은 학문 연구와 더불어 직업을 준비하는 기간이며, 직장에서는 능력 있는 인재의 요건으로서 대학 기간 동안의 학점에 주목한다는 사실을 인식한다면, 우리는 대학생활 동안 취업에 특별한 지장이 없을 정도의 학점 취득에 유의해야만 한다.

그럼에도 불구하고 우리는 심심찮게 낮은 학점으로 고통받는 학생을 접한다. 이들 중 대부분의 경우는 높은 학점을 받으려는 욕구를 갖고 있다. 그러나 여러 사정으로 좋은 학점을 받지 못한다. 이러한 학생들은 단기적으로는 대학생활에서 낮은 평점을 받게 되고, 장기적으로는 낮은 학점으로 인한 취업현장에서의 불이익을 받을 수 있다. 심한 경우에는 취업을 했다고 할지라도 불안에 시달리고, 낮은 학점에 맞춰 취업을 하다 보니 처음부터 만족하지 못한 임금에 시달리고 생활에서의 어려움을 겪기도 하며, 자아실현 기회의 축소 혹은 박탈과 같은 여러 악영향에 노출되기도 한다.

이와 같이 낮은 학점을 받은 학생들이 받게 되는 피해나 불이익은 적지 않다. 따라서 학생은 자신이 낮은 학점을 받지 않고 성공적으로 대학생활을 마무리지을 수 있도록 노력할 필요가 있고, 대학을 비롯한 관계 당국은 이러한 학생들의 낮은 학점 극복 노력을 보다 체계적으로 지원하여 학생들이 시간과 비용을 효율적으로 활용하면서 학점관리에 임할 수 있도록 후원해야 한다.

2. 성공적이지 못한 학습자

대학생 가운데 성공적인 학습자가 되지 못하는 경우, 여러 가지 이유가 있다. 그런 학생의 행동 유형은 단편적이거나 단일하지 않고 다양한 측면에서 보통 학생과 다른 양상을 보인다. 왜, 학습에 성공하지 못하는 것일까? 그 대표적인 요인을 크게 다섯 가지로 요약할 수 있다.

첫째, 고등학교와 대학교의 차이를 충분히 인식하지 못한다.

고등학교 수업과 대학교 수업의 중요한 차이 가운데 하나는 교수자 중심의 환경으로부터 학습자 중심의 환경으로의 변화다. 고등학교에서 많은 교사들은 주어진 교육과정에 따라 무엇을 학습할지, 언제 학습할지, 어떻게 학습할지를 학생들에게 말해 줌으로써 학생들의 학습을 안내한다. 예를 들어, 보고서를 쓰는 과제가 주어질 때, 고등학교 교사들은 보고서의 윤곽이나 초안을 요구하는 것과 같이, 과제를 완성하는 데 필요한 하위 과제들을 학생이 관리하도록 빈번히 도와준다. 대학은 이와 다르다. 학생들 스스로가 그것을 하게 된다. 그들은 질문을 할 수 있고 과제에 대해 더 많은 정보를 얻을 수 있다. 하지만, 대학생들의 학업진전 상황에 대해 특별한 해당 교과목을 제외하고는 교수가 일일이 점검해 주는 일은 상당히 드물다. 대학에서는 학생 스스로 자신의 학습을 관리할 것을 기대한다.

고등학교와 대학교 수업의 또 다른 차이는 고등학교 교사들은 자주 학생들의 학습동기를 유발하는 데 상당한 시간을 보내는 데 비해, 대학의 교수들은 학생들이 스스로 동기화되기를 기대한다. 학생들이 대학의 요구사항에 대해 듣기는 하지만, 많은 학생들은 그들의 과거 경험과 다른 학습 환경에 들어오게 될 때 '문화 충격'을 경험한다. 다음은 대학에서 첫 학기를 보내고 있는 어떤 학생이 쓴 일지 내용이다.

교수가 강좌의 마지막 수업을 마치고 있었고 질문이 없느냐고 물었다.

우리는 세 개의 다른 교재에 있는 내용들을 읽었고, 나는 40쪽가량의 노트 정리를 해 둔 것도 있었다.

나는 그냥 물어 보았다.

"시험에 나올 내용들을 몇 가지만 뽑아 주시겠습니까?"

교수는 나를 쳐다보며 말했다.

"그건 네가 해야 할 일이야."

나는 책상 밑으로 숨고 싶었다. 고등학교 때 대부분의 선생님들은 우리의 학습행동을 방향 지을 핵심 내용을 요약해 주곤 했다.

나는 이제 이 일을 나 스스로 해야 한다는 것을 깨달았다.

둘째, 자신의 능력, 학습과 동기에 대해 그릇된 신념을 지닌다.

학습과 동기에 대한 학생들의 신념은 그들의 행동에 큰 영향을 미친다. 어떤 학생들은 간혹 다른 학생에 비해 자신이 더 못 할 것이라 믿는다. 이때 수업에서 '실패 회피(failure-avoiding)' 전략을 사용하는 데 많은 시간을 소비할 수 있다. 예를 들면, 수업에서 지명받지 않으려 한다거나, 친구로부터 자료를 복사하거나, 정말로 그런 것은 아닌데도 열심히 노력하는 것으로 보이려는 것 등과 같은 행동이다. 그들이 보기에 자기보다 잘 성취할 수 있다고 믿는 다른 학생들은 효과적인 학습과 공부전략을 이용하는 데 그들의 시간을 많이 보낼 것 같고, 어려운 과제에도 시간을 투자하여 해결할 듯하다.

어떤 학생들은 지능이나 능력이 고정되어 있다고 믿는다. 사람들은 일정한 양의 능력을 갖고 태어나기 때문에 능력을 바꿀 수 없다고 생각한다. 이러한 그릇된 지각으로 말미암아 어떤 학생들은 그들의 낮은 성취를 수용하고, 영리한 학생들이 A학점을 받는다고 생각하면서 자신은 평균 B학점이나 C학점으로 만족해 버린다. 현대의 많은 심리학자들은 지능이 고정되어 있지 않고, 그들의 사고와 학습을 통제하는 여러 전략들을 배우고 적용함으로써 능력을 향상시킬 수 있다고 본다. 다시 말하면, 영리한 학생들은 다른 학생들이 배울 수 없는 능력을 소유한 것이 아니다. 영리한 학생들은 다른 학생들에 비해 보다 효과적으로 배울 뿐이다. 다른 학생들도 이들과 같은 방법을 배우고 이용하면 충분히 영리해질 수 있다.

셋째, 비효과적인 자신의 학습행동을 의식하지 못한다.

대부분의 학생들은 학습에 많은 시간을 할애하면 자신이 성공할 것이라 믿는다. 성공적인 학습자들은 안다. '어떻게 공부하는가?'라는 문제의식이 '얼마나 많은 시간을 공부하는가?'라는 것에 비해 중요하다는 것을. 예를 들면, 많은 대학생들이 시험 전에 책을 여러 번 읽느라 상당한 시간을 소비한다고 알려져 있다. 어떤 학생들은 교재에 있는 단어와 구절에 밑줄을 긋고 단순하게 다시 읽는 것이, 사고를 심도 있게 하지 않은 수동적 활동이기 때문에, 비효과적인 학습전략이라는 것을 의식하지 못한다. 한 장을 읽느라 상당한 시간을 소비하고도 여전히 주요한 아이디어들을 기억하지 못하는 일이 비일비재하다. 읽기와 기억하기는 두 가지의 다른 과제다. 학생들이 자료를 읽는 동안 능동적으로 글의 요지를 찾아내고, 조직하고, 질문을 만들고 요약하지 않으면 많은 시간이 그냥 소비되어 버릴 수 있다.

넷째, 효과적인 학습 및 동기 전략을 유지하는 데 실패한다.

학생들은 고등학교에서 많은 시험들을 경험했다. 그래서 주요 교과목 시험에서 좋은 점수를 받고 입시에 크게 영향을 미치지 않는 한두 과목에서 낮은 점수를 받더라도 여전히 높은 성적을 유지할 수 있다. 대학에서는 상황이 달라진다. 특별한 경우를 제외하고 한 학기에 평가가 수십 번 이루어지지 않는다. 많은 학생들이 때로는 학습하는 방법과 공부 잘하는 방법에 관한 지식을 가지고 있는 것처럼 보이지만 정기적인 수업 참여를 빼먹는다든지, 과제물을 제때에 제출하지 못하고 공부가 뒷전인 경우가 많다. 이런 학생들은 잘할 수 있는 잠재력을 지니고 있으나, 그 학기 동안 동기와 노력을 유지할 수 없다. 그 결과로 낮은 학업 수행이 초래된다.

다섯째, 자신의 학습 및 공부 행동을 변화 시킬 준비가 되어 있지 않다.

어떤 학생들은 자신이 변화할 필요가 있다는 것을 확신하지 못한다. "왜, 내가 변하는 것이 필요할까?", "나는 고등학교를 졸업했고 이 대학에서도 나를 입학시키지 않았는가?" 첫 번째 중간고사를 치를 때에 가서야 어떤 학생들은 고등학교 때 사용하였던 학습기술 가운데 상당수가 대학에서 학업상의 성공에 불충분하다는 것을 깨닫는다. 이러한 사실을 보다 빨리 깨닫는 학생일수록 필요한 변화를 빨리 시작할 수 있다.

많은 학생들이 개선할 필요를 깨닫지만 최고의 결과를 가져다주지 않는 익숙한 전략을 고수하는 경향이 있다. 다시 말하면 변화하도록 동기유발이 되지 않는 것이다. 어떤 학생들은 새로운 학습방법을 배우는 것이 너무 많은 수고와 시간이 걸린다고 믿는다. 학생들이 자신의 노력과 시간을 보다 현명하게 이용하여 효과적인 학습방법을 활용하게 되면, 보다 많은 지식과 만족스런 학업 성취도, 그리고 자신감과 즐거움을 위한 많은 시간을 가질 수 있음을 발견할 것이다.

3. 효과적인 학습을 위한 동기부여

학업능력이 상대적으로 낮은 대학생들, 다시 말해, 성공적이지 못한 학습자들은 고등학교와 대학교의 차이를 충분히 인식하지 못했다. 자신의 능력, 학습, 동기에 대해 그릇된 신념을 가지고 있었다. 자신의 비효과적인 행동을 의식하지 못하고, 효과적인 학습 및 동기전략을 유지하는 데 실패하였다. 이런 점에서 그들은 자신의 학습 및 공부행동을 변화시킬 준비가 되어 있지 않았다.

그렇다면 이러한 학습자들이 공통적으로 지니는 문제들을 해결하기 위한 방법을 우리는 어떻게 고민할 수 있을까? 위에서 언급된 다섯 가지 요인들에서 핵심어를 추출해 내면, 크게 '학습동기'와 '자기 자신에 대한 이해'라는 두 가지 개념으로 요약할 수 있다. 이를 좀더 학술적 개념어들과 연결시켜 본다면 학습과 동기는 '동기부여'로, '자신에 대한 이해'는 '자기 주도적이고 자기조절적인 학습' 이론과 서로 호환할 수 있다.

1) 동기

동기란 무엇인가? 간단히 말해서 동기란 목표를 향한 행동을 유발하고 방향을 제시하는 작업이다. 일반적으로 동기의 개념은 어떤 사람이 욕구나 욕망을 충족시키기 위해 열심히 활동할 때 적용될 수 있다. 자신의 필요나 욕구를 충족시킬 가능성이 있다고 생각되는 일에 그 사람은 참여하거나 혹은 흥미를 느낄 것이다. 충족되지 않은 욕구를 만족시킬 수 있을 것 같은 활동이 매력적이고 흥미롭게 다가오는 법이기 때문에 교수가 '동기화되어 있지 않다'고 생각하는 학생들은 어쩌면 '강의실에서의 생활'을 통해 욕구를 충족시키지 못하는 학생들일지도 모른다. 만약 강의실에서의 활동들을 통해 필요를 충족시킬 수 있다면, 이렇게 '동기화되어 있지 않은' 학생들도 학습 경험에 적극적으로 참여할 것이다.

동기는 다양한 시각에서 조명될 수 있다. 최근에는 인간의 행동을 강화가 아닌 인지적 측면에서 이해하려는 시각도 주목을 받는다. 행동주의 심리학에 바탕을 둔 강화이론은 인간을 외적 자극에 대해 수동적으로 반응하는 존재로 파악하고 외적 보상 또는 강화가 동기의 원천이라고 주장한다. 이에 비해 인지적 접근은 인간을 환경에 능동적으로 대응하는 존재로 보고 미래의 결과에 대한 주관적인 기대가 동기에 영향을 미친다고 주장한다. 따라서 동기의 인지 이론적 접근에서는 인간이 어떻게 상황을 받아들이고 사건을 어떻게 해석하며 정보를 어떻게 처리하는지의 인지적 매개과정에 초점을 둔다. 행동을 결정짓는 것은 실제 자극이 아니라 그 자극을 지각한 내용과 행동에 의해 초래될 사건에 대한 신념, 기대, 예상이다. 동기는 크게 외적동기와 내적동기로 나눌 수 있으며, 또 기대와 가치로 구분하는 방법도 있다.

(1) 외적 동기와 내적 동기

외적 동기(extrimsie motivation)란 과제와 별 관계가 없거나 어느 정도만 관련된 결과로 인해 동기화되는 것을 말한다. 즉, 목표를 달성하기 위한 수단으로 어떤 활동을 하려는 동기다. 예컨대 의류 공장에서 일하는 한 노동자는 특별 보너스나 인센티브가 주어지면 생산량을 늘리기 위해 노력할 것이다. 이 경우 그에게 동기를 부여하는 것은 셔츠를 만드는 작업 그 자체가 아니라 추가 수당을 벌 수 있다는 사실이다. 대부분의 경우 외적 동기로 인해 어떤 활동을 하는 사람들은 목표 지향적인 경우가 많다.

상, 점수, 특혜 혹은 칭찬 등의 형태로 외적 동기를 부여하는 것은 현재도 그렇지만 앞으로도 학교에서뿐만 아니라 우리 사회 전반에서 널리 이용될 것이다. 그러나 강화물만을 이용해 동기를 부여하는 것은 한계가 있다. 예를 들면, 다음과 같은 사례가 그에 해당한다.

• 실제적, 논리적 문제: 언제든지 받을 수 있고 하기도 쉬운 교수의 칭찬 외의 다른 강화물을 사용하게 되면 종종 수업의 흐름이 끊기고 비용이 더 들거나 교수가 불편해질 수 있다.

• 학습의 가치 감소: 활동 그 자체가 흥미로운데 외재적 보상을 이용할 경우 동기와 흥미가 감소하게 된다. 외적 동기가 학습을 위한 학습에서 멀어지게 하는 결과를 낳을 수 있다.

• 학습 범위 제한: 시험을 통과하거나 점수를 잘 받는 데 중점을 두는 강좌의 학생들은 시험 분야에만 흥미를 갖고 그 분야만 공부한다. 학생들이 교수에게 "이 내용 알아야 돼요?","이 부분 시험에 나와요?" 등의 질문을 하는 것을 우리는 종종 목격하는데, 이러한 상황에서 학생들은 보상을 얻을 수 있는 것만 공부한다.

외적 보상이나 가치를 따지지 않고 단순히 성공적으로 해내고 싶은 내적 욕구 때문에 어떤 활동을 하는 것을 내적 동기(intrinsic motivation)라고 한다. 즉, 그 활동 자체를 위해 활동을 하는 것이다. 앞서 언급했던 의류공장 노동자의 경우를 생각해 보자. 셔츠를 만드는 과정에서 그는 바느질 과정을 즐기기 시작한다. 또한 추가 인센티브가 주어지지는 않지만 한 시간당 자신이 만들 수 있는 셔츠의 기록을 깨기 위해 자기 스스로와 경쟁을 시작한다. 이러한 경우 그는 내적 동기에 의해 활동을 하고 있다. 셔츠를 만드는 활동 그 자체로 인해 스스로 만족을 느끼고 있는 것이다.

내적 동기에 의해 활동을 하는 사람들은 자신이 선택한 일에 몰두하고 집중하며, 심지어 그 활동에 사로잡힌 듯 보인다. 그 활동을 했을 때 이루게 되는 목표나 결과가 아니라 활동 자체에 의해 동기부여가 되기 때문이다. 어떤 연구자는 주변의 소리가 들리지 않을 정도로 자신의 활동에 몰두한 상태를 '몰입'이라고 표현했다. 여러 연구의 결과, 내적 동기부여가 된 학생들은 단지 외적 동기에 의해 움직이는 학생들보다 성취도가 높았다.

(2) 가치와 기대

동기를 단순히 내적 동기와 외적 동기로 구분하는 대신 보다 유용한 방법을 제시한 것이 있다. 이른바 '가치-기대 이론(value-expectancy theory)'이다. 이 이론에 따르면 사람들이 어떤 과제에 쏟는 노력의 정도는, 첫째, 그 과제를 성공적으로 수행했을 때 따라올 것이라 생각하는 보상에 대해 그들이 부여하는 가치의 정도, 둘째, 노력했을 때 그 과제를 성공적으로 수행할 수 있다고 기대하는 정도에 따라 달라진다.

가치-기대 이론에서 명심할 점은, 동기는 가치와 기대가 동시에 작용해서 생겨나는 결과이지, 어느 한쪽만 작용해서 생겨나는 것이 아니라는 점이다. 즉, 가치와 기대 두 요소 중 하나라도 부족할 경우 동기는 생기지 않는다. 과제를 성공적으로 수행할 수 있다고 기대하는 경우에도 그 활동의 목표에 대해 가치 부여를 하지 않는다면 동기 형성은 기대하기 어렵다. 예를 들어, 자신이 구덩이를 팔 수 있다는 것을 안다고 하더라도 나무 심기, 운동, 보물찾기 혹은 그 외의 필요를 느끼지 못한다면 그 활동을 할 동기는 매우 약하거나 아예 생기지 않을 수도 있다. 마찬가지로, 어떤 학생이 과제에 높은 가치를 부여하지만 그것을 성공적으로 해낼 수 없다고 믿는다면 동기는 형성되지 않는다.

① 가치 : 동기화를 위한 필수 요소 하나

동기 이론의 기본적 가정 중 하나는, 사람들은 자신이 느끼거나 경험하는 욕구를 줄여 나가기 위해 행동한다는 것이다. 따라서 욕구를 줄이는 데 가치가 있는 일이라고 판단될 때 사람들은 동기를 부여받는다.

• 욕구와 충동 이론

머레이(H. Murray)는 1938년에 인간의 동기 및 욕구와 충동에 대해 가장 초창기에 이론을 내놓은 학자 중 한 사람이다. 그는 "욕구란 한 유기체에게 그 목표를 향한 방향으로 나아가게 하는 힘이자 긴장(tension)"이라고 표현했다. 이와 같은 정의에서 생각해 보면, 목표에 도달했을 때 그 긴장은 사라지게 된다. 욕구가 생기면 그 욕구를 줄이거나 충족시킬 수 있는 방향으로 행동하려는 욕망이 생긴다. 그와 같은 욕망을 충동(drive)이라고 부른다. 욕구가 클수록 충동도 강해지며 사람들은 더욱더 목표 지향적 활동을 하게 된다. 중독자들이 그 욕구를 충족하기 위해 범죄를 저지르는 뉴스를 자주 접하게 되는데, 이는 욕구와 충동, 그리고 행동 간의 관계를 너무나 극명하게 보여 주는 사례다.

• 1차적 욕구와 2차적 욕구

동기부여를 할 수 있는 욕구들의 종류는 많지만 이들은 크게 1차적 욕구와 2차적 욕구로 구분해 볼 수 있다. 1차적 욕구(primary need)란 생존을 위해 필수적인 욕구다. 따라서 음식, 물, 산소에 대한 욕구는 1차적 욕구다. 2차적 욕구(secondary need)란 물리적 생존을 위해 필수적이거나 근본적인 것은 아니지만, 심리적 안녕과 행복을 위해 필요한 욕구다. 2차적 욕구의 예로 교제, 명성, 지위, 인정에 대한 욕구 등을 들 수 있다.

욕구와 충동 이론에 따르면, 동기부여가 되지 않은 학생은 다음의 세 가지 중 하나다. 각각의 설명을 살펴보면 동기부여를 위해 어떻게 해야 하는지 실마리를 잡을 수 있을 것이다.

첫째, 학생이 활동에 참여하지 않는 것은 단순히 그 욕구를 적게 느끼기 때문이다. 즉, 이 학생은 현재 매우 만족한 상태이며 학습을 해야 할 압박감을 느끼지 않는다.

둘째, 이 학생은 더욱 강하면서도 상충되는 욕구를 느끼고 있을지도 모른다. 예컨대 종이와 지우개를 집어던지고 그것들을 피하며 서로에게 욕을 하는 것이 윤리과목 강좌의 학습 욕구보다 강한 것이다.

셋째, 이 학생이 제대로 동기부여를 받지 못하는 것은, 성취 욕구 및 충동은 가지고 있지만 그럴 수 있는 기술이 없기 때문일 수도 있다. 그렇다면 이 학생은 활동에 참가하고 싶은 욕구뿐만 아니라 그렇지 못하는 데서 오는 좌절감을 느낄 수 있다. 학생들이 일방적인 강의 대신 토론 수업을 더욱 원하는 것도 이를 통해 설명할 수 있다.

• 성취욕구

성취욕구(achievement need)란 학습에서 탁월하려는 충동을 뜻한다. 학교에서 좋은 성적을 받고 우수한 성과를 내기 위해 꾸준히 노력하는 학생들은 높은 성취욕구와 성취동기를 가지고 있다. 높은 성취 욕구를 가진 학생들은 일반적으로 성취욕구가 낮은 학생보다 강한 내적 동기를 가지고 있고, 야망이 있으며, 경쟁심이 있고, 독립적인 결정을 내린다.

성취동기가 강한 사람은 보통 즉각적 보상을 필요로 하지 않으며, 보상이 나중에 주어지는 것에 개의치 않고 그 활동을 수행한다. 성취욕구가 강한 학생들은 어려운 과제나 다시 시도할 기회, 그리고 피드백이 주어졌을 때 더욱 동기화된다. 반면, 실패를 회피하려는 욕구가 강한 학생들은 작고 분명히 정의가 되어 있으며 분명하고 얻기 쉬운 보상이 주어지는 과제를 추구한다. 성취동기가 강한 학생들은 일반적으로 대학에서 좋은 점수를 받으며, 성공했을 경우에는 자신의 능력에서, 실패했을 경우에는 자신의 노력 부족에서 그 원인을 찾는 경향이 많다.

② 기대 – 동기화를 위한 필수 요소 둘

위에서 언급한 가치는 동기라는 방정식의 한 구성 요소에 불과하다. 두 번째 요소는 기대다. 이는 자신이 과제를 얼마나 성공적으로 수행할 수 있는지 예상하는 것을 말한다. 달리 말하면 자신이 목표를 이룰 수 있다는 믿음[기대]에 의해 그 사람의 노력의 정도와 그 지속 기간이 달라진다. 그리하여 자신이 특정 상황에서 무엇을 할 수 있으며 무엇을 할 수 없는지에 대한 믿음을 '자기효능감'이라고 한다.

• 자기효능감 – 동기화로 이어지는 개인적 기대

자신의 능력에 대한 신념은 그것이 정확하든 그렇지 않든 그 사람의 활동에 영향을 미친다. 어떤 학생이 자신이 그 일을 할 수 있다고 믿는다면 노력할 것이고 그렇지 않다면 피하려고 할 것이다. 그러므로 동기화되지 않은 학생은 사실 어쩌면 동기부여는 되어 있지만 자신이 완벽히 해낼 수 없는 일을 피하려고 하는 방향으로 동기화되어 있는 것이다.

자기효능감(self-efficacy)은 첫째, 목표를 이루어 내기 위해 필요한 활동을 성공적으로 수행할 수 있다는 믿음, 둘째, 그 활동을 하면 성공적인 결과를 얻을 수 있을 것이라는 믿음에 의해 생겨난다. 그러므로 자기효능감이 낮은 학생들은 공부, 발표, 시험을 위한 암기 등의 활동을 자신이 잘 해낼 수 없다고 믿거나, 자신은 그 활동을 할 수 있지만 무언가 다른 요소들 때문에 원하는 결과를 얻지 못할 것이라 믿는다. 따라서 철자 시험을 위해 공부하고 암기할 수 있다는 것을 스스로 알면서도 하지 않는 학생들은, 비록 공부를 한다 하더라도 교수가 좋은 점수를 주지 않을 것이라 믿기 때문에 공부를 안 하는 것이다.

자기효능감은 교육자들에게 이론적으로 그리고 실제적으로 중요한 개념이다. 우수한 학업 성적을 낼 수 있다는 자기효능감으로 인해 학생들은 노력을 하게 되고 과제를 끈기 있게 수행하게 되며 그로 인해 학습이 촉진된다. 스스로 학업에서의 진보를 발견하게 되면 초기의 자기효능감은 더욱 구체화되고 학습 동기를 지속시킨다. 자기효능감은 학생들에게 과제를 해결하려는 동기를 갖게 한다. 또한 자기효능감은 주어진 과제에 대한 집중력을 키우는 반면, 효능감이 없어지면 할 수 없다는 무능감에 사로잡히게 한다.

• 동기부여와 자기효능감, 그리고 목표설정

학습자의 동기와 자기효능감을 증진시키는 데 목표설정은 매우 중요하다. 목표란 학생들이 자신의 발전을 측정할 수 있는 기준이 되어야 할 뿐만 아니라 기존의 방법이 성공적이지 않다는 것을 깨닫게 되면, 새로운 방법을 개발하도록 장려하는 수단이 되어야 한다. 이처럼 과제로부터의 도전과 그것을 완벽하게 해내는 데 초점을 맞추는 목표를 학습목표(learning goals)라고 한다.

학습목표를 가지고 있는 학생들은 더욱 과제 지향적이 되며, 단순히 실패를 회피하기보다는 과제를 이해하려는 동기를 갖는다. 또한 학습목표를 가지고 있는 학생들은 어려움에 직면했을 때도 끈기 있게 노력하며, 성공했을 경우 내적이면서도 변경 가능한 요소에서 그 원인을 찾는다. 그들은 또한 경쟁이나 실제 회피보다는 개인적인 완숙에 초점을 맞춘다. 그러나 그 목표가 효과를 내기 위해서는 우선 목표가 구체적이고 성취할 수 있으며 적당히 어려워야 한다. 그리고 목표가 학생 자신에 의해 설정되어도 학생 스스로에게 자율권이 있을 때(owned by the student) 동기화는 보다 잘 이루어진다.

• 성취동기 – 능력과 자기 가치에 대한 믿음

학생들이 자신의 능력에 대해 갖는 믿음과 그에 따른 성취도 사이에는 상관관계가 있다. 또한 자신의 능력에 대한 믿음, 성취동기(achievement motivation), 그리고 자기 가치 사이에도 상관관계가 있다.

자기 가치 이론에 따르면, 성취 행동은 자기 유능감과 자기 가치를 유지하기 위한 노력이다. 이 이론은 사람들이 성취하고 성공한 후에도 계속 유능해지고 싶어 하고, 능력이 부족하다거나 무능하다는 것을 나타낼 만한 일은 꺼린다는 점을 강조한다. 따라서 성공할 수 있는지의 여부가 확실치 않을 경우, 그 사람은 실패의 가능성을 최소화하는 것에, 그래서 자신이 무능해 보이는 것을 방지하는 데 주안점을 둔다. 할 수 있는데도 필요한 만큼의 노력을 기울이지 않는 학생은 자기 자신의 가치를 보호하기 위해 그런 것이다. 그러므로 동기화되어 있지 않다고 보이는 학생들도 사실 상당히 동기화되어 있는 것이다. 그러나 성취 활동을 피함으로써 자기 가치를 보호하고 싶은 생각에 그러한 행동을 취한다. 이는 성취를 통해 자신의 능력이나 완숙을 드러내 보이고 싶어 하는 것과 다르다.

• 자기 가치를 나타내는 동기적 상황

성취과제에 접근하는 데는 패턴과 스타일이 있다. 이는 사람들이 자기 가치감에 대한 욕구에 반응하는 유형이 다양함을 보여 준다. 이러한 유형은 크게 세 가지로 나눌 수 있다. 완숙(mastery) 지향형, 실패 회피형, 실패 수용형이 그것이다.

완숙 지향형 학생들(mastery-oriented students)은 성취를 중시하며 능력이란 향상될 수 있는 것이라고 생각한다. 이들은 기술과 능력을 향상시키기 위해 목표에 집중한다. 완숙 지향형 학생들은 성공을 자신의 노력에 귀인(歸因)하며, 꾸준히 노력하고 성공적으로 학습을 수행한다. 완숙 지향형 학생들에게 실패란 물론 달갑지는 않지만 그렇다고 위협적인 것도 아니다. 이들은 실패가 자기 가치를 드러내는 것이 아니라 단순히 더 노력해야 한다는 것을 알려 주는 것에 불과하다고 생각하기 때문에 실패를 두려워하지 않는다. 따라서 성취도가 높은 학생들은 실패로 인해 더 지속적이고 성공적인 학습 결과를 낳기도 한다. 완숙 지향형 학생들은 실패를 통해 목표를 수정하고 기존의 목표를 성취하기 위해 새로운 접근법을 찾는다. 그리고 다음에는 더 열심히 해야겠다는 결심을 새롭게 하는 경우가 많다.

실패 회피형(failure-avoiding) 학생들은 자기 능력이 부족하며 수행을 통해 자기 가치가 평가되는 것을 꺼린다. 주어진 과제를 성공적으로 수행했을 때 이들은 자신이 가치를 갖고 있다고 느끼지만, 반대로 실패했을 경우 자신이 가치가 없다고 느낀다. 따라서 유능감을 느끼기 위해 그들은 실패로부터 자신의 이미지를 보호해야 한다. 실패 회피형 학생들은 대부분 안전한 쪽을 택한다. 이미 자신에게 익숙한 과제만 하려고 하거나 성공할 것이 확실한 경우에만 그 과제에 응하려고 하며 아는 것만 계속 하려고 한다. 새로운 상황에 놓였을 때 이들은 실패 회피형 전략을 취한다. 똑똑해 보일 수 있는 방법을 찾기 위해 고심하며 실패했을 경우 변명이나 자기 합리화를 늘어놓는다.

실패 수용형(failure-accepting) 학생들은 학습을 포기한 학생들이다. 자신들의 능력부족으로 인해 성공이라고는 해 본 적이 없다고 생각하기 때문에 이들은 희망을 거의 갖지 않는다. 이 단계의 학생들은 더 이상 실패를 회피할 수 없다고 느끼며 무력하고 희망없는 태도를 갖게 된다. 또한 이렇게 낮은 유능감과 통제감이 학습에서 무력감으로 발전하며 동기와 노력을 감소시키는 결과를 낳기도 한다.

2) 동기의 역할

학업성취와 인과적으로 연결되어 있는 동기는 학업성취를 위한 수단인 동시에 교육의 목적으로도 작용한다.

첫째, 교수가 학생의 어떤 행동의 빈도, 지속기간, 강도를 증가시키기를 원하면 그 행동을 강화시켜야 한다. 그러기 위해서는 학생이 가치 있다고 여기는 것을 강화물로 사용해야 하는데, 학생들의 동기를 참조하면 어떤 것이 강화물로 적절한지를 알아낼 수 있다. 모든 학생을 동기유발시킬 수 있는 단 하나의 강화물이란 없다. 교수의 인정을 받고 싶어 하는 학생에게는 교수가 머리를 쓰다듬어 주는 것이 강화물로 사용될 수 있으나 자율적인 학생, 특히 또래집단으로부터 인정을 받고 싶은 욕구가 큰 학생에게 교수의 머리 쓰다듬는 행위는 부정적으로 작용할 수도 있다.

둘째, 목적적인 행동은 일반 동물과 구별되는 인간행동의 뚜렷한 특성이다. 예를 들어 어떤 주제에 관한 보고서를 작성한다고 하자. 먼저 과제로 주어진 책을 사기 위해 서점에 가서 책을 구입하고 읽어야 한다. 써야 할 보고서 양식에 대해 교수에게 질문을 하기도 하며 때로는 친구와 그 주제에 관해 토론도 한다. 보고서를 쓰기 위해 책상에 앉아 종이를 준비하고, 일정 시간 동안 써야 하며, 쓴 다음 수업시간에 교수에게 제출한다. 이때 동기화는 개개의 행동을 하나의 통합된 행동으로 조직화하는 역할을 한다.

셋째, 특정 과제에 소요되는 시간과 그 과제에 대한 동기화는 정비례 관계다. 교수가 학생의 동기화 정도를 안다면 학생이 학습 과제에 얼마만큼의 시간을 투입할 것인가를 예측할 수 있다. 학문적 과제에 소요된 시간의 양은 학생의 학업성취도의 좋은 예언자인 것으로 밝혀졌다. 또 학생들에게 성공 후에 주어질 보상과 실패 뒤에 따를 나쁜 결과를 예상하게 함으로써 그 과제에 몰두하게 만들 수 있다. 교수가 학생이 주어진 학습과제를 다 끝마치는 데 가치를 별로 두지 않거나 학생의 자긍심에 상처를 주거나 학습과제를 재미없게 만들면 그 과제를 하기 위해 소요되는 시간은 감소한다.

넷째, 지능이나 학문적 적성(scholatic aptitude)으로 설명될 수 없는 학업성취도의 차이를 설명하는 데 동기화의 개념이 필요하다. 지능과 학업성적과의 상관은 45 정도인데, 지능은 낮으나 학업성취도가 높은 경우, 또는 지능은 높으나 학업성취도는 낮은 경우를 쉽게 발견할 수 있다. 지능과 학업성취 간의 정적 관계에도 불구하고 이러한 예외적인 경우를 설명하기 위해 성취과다(overachievement)와 성취부진(underachievement)의 개념을 사용한다. 이 개념은 지능은 같지만 성취가 다른 학생들을 설명하는 데 도움을 준다. 어떤 연구에 의하면 정상 성취 학생들은 성취하려는 동기(motivation to achieve)는 높았지만 친애 동기(motivation to affiliate)는 낮았다. 반면에 성취 부진의 학생은 친애 동기는 높았지만 성취하려는 동기는 낮았다. 또한 성취 부진 학생들은 성취 과다 학생에 비해 학습 습관이 나쁘고, 학습 기술이 부족하며, 교과에 성실하게 몰두하지 않고, 목표를 낮게 설정하였다.

다섯째, 학생의 동기화는 학업성취를 위한 수단인 동시에 그 자체가 교육의 목적으로 작용하기 때문에 교수에게 매우 중요하다. 학생은 학교를 졸업한 후에도 학문적이거나 심미적인 활동에 흥미를 갖고 계속 참여하기를 바란다. 특히, 정의적 특성인 동기는 후천적 경험에 의해 많이 형성된다는 점에서 동기화는 교육이 추구해야 하는 목표 중의 하나다.

이상에서 알 수 있듯이 동기는 학습에서 매우 중요한 부분이다. 동기는 학업 성취도와 긍정적인 상관관계를 갖는다. 그러므로 학습자는 자신의 학업성취도를 높이기 위해 스스로를 동기화할 수 있는 요소들을 반드시 숙지하고 있어야 한다. 그리고 스스로를 동기화 하는 데 전략적인 사고가 필요하다.

3) 동기부여 및 조절 전략

훌륭한 학습자는 다양한 인지전략을 가지고 있으면서, 동시에 학습에 대해 보다 잘 동기화되어 있다. 훌륭한 학습자가 갖추고 있는 중요한 동기부여 요인들로는 숙달목표 지향, 자기효능감, 내재적 동기, 과제 가치를 들 수 있다. 훌륭한 학습자는 아래와 같은 동기 요인을 스스로 잘 활용하는 능력을 숙지하고 있다.

(1) 숙달목표 지향

숙달목표 지향은 성취목표 이론에서 나온 개념으로 학습목표 지향이라고도 한다. 개인이 지닌 성취목표는 성취행동의 목적과 관련되어 있으며, 행동으로 이끄는 신념, 귀인, 감정이 통합된 양상을 띤다. 성취목표와 관련하여 학습자는 '숙달목표지향'의 학습자와 '수행목표 지향'의 학습자로 대별된다.

숙달목표를 지향하는 학습자는 새로운 것을 배워 익히는 그 자체를 학습활동의 궁극적인 목표로 삼는다. 이들은 자기 창조적 기준을 따르기 때문에 자신의 과거 수행과 비교하여 기술이나 능력의 향상을 추구한다. 이들에게 실패란, 학습과정에서 자연스럽게 일어날 수 있는 일로 인식되며 과제 완수를 통해 스스로의 능력이 향상된다고 믿는 증진적 지능이론을 가지고 있다. 따라서 자신의 능력에 비해 너무 어렵거나 쉬운 과제보다는 노력을 투자하면 성취할 수 있다고 판단되는 적절한 도전을 제공하는 과제를 선호한다.

이에 반해 수행목표를 지향하는 학습자는 배움 그 자체보다는 자신의 능력이 남들보다 우수하다는 것을 증명하려 하며 자신의 능력이 열등하다고 여겨질 경우 이를 드러내지 않으려고 노력한다. 이들은 규준적인 기준을 따르기 때문에 실수나 실패는 자신의 능력이 열등하다는 증거라고 생각한다. 따라서 성공이 보장되는 쉬운 과제를 주로 선택한다. 이들은 능력은 변화하지 않는다는 고정적 지능이론을 믿는다.

중다목표 이론의 관점에서 수행목표가 반드시 부정적인 속성만을 갖는 것은 아니다. 성취의 측면에서 보았을 때 수행-접근 목표는 긍정적 속성도 갖고 있다. 그러나 수행목표가 내적 동기유발과 관련된다는 증거는 거의 없는 것으로 보아 일반적으로 숙달목표를 지향하는 학습자가 자기조절 학습자로서의 역량을 보다 잘 갖췄다고 볼 수 있겠다.

(2) 자기효능감

앞에서 설명한 것처럼, 자기효능감은 자신이 의도한 수행을 성취하는 데 필요한 행위를 조직하고 실행해 나가는 자기 능력에 대한 판단이다. 다시 강조하면 이것은 학습자가 자신의 효능성에 대한 기대를 어떻게 하느냐 또는 자기 자신의 효능성을 어떻게 보느냐에 대한 인식의 결과이기 때문에, '지각된 효능성(perceived efficacy)', '자기 효능성에 대한 신념 또는 기대(belief or expectation of self-efficacy)'라고 부르기도 한다. 효능성에 대한 신념은 행동에 대해 영향력을 행사할 뿐 아니라 사고과정에 대한 자기조절, 동기, 그리고 생리적 상태와도 관련된다.

자기효능감 연구의 대표적인 학자인 반두라(A. Bandura, 1925~)는 1977년 그의 초기이론에서 한 번 증가된 자기효능감은 다른 상황에 접하는 경우에도 일반적으로 전이된다고 보았다. 그러나 1997년 후기 이론에서는 다양한 경험적 자료들을 얻으면서 자기효능감이 일반적인 개인 특성이기보다는 과제에 따라 변화하는 과제-특수적 신념이라고 주장하였다. 따라서 자기효능감은 구체적 상황에서의 자신감이라고도 할 수 있다. 자기효능감이 높을수록 수행 수준이 높다.

학업적 자기효능감은 학업성취에 직접적으로 영향을 줄 뿐 아니라 학생들의 성취목표를 향상시켜 학업성취에 간접적인 영향을 준다. 또한 자신들이 학업과제에서 잘 할 수 있다고 믿는 학생들은 인지적, 상위인지적 전략들을 많이 사용하고 오랫동안 끈기를 보인다.

(3) 내재적 동기

위에서 언급한 바와 같이 일을 향한 인간의 동기는 두 가지로 뚜렷이 대별되는 내재적 동기와 외재적 동기로 범주화할 수 있다. 내재적 동기와 외재적 동기 둘 다 일을 하도록 사람들을 동기 유발시킬 수 있지만, 이 두 동기는 일에 대한 주관적 감정, 일에의 몰두, 그리고 일의 수행에서 상당히 다른 영향을 미칠 수 있다. 대체로 유능한 학습자는 주로 내재적 동기유발에 의거한 학습자다. 특히, 내재적 동기는 개인들이 자기 결정감을 느낄 때, 그들의 일에 유능하다고 느낄 때, 그리고 목표과제가 흥미로울 때 일어난다.

(4) 과제가치

과제가치(task-value)는 학습자가 특정 과제에 대해 얼마나, 어떻게 가치를 부여하느냐의 개념이다. 최근 과제가치 관련 연구에서는 과제가치의 다중성(multidimensionality)을 제기한다. 과제가치는 성취가치(attainment value), 내재가치(intrinsic value), 활용가치(utility value), 그리고 비용(cost)의 측면으로 분류할 수 있다. 성취가치란 과제를 성취하는 것이 개인에게 주는 중요성을 의미하며, 내재가치는 개인이 과제에 대해 느끼는 흥미를 말한다. 또 활용가치는 개인이 과제를 얼마나 유용하게 느끼냐를 가리키며, 비용이란 특정 과제에 몰두함으로써 다른 일을 수행할 기회를 잃게 되는 것이 초래하는 손실을 의미한다.

학습자들이 보이는 과제가치는 인지전략의 사용, 자기조절, 수행과 밀접한 관련을 갖는다. 즉, 과제를 가치 있게 여기는 학습자가 그렇지 않은 학습자에 비해 인지 전략을 보다 많이 사용하고, 자기조절을 보다 잘하며, 더 높은 수행을 보인다.

4. 자기학습

지금까지 다루어 온 동기부여 이론과 학습 관련 이론의 발전적 형태가 자기학습, 혹은 자기조절 학습, 자기 주도적 학습이다. 자기학습은 특히 대학에서 이루어지는 학습에 부합하는 형태다. 초기 성인교육 분야에서 시작되었던 자기학습은, 오늘날에는 평생학습사회의 중심개념으로 다루어지고 있을 뿐 아니라, 현대사회의 특징으로 여겨지고 있는 정보화, 지식기반 사회, 빅 데이터시대에 그 중요성이 부각되고 있다.

1) 자기학습의 이론적 배경

자기학습은 진보주의, 인본주의, 그리고 비판적 교육철학에 기초하고 있으며, 인식론에서 출발한 구성주의 교수-학습이론과도 밀접한 관련이 있다.

진보주의는 교수자 중심적이고 교과 중심적 교육이 아닌 학생의 관심과 필요를 교육의 출발점으로 삼았으며, 교육의 본질을 계속적인 경험의 재구성으로 보았다. 이런 진보주의 철학은 자기주도적인 경험의 중요성과 평생에 걸친 자기학습의 중요성을 강조하며 북미 성인교육운동 전반에 큰 영향을 미쳤다. 진보주의 교육의 목표는 자연적으로 발달할 수 있는 자유, 모든 작업의 동기로서 관심, 감독자가 아니라 안내자로서의 교사·학생 발달에 대한 과학적 연구, 아동생활의 요구에 대응하기 위한 학교와 가정과의 협력 등이다. 진보주의 교육은 인간을 변화하는 현실 환경에 적응하는 존재로 보고 환경과의 상호작용과 계속성에 의해 자기갱신을 이룬다고 본다.

특히, 진보주의 교육운동의 이론적 기반인 프래그머티즘 철학자 듀이(J. Dewey)는 개인적 경험과 자율성을 강조하였으며, 모든 인간은 성장과 발달을 위한 잠재력을 지니고 태어난다고 보았다. 그에 의하면 교육은 성장이며, 교육의 과정은 끊임없는 경험의 재구성과 변형의 과정이고, 경험은 하나의 능동적 탐구과정이다. 교수자는 학습과정을 통제하거나 간섭하는 것이 아니라 안내해 주는 역할을 해야 하며, 성장과 발달을 위한 원동력은 학습자에게 있다. 따라서 교육은 생활 자체이자, 경험의 과정이요, 결과나 목적보다는 과정과 방법을 중시한다.

듀이의 문제해결교육은 프레이리(P. Freire 1921~1997)의 문제 제기식 교육으로, 듀이가 말하는 성장이나 경험은 프레이리의 의식화와 관련된다. 듀이의 과학적, 지성적 방법, 반성적 사고는 프레이리의 비판적 사고에서 나타나며, 듀이의 과학적 방법을 통한 학습과정에서 교수자-학습자의 수평적 관계, 지시자나 감독자가 아닌 촉진자, 자극자로서의 교수자 역할은 프레이리의 교사관 형성에 영향을 미쳤다. 넬러(G.F. Kneller)도 진보주의 교육의 기본원리로 문제해결을 통한 학습이 교재를 가르치는 것보다 우월하며, 추상적인 지식탐구는 활동적인 교육적 경험으로 전환되어야 함을 강조한다.

2) 자기학습의 개념과 특징

(1) 자기학습의 개념

자기 스스로 학습을 선택하고 실행하는 것이라는 포괄적인 의미에서 자기학습을 지칭하는 용어는 매우 다양하다. 자기학습과 유사하게 사용되고 있는 용어들을 살펴보면, 자기교육(Self-Education), 자기교수(Self-Teaching), 자기학습(Self-Study), 자기숙달(Self- Mastery), 자율적 학습(Autonomous-Learning), 자기수업(Self-Instruction), 자기 주도적 변화(Self-Direted Change), 개별학습(Individual Learning), 자기 솔선적 학습(Self-Initiative Learning), 자기 주도적 탐구(Self-Directed Inquire), 독학주의(Autodidactism), 자기 계획적 학습(Seld-Planned Learning), 자력학습(Independent Learning) 등을 들 수 있다. 이러한 다양한 용어 중에서 가장 일관되게 써 온 용어는 자기 주도적 학습(Self-directed Learning)이다.

자기학습의 개념은 연구자에 따라 다양하게 정의되고 있으나 가장 대표적인 정의는 1975년 노울즈(M.S. Knowles)가 내린 정의다. 그는 자기학습을 "타인의 조력 여부와는 상관없이 학습자가 스스로 학습에서 주도권을 가지고 자신의 학습요구를 진단하고 학습목표를 설정하며 학습에 필요한 인적·물적 자원을 확보하고 적합한 학습전략을 선택, 실행하여 자신이 성취한 학습결과를 스스로 평가하는 과정"이라고 했다.

노울즈는 인간이 처음에는 의존적이었다가 점차 자기 주도적으로 변화해 가는데, 그것은 일반적인 성숙의 과정이라고 표현한다. 그러나 자기 주도적으로 변화되는 속도와 시기는 사람마다 각각 다르며 교사는 이러한 변화를 자극시키고 지도해야 한다. 성인은 일반적으로 자기 주도적이고자 하는 강한 심리적 욕구를 가지고 있다. 노울즈는 교수자의 주도하에 학생에게 교육내용을 주입하는 학습을 페다고지로 규정한 후, 학습자

표4. 페다고지와 안드라고지의 기본가정

기본 가정	페다고지	안드라고지
알고자 하는욕구	학습자는 교사가 가르치는 것을 학습해야 한다고 인식	성인들은 학습하기 전에 왜 그것을 학습할 필요가 있는지 알고 싶어함
학습자의 자아개념	교사의 학습자에 대한 개념은 의존적임 학습자의 자아개념 역시 결과적으로 의존적임	성인들은 자기 자신의 결정과 삶에 책임을 진다는 자아개념을 가짐
경험의 역할	학습자의 경험은 학습자원으로서 거의 가치가 없으며 학습자원에 포함되는 경험은 교사, 교재집필자, 시청각 보조물 제작자의 경험	성인들은 청소년들에 비하여 질적으로나 양적으로 훨씬 풍부한 경험을 가지고 교육활동에 참여
학습성향	학습자는 학습에 대해 교과 중심적 성향을 가짐, 그들은 학습을 교재내용 습득으로 봄	성인들은 학습 성향이 생활 중심적, 과업 중심적, 문제 중심적임
동기	외재적 동기에 의해 동기화	외재적 동기에 반응하기도 하지만 보다 강력한 동기는 내적인 동기-직무 만족, 자아 존중감 증진, 삶의 질 향상 등

가 자신이 주도하에 학습하는 학습형태를 안드라고지라고 명명하였다. 그리고 성인들의 학습인 안드라고지를 자기학습으로 명시하였다.

그러나 안드라고지에 기초한 노울즈의 정의는 여러 학자들의 도전을 받고 있다. 자기 주도성은 학습자가 영향을 받는 여러 가지 요인(예를 들면 기대감, 동기, 형식적 학교교육을 마친 후의 시간경과, 그리고 사회적·정치적 맥락 등)에 의한 학습자의 상황에 대한 연속성의 정도 문제라는 것이다.

자기학습의 개념은 크게 학습과정과 학습자의 인성 특성 측면으로 나누어 정의되는데, 학습과정 측면에서 자기 주도성을 규정하기 위한 결정적 요소는 학습자의 자유 의지다. 자기학습은 오직 학습자들이 그들의 학습과정을 통제할 때만 일어난다. 심리적 자유와 통제는 자기학습활동을 규정하기 위한 표준이며 학습자가 얼마만큼 능동적이고 자율적인 학습 참여 동기를 상정하고 스스로 통제하고 있느냐의 관점이 자기학습의 가장 중요한 측면이다. 또한 인성 측면에서도 자기학습자의 특성은 매우 중요하다.

이와 같이 자기학습을 학습과정과 학습자의 인성 특성으로 분리하여 정의하면, 먼저, '개인책임성향(PRO, personal responsibility orientation)' 모델을 제시할 수 있다. 이전에는 자기학습을 일차적으로 자기책임하에 계획, 실행, 평가가 이루어지는 활동으로 보았다. 그러나 최근에는 교수방법 대 개인적 특성에 의한 개념 혼란은 해결되어야 한다고 지적한다. 개인책임성향 모델을 통해 '학습에서의 주도성'은 두 개념을 포괄할 수 있는 우산 개념(umbrella concept)이다. '개인책임'은 상황과 환경에 개인이 어떻게 대응하느냐에 대한 통제력을 말하며, '자기학습'은 학습자가 학습을 계획·실행·평가하는 것에 대해 책임지고 수행하는 과정으로 교수–학습 상호교류의 특성이 작용할 수 있다. 학습자의 특성인 '학습자 자기주도성'은 학습자 자신이 학습에 책임을 지고 싶어 하는 학습자의 욕구이며 기호다. 따라서 '학습에서의 자기주도성'은 사회상황 내에서의 요인으로 학습과정의 외적 특성과 학습자의 내적 특성 둘 다 포함하며, 개인이 학습경험에 1차적으로 책임을 진다.

1997년 개리슨(D. R. Garrison)은 자기학습의 비판적 사고와 관련하여 포괄적 이해를 시도하였다. 교육적 맥락에서 학습과 관련되는 자기관리(과업통제), 자기 모니터링(인지적 책임감), 동기화(참여동기, 과업동기)를 통합할 것을 제안한다. 자기관리는 인지적(자기 모니터링)·능동적(동기와 의욕) 통제 전략과 분리될 수 없고 사회적 배경(자원관리)과 학습과정에서 학습자가 행하는 것을 반영하는 것으로, 학습에 대한 협력적 구성주의 관점과 일치한다. 개인은 공유된 세계로부터 고립되어 의미를 구성할 수 없으며, 진정한 의미의 자기학습은 교육적 맥락에서 고려해야 한다.

자기관리는 목적 지향적 수행에서 상황적 조건 형성을 포함하므로 유의미한 지식을 구성할 줄 알고 협력적 학습 환경을 조성할 줄 아는 성숙한 학습자에게 좀더 가능성이 크다. 그렇다고 자기관리가 학생들이 독립적이고 고립적인 학습자가 된다는 것을 의미하지는 않는다. 자기관리를 통한 학습자 통제는 학습과정 자체와 의미구성에서 책임감을 증가시켜 준다.

자기 모니터링은 인지적·초인지적 과정으로 설명할 수 있다. 이는 학습전략에 대한 레퍼토리뿐만 아니라 학습과업과 목적에 따른 사고를 계획·수정할 수 있는 능력에 대한 인식을 모니터 하는 것이며, 학습자가 개인적 의미를 구성하기 위한 책임감을 갖는다. 자기 모니터링을 위한 책임감은 비판적 사고와 협력적 확인과정을 거쳐 의미구성을 위한 수행과 의무를 반영하며 새로운 지식과 현존하는 지식을 구조화하는 것이다. 따라서 자기 모니터링은 학습활동을 위한 전략을 세우고 학습결과의 질을 평가하기 위한 중요한 요소로 작용할 수 있다.

인지적·초인지적 과정들은 자기 모니터링의 핵심변인으로 학습자들은 인지적 능력과 유용한 전략 없이는 그들의 학습을 성공시키거나 지속시킬 수 없다. 초인지적 숙달 정도는 반성적 또는 비판적 사고의 능력과 매우 밀접하게 연관되어 있으며 반성적 학습은 학습자에게 다양한 상황에서 자신들을 모니터 할 수 있도록 도와준다.

자기학습에서 책임감과 통제는 중요한 이슈다. 책임감이 통제를 선행해야 하는가, 아니며 통제가 책임감을 선행해야 하는가는 딜레마이다. 이 둘은 이론적으로 연결되어 있으나 학습자들이 교육적 상호작용을 통제할 수 있는 감각 없이는 자신의 학습을 위한 책임감을 갖기란 매우 어렵다. 교수자는 목적과 활동을 통제하고 학습자는 교수자에 의해 결정된 것에 따르는 책임감을 갖게 된다. 선택권과 협력 없이 학습자에게 그들의 학습에 대해 책임을 지도록 기대하는 것은 비현실적이다. 최근 들어 학습 목적을 위한 통제의 균형이 교수자로부터 학습자로 전환되는 경향을 보이긴 하지만 여전히 형식적 교육제도 내에서는 통제가 교수자와 행정가에게 집중되어 있다.

마지막으로 동기는 학습에 대한 참여와 노력을 유지시키고 목적을 성취하는 데 매우 중요한 역할을 한다. 이것은 학습과정에서 학습목적의 가치와 기대되는 성공을 반영하며 맥락적 통제와 인지적 책임을 중재해 준다. 여기서 참여 동기와 과업동기를 구별해야 한다. 참여 동기는 학습과업에 투자되는 노력에 직접적으로 영향을 미치며 특별한 목적수행과 활동에 대한 의도를 수행하도록 해 준다. 반면 과업 동기는 학습활동과 목적의 지속성에 초점을 두는 경향이 있다. 학습하는 동안 동기에 영향을 미치는 변수가 있으나 학습의 지속성은 참여 동기 상태에 의해 영향을 받게 된다. 학습자의 참여 동기는 학습목적 선정과 관련한 합리적 의도의 결과이며 상황적 우연성이 목적 선정과 참여 결정을 좌우할 수 있다. 참여동기는 기대와 결합에 의해 결정되며, 태도, 감정, 그리고 목표 등이 함께 수행된다. 학습맥락에서 결합은 특별한 학습 목표에 대한 영향력을 반영하며 결합을 결정하는 요인은 개인적 욕구(가치)와 정서적 상태(선호도)다.

학습상황에서 기대는 목표달성을 바라는 신념과 관계되며 목표성취에 영향을 미치는 개인적·상황적 특성으로 구성된다. 개인적 특성(능력, 적성)은 목표를 평가하는 동안 개인의 지각된 기술, 능력, 그리고 지식 등을 포함한다. 상황적 특성(우연성)은 학습자원 또는 장애물과 사회경제적 제한 등을 포함하며 적성과 우연성은 모두 기대 통제의 구성을 조정해 준다. 기대통제는 목표 지향적 행동에 관한 의사결정과 성공에 대한 기대를 평가할 때 중요하며 학습과정을 통제할 능력과 기회를 포함한다. 학습 시작부터 통제와 선택을 위한 기회를 제공하는 것은 학습자의 과업을 지속시키고 자기 주도적으로 될 수 있도록 영향력을 행사하는 참여 동기 상태를 훨씬 강화시킬 수 있다.

학습에서 책임감을 부여하는 동기는 외적 조건과 내적 상태에 의해 영향을 받는다. 그러나 외적으로 부과된 과업과 준거는 학습을 위한 책임감의 의지를 감소시킬 수 있으므로 학습자는 외적 목표와 보상을 내면화시킬 필요가 있다. 내적으로 동기화된 학습을 조장하기 위해 학습과정을 계획·수행함에 교수자와 학습자가 협력해야 하고 학습자들에게 통제를 공유할 기회를 제공해야 한다. 예를 들면, 학생들은 적어도 왜 특별한 목표가 가치가 있는지 이해할 기회를 제공받아야 한다. 내적 동기는 유의미하고 가치있는 학습을 위해 기본적으로 필요한 것이다. 흥미와 내적 동기는 학습자에게 의미를 탐구하는 데 보다 적극적이며 심층적인 접근법을 사용하도록 촉진시킨다. 따라서 이런 조건들을 이해하는 것은 자기학습을 설명하는 데 기본적인 것이다. 왜냐하면 자기학습은 자기 강화를 일으키며 내적으로 동기화시키기 때문이다.

동기, 책임감, 통제에 관한 논제는 자기학습의 종합적 개념에서 핵심 부분이다. 학습자들은 학습경험을 통제할 때 의미와 이해를 구성하기 위해 내적으로 책임감을 수용하며 동기화된다. 자기학습에 관한 통합모델은 교육적 경험의 상황적·인지적·동기적 영역을 종합하고 있으며 단기간 또는 장기간에 걸쳐 학습결과의 질을 향상시킬 수 있는 자기주도성을 이해하는 데 기초가 된다.

결론적으로 자기학습은 학습자가 학습에서 주도권을 가지고 학습상황과 환경조건을 자신의 학습능력과 조화시켜 스스로 학습상황을 통제, 관리하는 학습의 과정과 결과다. 진정한 의미의 자기학습은 학습자가 자신의 학습 선호를 고려하여 자신에게 가장 적합한 학습방법으로 학습하는 것까지 포함시켜야 한다. 이때, 학생들이 학습방법에 대한 학습을 원하고 계속적인 학습자가 되기를 바란다면, 장기적인 교육목적의 차원에서 자기학습은 필수적이다.

(2) 자기학습의 특징과 전제조건

위에서 말한 자기학습 개념을 바탕으로, 학습자의 학습활동에 도움을 줄 수 있도록 그 특징과 장점 및 전제조건을 기술하면 다음과 같다.

자기학습의 주요 특징은 '학습의 계획, 실행, 평가에 학습자가 적극적으로 참여하여 학습자 개개인에게 유의미한 지식을 구성한다'는 학습에서의 개별적인 측면뿐만 아니라 상호 협력적 학습에서의 사회적인 측면도 지적할 수 있다. 자기학습자는 일련의 학습과정에서 1차적인 주도권을 가진다. 따라서 자기학습의 성패 여부는 학습자가 이러한 학습의 주도권을 얼마나 효율적으로 잘 행사하는지에 좌우된다.

학습자가 자기학습을 성공적으로 수행하기 위해서는 학습활동의 계획, 실행, 평가에 관한 기초적 적용지식과 능력, 자신의 학습목표 확인 능

〈자기학습의 특징〉

• 외부로부터 주어지는 강제·강압이나 물적 보상에 의해 유인되는 외적 동기보다는 내적 동기에 의해 학습능력이 길러지는 것을 강조한다.

• 학습에 대한 학습자의 자율성, 주도성 그리고 책임성을 전제로 한다.

• 목표달성 지향성으로 어떠한 외적 보상이나 보수를 얻기 위해 목표달성을 행하는 것이 아니라, 학습목표 달성 자체의 만족감과 자신감, 희열감을 느끼도록 계획, 실천, 평가의 순환과정을 강조한다.

• 가치 지향성으로 자기학습에 대한 가치를 신뢰하고 자기에의 도움을 확신하며, 학습활동이 더욱 강화되는 방향에서 학습이 이루어질 수 있도록 어떤 가치를 부여할 것인가를 분명히 한다.

• 자기학습은 고립적으로 이루어지는 것이 아니라 교수자, 자원인사, 교재, 교육기관 등 다양한 형태의 조력자들과의 협력하에 이루어진다.

• 학습자의 개인차를 중시한다.

• 학습자의 선행경험이 중요한 학습자원이 된다.

• 지식이나 학습기능 획득 면에서 학습의 전이력을 높일 수 있다.

• 학습자와의 대화, 자원 확보, 결과의 평가, 비판적 사고력의 촉진 등과 같은 교수자들의 효율적 역할이 요구된다.

• 자기학습은 학습결과에 대한 책임이 학습자에게 부여되므로 학습자의 자기평가가 중시되며 평가방법에서도 다양한 형태(예를 들면 프로젝트, 구두발표, 포트폴리오, 저널쓰기 등)이 활용된다.

력, 계획을 주도할 수 있는 능력, 학습활동의 환경과 시간관리 능력, 이용 가능한 자원으로부터 지식과 기술을 획득하는 능력, 학습에 대한 개인적·상황적 장애에 대한 대처 능력, 동기부여와 전환 능력, 학습을 평가하

〈자기학습의 장점〉

• 학습에 대한 책임감이 증가된다.
• 다른 사람들로부터 함께 배우기를 원하고 그것이 가능한다.
• 학습자가 학습과정을 설계, 처방, 평가하는 데 참여할 수 있다.
• 가치를 명백히 하고 자신의 가치와 관련된 목적을 설정한다.
• 자신의 목적달성을 위한 개인적·집단적 계획을 개발한다.
• 자신의 원칙을 실행한다.
• 스스로의 학습선호를 이해하고, 다른 가능성 있고 유용한 학습방법을 시도한다.
• 학습을 위한 다양한 자원의 사용방법을 알고 익숙해진다.
• 다양한 방식으로 스스로 배운 것을 보고할 수 있다.
• 다른 사람들로부터 방향제시와 도움을 요청하는 방법과 시기를 안다.
• 집단의 역동성을 분석하고 집단 의사결정 과정을 조절할 수 있다.

고 피드백 할 수 있는 능력 등과 같은 선행능력이 요구된다.

이상에서 제시한 자기학습의 기본적인 전제조건이란 무엇보다도 학습자의 학습욕구와 필요를 최우선으로 하고 있다. 중요한 것은 자기학습활동이 단순히 학습자에 의한 학습활동의 관리에 국한되어서는 안 된다는 점이다. 학습의 본질적 가치는 학습활동의 결과, 학습자에게 유의미하고 타당성이 있는 지식이 구성된다는 데 있다. 따라서 자기학습이란 학습자에게 단지 학습활동의 주도권을 부여하는 것만이 아니라, 학습자에게 유의미한 지식구성 활동에 능동적으로 참여할 수 있도록 학습과제 및 활동을 조성할 때 가능하다.

3) 자기학습에서 교수자와 학습자의 역할

자기학습에서는 전통적인 교수자와 학습자의 관계가 아닌 새로운 역할 변화를 인식해야 한다. 전통적인 교수자 주도의 학습상황에서는 교수자의 권위가 너무나 경직되어 있어 학습자의 자기주도성이 학습에 제대로 발휘되지 못한다. 자기학습에서 교수자의 임무는 자신의 권위에 학습자를 동참시켜 학습자의 자기주도성을 허용, 또는 신장시키는 교육환경을 설계하는 일이다. 자기 주도적 상황에서는 교수자의 역할을 다음과 같이 세 가지 측면에서 살펴볼 수 있다.

첫째, 교수자는 동료 학습자로서의 역할을 수행해야 한다. 둘째, 자기학습에서 교수자의 주요 임무는 학습조력자, 안내자, 촉진자, 중재자 또는 자원인사로서의 기능수행이다. 셋째, 학급 경험의 계획·실시·평가자로서 역할수행의 기능이다. 이러한 모든 일들을 수행하기 위해 교수자는 훌륭한 관찰자, 진단자, 기록자 등의 역할을 담당할 수 있어야 한다.

이 밖에도 교수자는 학생들에게 자신의 학습활동에서 보다 많은 주도성을 갖도록 격려하고, 자신이 잠재력을 갖고 있다는 사실을 깨닫게 해주는 것이 중요하다. 자기학습에서도 교수자의 역할은 막중하며, 교수자가 자신의 역할을 수행해 나가는 방식에 따라 학습에서 학생들의 자기주도성이 성공적으로 발휘될 수 있다.

다음으로 학습자의 역할을 살펴보면, 첫째, 능동적이고 상호작용적인 연구가이며, 문제를 해결할 수 있는 전략가다. 둘째, 정보를 효율적으로 다룰 수 있을 뿐만 아니라 문제를 해결할 수 있는 전략을 통해 학습한다. 셋째, 그룹의 리더 또는 동료로서 서로 협동하며 학습을 진행해 나간다. 따라서 자기학습에서 학습의 주체는 궁극적으로 학습자 자신이다.

만약 교수자와 학생이 학습에 대해 각각 다른 결론을 내리고 공유된 목적에 대한 협상이 없다면 학습목표가 성취되지 않을 수 있지만, 공유된 목적은 학습활동을 유지하기 위한 참여 동기를 향상시킬 수 있다. 학습자는 자기 주도적 경험을 위한 준비성을 가지고 있으므로 교수자는 학습자가 성공적인 프로젝트의 완성과 목적달성을 감소시키는 데 사용하는 내적·외적 구속력에 대해 인식해야 한다. 뿐만 아니라 학습자는 모든 유형의 정보에 개방적으로 접근하기를 원하므로 학교 당국과 교수들은 학습자가 수업을 위한 자원으로서 도처의 모든 세계에 접근할 수 있는 방법을 계속 촉진시켜야 한다.

과거에 교수자는 일차적으로 정보의 제공자, 전달자로 여겨졌으나 21세기의 학습자들은 인터넷을 비롯한 다양한 정보원을 통하여 교수자만큼 또는 그 이상의 정보를 접할 수 있다. 따라서 교수자들이 학습자들의 학습을 통합하고 학습자들이 정보를 지식으로 지식을 지혜로 전환하도록 돕는 보다 높은 전문성이 요구된다. 더불어 학습자들은 수동적인 자세에서 벗어나 학습의 주체자로 활동할 수 있도록 스스로의 학습에 대한 관심과 애착, 그리고 책임감을 인식할 필요가 있다.

5. 자기학습을 위한 성찰

청년 대학생으로서의 삶은 결코 쉽지 않다. 그 이전, 즉 고등학교 시절까지 살아왔던 방식을 그대로 유지해서는 대학생활을 선도하기 어렵다. 지식기반 정보화 사회, 제4차 산업 혁명의 시대라는 문명패러다임은 그 이전과는 다른 역할을 대학에 요구한다. 이는 대학생이 지녀야 할 지식과 기술이 그 이전과는 다른 형태임을 의미한다. 고등학교 때까지의 학습은 교수자가 제공하는 이미 만들어지고 가공된 지식을 그대로 수용하는 수동적인 작업이었다. 그러나 지식을 재해석하고 창출하는 공간인 대학에서의 학습은 이와 근본적으로 다르다. 모든 면에서 다소 부족하고 보호를 필요로 하는 미성년기와는 달리, 대학생은 여러 면에서 성숙하고 타인의 세심한 보호를 필요로 하지 않는 자기 주도성을 지니는 특성을 가지고 있다.

대학에 들어온 학생들은 다양한 종류의 활동을 꿈꾸고 이를 하나씩 실천에 옮겨 간다. 그러면서 자신의 인생을 설계하고, 자기 자신이 좋아하고 잘 할 수 있는 일들을 확인하고, 장차 미래에 가질 직업을 고민하는 시간을 갖게 된다. 학생 개개인이 가지고 있는 고민과 꿈을 구체화하는 과정에서 사회는 각 개인이 지닌 소정의 능력을 검증하려고 하는데, 앞에서 언급했듯이 사회가 요구하는 대표적인 준거 중 하나가 대학 학점이라고 할 수 있다.

실제로는 충분한 능력을 가지고 있음에도 불구하고 사소한 방법상의 오류로 인해 노력에 비해 낮은 학업성취를 거두는 대학생들을 우리 주변에서 쉽게 볼 수 있다. 이러한 인재들이 충분히 자신의 능력을 발휘하지 못하고 대학생활을 마치는 것의 피해는 적지 않다. 학생 개인의 입장에서는 장차 취업전선에서 적지 않은 불이익을 겪게 될 가능성이 크다. 사회 전체적인 입장에서는 학점이 기대에 미치지 못한다는 이유 때문에 실제로는 출중한 능력을 가진 인재를 사장시켜 버릴 수 있다.

앞에서 다룬 자기학습의 이론을 바탕으로 자신의 잠재력을 충분히 발휘할 수 있으면 좋겠다. 무엇보다도 학생들은 자신의 대학생활을 보다 의미 있게 보낼 수 있는 동시에, 자신의 대학 생활에 대한 수준 높은 객관적 지표를 가지는 효과를 얻게 되길 기대한다. 이는 한 개인에 대한 단기적, 장기적 평가의 향상 및 취업 등으로 이어지게 되며, 궁극적으로는 한 개인의 인생을 보다 윤택하고 알차게 만드는 데 기여할 수 있다.

제10장

자기배려를 위한 학습법

1. 학습법을 배우는 이유

맹자는 공부와 관련하여 다음과 같이 말하였다. "학문의 길은 다른 데 있는 것이 아니야. 해이해진 마음에 긴장의 끈을 놓치지 않는 일이지!"

여러분은 청년 대학생으로서 공부에 대해 어떻게 말하고 싶은가? 아래의 빈칸에 스스로 정의해 보시라.

학습은 ______________________________________이다.

공부는 ______________________________________이다.

왜 공부를 해야 하는가? 학습법은 공부의 의미와 본질을 이해할 때, 제대로 터득할 수 있다. 내 삶에서 공부가 무엇인지 스스로 정돈해 보자. 공부는 전문성의 확보이자 사람됨과 사람다움을 지향하는 작업이요, 삶의 총체적 과정을 진행하는 지성(知性)의 융화(融和)다. 학습법은 바로 이러한 내용을 올바르게 깨달을 때 자신에게 녹아든다.

이제 여러분들은 청년 대학생이 되어 꿈에 그리던 대학을 다니고 있다. 그런데 많은 친구들이 대학생활은 고등학교 4학년, 5학년 생활과 비슷하다고 말한다. 아니, 고등학교 때까지 얼마나 많은 시간을 공부에 매진했던가? 그런데 대학생이 된 지금도 고등학교 시절과 같은 방식으로 공부한다고? 고등학교와 대학은 분명하게 다른데, 뭔가 오해가 있는 것 같다. 고등학교 다닐 때를 떠올리면, 여러분들은 정말 공부를 많이 한 것이 느껴질 것이다. 공부방법이면 방법, 요령이면 요령, 학교에서, 학원에서 눈뜨면 하는 것이 공부였다. 공부에 관한 한 신이요, 달인이다.

정말 그런가? 고등학교 때까지 공부는 대학 입시에 필요한 내신 성적, 수능, 그리고 논술과 같은 고등학교 교과목 공부가 전부였다고 해도 과언이 아니다. 그러나 대학 공부는 다르다. 청년 대학생은 어린 아이나 청소년 수준의 학습을 하는 사람이 아니다. 시대를 선도하고 사회적 책무성을 지니는 어른으로서 성인다운 학습을 해야 한다.

성인의 학습, 어른다운 학습은 어떤 것일까? 그것이 문제다. 이 지점에서 청년 대학생으로서, 학습법을 왜 배워야 하는지 고민해 보자. 어릴 때부터 공부에 대한 습관화를 거쳐 온 여러분들은 누구나 나름대로 터득한 공부법, 학습법이 있을 것이다. 여러분들의 경험상 그것은 지식을 터득하는 작업에 제한되는 경우가 많다. 그렇다면 21세기 지식기반 사회 이후, 제4차 산업혁명의 시대에 어떤 학습의 양식을 터득해야 하는가?

우선, 세 가지를 확인하자.

첫째, 나는 진정으로 나만의 학습법을 지니고 있는가?

둘째, 이 시대 학습의 진정한 의미는 무엇일까?

셋째, 지속적으로 나 스스로의 학습법을 통해 스스로 학습하는 자세를 가다듬고 있는가?

흔히, '공부에는 왕도(王道)가 없다'고 말한다. 앞에서도 언급했듯이, 그래도 고등학교 때까지 지긋지긋하게 공부하는 요령과 방법을 익혔다. 시험 잘 보는 방법은 물론, 심지어는 덜 공부하고 점수 잘 받는 요령도 여기저기서 들어 보았으리라. 공부할 내용을 외우고, 풀고, 응용하는 것도 중요하지만, 공부 방법에 따라 취득하는 점수가 달라질 수 있다고 한다.

정말 그럴까?

대학에서 성인으로서 하는 공부는 아동기나 청소년기의 공부와 다르다. 아니 달라야 한다. 기존의 공부 방법을 도외시하는 것은 아니지만, 어른으로서 대학생으로서 고등교육 수준에 맞는 새로운 학습법을 터득해야만 성공한 청년 대학생으로 거듭날 수 있다. 청년 대학생으로서 학습법을 왜 배워야 하는지 스스로 체크해 보라.

- 높은 학점을 취득하기 위해서인가?
- 대학 강의에서 제시하는 다양한 과제물 작성 요령을 터득하기 위한 것인가?
- 학습을 통해 올바른 가치관을 확립하기 위해서인가?
- 창의력을 향상하기 위해서인가?
- 인내심을 함양하기 위해서인가?
- 도덕성을 함양하기 위해서인가?
- 제4차 산업혁명의 시대를 선도하기 위해서인가?
- 지도자의 자질을 함양하기 위해서인가?
- 인간관계를 개선하기 위해서인가?
- 아니면 다른 특별한 목적이 있는가?

2. 학습전략 ①–공부하는 사람으로서 '나' 찾기

나는 어떤 사람인가? 대부분의 사람은 자신을 '잘 알고 있다'고 생각한다. 정말 그럴까? 지금까지 초·중·고등학교 시기를 살아오면서, 심지어 대학생활을 하고 있는 지금까지도 부모를 비롯하여 주변 사람에게 길들여지지는 않았는가? 다시 한 번, 진지하게 생각해 보라. 나는 어떤 사람인가? 특히, 공부할 때, 나는 어떤 스타일인가? 어떤 타입의 학습자인가?

밤새도록 공부하고 낮에 실컷 자는 사람인가? 음악을 들으면서, 텔레비전이나 비디오 등 동영상을 보면서, 간식을 먹으면서 공부하는 스타일인가? 도서관에서도 칸막이 있는 좌석에 앉아야만 공부가 되는가? 학교 도서관이나 공공 도서관이 아니라, 카페에서 노트북이나 아이패드, 태블릿 피시(PC) 등을 펼쳐 놓아야 공부가 되는가? 공부하는 '나'의 모습을 제대로 인식하고 찾아야만이 학습의 효과를 높일 수 있다.

나는 어떤 학습 습관을 지니고 있는가? 잘못된 공부 습관은 없는가? 나에게 필요한 맞춤형 학습법을 찾아 나서 보자. 다시 강조하지만, 사람은 나름대로의 특성을 지니고 있기 때문에 학습법도 결코 동일할 수 없다. 생활환경에 따라 습관도 달라지고 학습양식도 달라지게 마련이다. 스스로 어떤 학습 특성을 지니고 있는지 점검하여 학습 효과를 높일 수 있는 방법을 생각하자. 그러기 위해서는, 첫째, 나는 어떤 유형의 학습자인지 확인하고, 둘째, 나의 학습테크닉을 분석하고 오류를 교정하며, 셋째, 나의 학습법을 성찰할 필요가 있다.

1) 나는 어떤 학습자인가?

학습하는 인간의 유형은 다양하다. 스스로 찾아가며 공부하는 사람, 누군가 시켜야만 하는 사람, 시험을 비롯하여 특정한 목적 때문에 할 수 없이 공부하는 사람, 아무 목적 없이 좋아서 무턱대고 공부하는 사람 등등… 여러분은 어떤 학습유형을 지니고 있는가?

누군가 시켰을 때, 그대로 따라서 공부하는 사람은 '바보' 유형에 속한다. 시켰는데도 하지 않는 사람은 '무지'해서 그렇다고 한다. 가장 현명한 학습자는 누가 시키건 시키지 않건 관계없이 자신이 추구하는 '학습'을 꾸준히 하며, 자신의 인생을 살아가는 사람이다. 나는 어떤 학습자 유형에 속하는지 스스로 점검해 보라.

첫째, 수동적 학습자인가? 능동적 학습자인가?

수동적 학습자의 특징은 다음과 같다.

- 공상에 잘 빠진다.
- 강의 시간에 노트 필기를 하지 않는다.
- 과제를 수행하지 않는다.
- 도움을 요청하지 않는다.
- 교재에 메모를 하지 않는다.
- 강의를 빈번히 빼 먹는다.
- 교실에서 뒷 구석에 앉아 있는다.
- 학습 계획을 세우지 않는다.
- 시험 치기 전날 밤에 벼락치기로 공부한다.
- 학습 도중에 같은 실수를 반복한다.

능동적 학습자의 특징은 다음과 같다.

- 2주 정도의 학습 계획을 세운다.
- 강의 시간에 경청한다.
- 강의 내용을 노트에 필기한다.
- 질문을 자주 한다.
- 실수를 통해 배운다.
- 평소에 공부한다.
- 정보와 지식을 수시로 조직하면서 연습한다.
- 학습을 할 때 주변의 도움을 요청한다.
- 미리 시험공부를 해 나간다.

둘째, 교수자에 이끌려 가는 학습자인가? 자기가 주도하여 공부하는 학습자인가?

교수자에게 이끌려 가는 학습자의 특징을 다음과 같다.

- 교수자에게 의존한다.
- 교과내용을 중심으로 학습한다.
- 외적 보상과 벌에 의한 학습을 한다.
- 형식적이고 권위지향적이며 경쟁적이다.
- 전달받거나 할당된 것을 중심으로 읽는다.

자기가 주도하여 공부하는 학습자의 특징은 다음과 같다.

- 자기가 주도하여 스스로 학습한다.
- 과업 혹은 문제 중심으로 학습한다.
- 내적 자극과 호기심에 의한 학습을 한다.
- 비형식적이고 상호존중하며 협력적이다.
- 탐구 프로젝트나 독립적 연구 및 경험적 기술을 통해 학습한다.

2) 자신의 학습테크닉을 분석하자

학습테크닉은 학습의 성패를 좌우하는 기본 기술이다. 누구나 알고 있는 것 같지만 실천하기가 쉽지 않다. 자신의 학습테크닉을 다음 항목에 비추어 체크하고 부족한 부분은 고칠 수 있도록 노력하자. 이 또한 학습을 위한 자기노력이다.

- 미리 기획한 계획표에 따라 규칙적으로 생활하는가?
- 반드시 해야 할 공부, 과제들을 기간 내에 처리하는가?
- 교재나 부교재, 관련 자료나 참고문헌 등을 이해하는 체계적인 방법을 알고 있는가?
- 책을 읽을 때 밑줄을 긋거나 강조 표시, 혹은 적절한 메모를 하는가?
- 복습과 예습은 적절하게 하고 있는가?
- 강의시간에 집중하며 적극적으로 참여하는가?
- 강의시간에 자기 나름대로의 노트 필기나 요약을 하고 있는가?
- 정해진 교재나 부교재, 참고자료를 읽고 요점이나 자신의 생각을 정리하고 기록하는가?
- 평소에 시험 준비를 비롯하여 필요한 공부를 하는가?
- 시험을 치르는 요령과 방법을 알고 이를 실제에 적용하는가?
- 학습한 내용을 충분히 이해하고, 필요하면 암기하는가?
- 효과적으로 암기하는 방법을 터득하고 있는가?

3) 나의 학습법은 적절한가?

자신의 학습법을 관찰하는 일은 학습효과를 증진하는 데 매우 중요하다. 학습법 이전에 보다 중요한 문제는 학습을 하는 자신의 '자존감(自尊感)'을 높여야 한다. '정열의 노예가 된다'든가, '스스로를 비판'하지 말고, '자신을 솔직히 표현'하며, '회피하지 않고' 뚫고 나가면, 자존감은 저절로 길러진다. 자신의 학습법이 어떠한지 상기하고, 다시 관찰하면서 부족한 부분은 교정하려는 마음 자세를 가다듬자.

- 언제나 공부가 끝난 뒤에 즐길 만한 것, 즉 보상을 스스로 마련해 둔다.
- 공부를 시작하기 전에, 공부를 해야겠다고 의식적으로 결심한다.
- 강의시간에 배운 '모든 것을 이해할 수 있고 이해해야겠다'라고 생각하지는 않는다.
- 시험 준비를 하면서 수시로 휴식을 취하고 잠깐씩 낮잠을 자 두기도 한다.
- 시험이 끝나면 자전거를 타거나 산책을 하면서 분명하지 않은 점들을 되새겨 본다.
- 적절한 시간을 할애하여 운동을 하면 몸이 개운해져서 네다섯 시간 이상의 공부 시간을 확보할 수 있다.
- 공부하는 내용을 벽에 대고 큰 소리로 이야기 한다.
- 중요한 개념들을 쪽지에 써서 관계있는 것끼리 모아 붙인다.
- 수분을 충분히 섭취하고 간식도 조금씩 먹으며 필요에 따라 물을 책상위에 둔다.

위에서 제시한 다양한 사항을 체크해 보았다면, 이제 나는 어떤 학습자인가? 스스로 공부하는 능동적 학습자인가? 남에게 끌려 다니는 수동적 학습자인가? 교수자의 강의에만 의존하는 학습에 익숙한 학습자인가? 스스로 공부를 만들어 가는 자기 주도적 학습자인가? 모든 열쇠는 여러분 스스로가 쥐고 있다. 자신만이 지니고 있는 학습테크닉을 분석하고 장점은 최대로 살려라. 대신, 단점은 과감하게 혁신하라. 그리고 나의 학습법을 찾아라.

3. 학습전략 ②—자기이해와 확인 점검

무턱대고 공부한다고 모든 문제가 해결될 수 있을까? 학습의 핵심 열쇠는 자기이해다. 내가 누구인지 고민해 보지 않고, 언제(when), 어디서(where), 무엇을(what), 왜(why), 어떻게(how) 해야 하는지, 전혀 고려하지 않고, 아무 생각 없이 공부한다는 것은 정말 무책임한 자기학대다.

청년 대학생으로서 학습을 한다고 했을 때, 특별한 경우를 제외하고는, 그것을 하는 이유가 있다. 목적이나 목표가 있고, 학습을 하여 나름대로 담당해야 할 책임이 있다.

나는 누구인가? 정말 나는 어떤 존재인가? 진정으로 학습할 자세는 되어 있는 사람인가?

앞에서, '나는 어떤 학습자'인지 간략하게 다룬 적이 있다. 그때는 개략적으로 '나는 어떤 유형의 학습자'인지를 돌아보는 자기점검의 시간이었다. 다시 한 번 심도 있게 자신은 어떤 존재인지, 학습을 제대로, 올바로 하기 위해서는 어떤 부분을 생각해야 하는지 성찰해 보자

첫째, 나는 어떤 성격의 소유자인가?

둘째, 나는 어떤 학습 유형을 선호하는가?

셋째, 나는 나를 어떻게 평가할 수 있고, 무엇을 개선해야 하는가?

1) 나의 성격과 학습 스타일

학습의 방식과 실천, 효과는 그 사람의 성격이나 학습 스타일과 직결된다. 지적·정서적·심리적 특성이 학습 스타일을 이끌어내고, 그에 따라 학습의 방식이나 효과도 달라진다. 다음에 제시하는 내용에 따라 자신의 성격과 학습 스타일을 진지하게 분석해 보라.

첫째, 나의 성격은 어떠한가?

생활을 잘 정돈하고 조직하거나 어떤 일이 미리 일어날지 대비하고 기간 내에 과제를 끝내려는 성격이라면, '일일스케줄'이나 '일일시간표'를

• 나는 생활을 잘 정돈하고 조직하는가?
• 무엇이 일어날지 미리 예측하려고 하는가?
• 기간 내에 주어진 과제를 완전히 끝내려고 하는가?
• 변화와 즉각적인 상황을 즐기는가?
• 수시로 움직이고 싶어 하며, 하루 종일 책상 앞에 앉아 있고 싶어하지 않는 성격인가?

기획해 실천하면 효과적이다. 가능한 한 매학기 학습계획을 세우고 학습활동을 기록해 보라. 다른 사람들과 함께 협동학습 활동을 할 때, 체계적인 학습계획이나 과제수행 계획을 세워 실천하면 좋은 성과를 낼 수 있다.

반면, 변화 상황에 따라 즉각적인 상황을 즐기거나 수시로 움직이는 활동형으로 책상에 오래 앉아 있는 유형이 아니라면, '메모스케줄'이나 '캘린더'를 가지고 다니면서 시간계획을 짤 필요가 있다. 수시로 계획한 시간을 확인하고 날짜를 정해 활동을 계획하며 과제를 마친 후에는 반드시 체크를 해야 한다. 또한 과제수행 이후에 그 결과에 대해 스스로 보상할 필요가 있다.

둘째, 나는 어떤 학습 스타일을 지녔는가?

• 다른 사람과 더불어 생각이나 느낌을 나누기를 좋아하는가?
• 다른 사람들과 그룹을 이루어 공부하는 것을 선호하는가?
• 깊이 생각할 때도 있지만 직접 실천함으로써 배우는가?
• 혼자서 공부하는 것이 마음 편한가?

다른 사람과 더불어 생각을 나누거나 공부하고 실천을 통해 배우는 스타일이라면, 소그룹을 만들어 공부하는 것이 효과적이다. 동아리 활동이나 그룹 스터디를 활용해도 좋다. 그룹을 결성하여 학습할 경우, 반드시 논의할 내용을 미리 공부하고 자신의 생각을 자발적으로 표현하라.

혼자서 공부하는 것이 공부가 잘 된다고 판단되는 경우, 그 장점은 살리되 스터디 그룹의 일원이 되도록 노력하라. 동서고금을 막론하고 학습은 다른 사람과의 지적 활동을 통해 새로운 경험을 할 수 있도록 유도한다.

2) 자기평가

자신의 성격과 학습 스타일에 대한 고민이 어느 정도 진척되었다면, 주어진 사항에 대해 체크하며, 진지하게 자기평가를 해 보자. 아래에 주어진 내용 가운데 나에게 적합한 사항에 동그라미를 치거나, 해당사항이 없으면 (__)부분에 자신이 생각하는 의견을 스스로 채워 보라.

• 나는 (혼자서 공부할 때, 여럿이 함께 공부할 때, ______________________________)학습효과가 높다.

• 나는 (무엇인가를 들었을 때, 무엇인가를 읽거나 보았을 때, 능동적이고 적극적으로 참여했을 때, ____________________) 잘 기억한다.

• 나는 (이름이나 날짜와 같은 사실에, 개념이나 용어와 같은 사고활동에, 특정한 주제에 대해, ____________________)관심이 많다.

• 나는 (책이나 학습 자료를 천천히 읽을 때, 빨리 읽을 때, ______________________________) 공부가 더 잘 된다.

• 나는 (집중해야, 다른 일을 하면서도, ____________________) 공부를 효과적으로 할 수 있다.

• 나는 이미 저질러 놓은 일들이 있어 어떤 부담이 있을 때, (학습을 잘한다. 잘 못한다.________________________________)

• 나는 (짧은 기간 안에 빨리, 오랜 시간에 걸쳐 꾸준히, ________________________________) 학습한다.

• 나는 도서관, 강의실, 박물관, 실험실과 같은 구조화된 환경에서 (잘 학습한다. 제대로 학습이 이루어지지 않는다.________________)

• 나는 사람들이 어느 정도 있는 건물의 로비 휴게실, 카페, 여행지와 같은 덜 구조화된 환경에서 (잘 학습한다. 제대로 학습이 이루어지지 않는다.________________________________)

⇨ 그러므로 나는 (____ ________________) 와 같은 학습 스타일을 지녔다고 판단한다.

3) 무엇을 점검하고 개선해야만 하는가?

누차 강조했지만, 자신만의 학습법을 발전시키고 개선하기 위해서는 자신이 어떤 사고방식을 선호하는지 알아야 한다. 어떤 영역에 관심이 있고, 무엇을 잘하며, 또 여러 가지 잠재된 소질이 있는지를 파악해야 한다. 자기개선을 위해 중요한 출발점은 어떻게 학습을 관리하고 조절하느냐의 문제다. 다음 표를 세밀하게 확인해 보라.

항목	그렇다	아니다	조치사항
분명한 미래상이 있고 삶에서 무엇을 원하는지 알고 있다			
목표를 세워 본 경험이 많고 목표를 구체적으로 기록한다			
기획하고 계획한 일은 실천에 옮긴다			
스스로에게 동기를 부여할 수 있다			
어떤 일을 할 때 집중과 몰입을 한다			
일의 성격에 따라 끈기나 순발력을 발휘한다			
어려운 일을 맡아도 쉽게 낙담하거나 포기하지 않는다			
작업을 하기 전에 어떻게 할지를 미리 생각한다			
현실적으로 도달하고 성취 가능한 계획을 세운다			
먼저 할 일이 무엇인지 우선순위를 파악하고 있다			
시간 관리 및 안배를 합리적으로 조절한다			
어떤 시간이나 시점에 두뇌활동이 활발하고 두뇌회전이 잘 되는지 안다			
휴식 및 여가시간을 갖도록 신경 쓴다			
가족이나 친구 등 주변 사람들을 수시로 배려한다			
기분 전환으로 취미활동이나 운동을 한다			
학과나 동아리 등 동료들과 협력하는 것을 중요하게 여긴다			
대학생활을 하며 만난 교수나 직원, 선후배들과 친밀한 관계를 갖도록 노력한다			
내가 소속하여 활동하는 학과나 동아리 등의 공간을 머무르고 싶은 장소로 꾸미려고 애쓴다			

그렇다면, 나의 학습 스타일은 어떤 부분에서 강점이 있는가? 나 스스로 한번 기록해 본다.

아울러 나의 학습 스타일은 어떤 측면에서 약점이 있는가? 이 또한 나 스스로 진솔하게 점검하며 개선책을 모색해 본다.

내 학습 스타일의 장점과 단점, 또 다른 나의 발견 등을 통해, 스스로 수정해야 할 나의 학습 스타일을 기록해 보자. 한 학기, 혹은 1년 후에, 지금까지 생각해 본 사항들을 다시 체크하며 비교해 보자. 실제로 점검하고 개선 노력을 했다면, 분명, 질적으로 승화했으리라.

자기를 확인하는 작업은 자기에게 효과적인 학습법을 찾아가는 기본 활동이다. 나는 어떤 성격을 지니고 있는가? 나의 학습 스타일은 어떠한가? 자기의 존재확인과 평가를 통해 가장 적합한 학습법을 적용할 때, 학습의 효과는 배가되고, 자신의 삶에 대한 만족도도 높아진다.

4. 학습전략 ③-학습의 과정과 전략

1) 학습 선서

이제, 나 자신이 해 왔던 학습의 방법들, 미래에 시도해 볼 만한 나의 학습법을, 나 자신에 대한 배려의 차원에서 상당 부분 고민해 보았다. 어떤 측면에서는 매우 구체적으로 파악된 느낌도 든다. 앞으로는 어떤 학습을 하건, 그 의미를 고려할 수 있고, 모든 공부에서 자신감이 있을 것도 같다. 하지만 아직도 망설여지는 부분이 많다. 그냥 책을 펼쳐서 마구 읽거나 달달 외우고, 인터넷을 무제한으로 찾아서 데이터나 정보를 양적으로만 쌓아 놓으며, 수많은 콘텐츠들을 보고 듣고 만지고 느끼면서도 그냥 지나쳐 버리지나 않을까 걱정이다.

나에게 맞는 맞춤형 학습법을 단번에 익히는 방법은 없을까? 정말 공부를 잘하고 싶다. 청년 대학생으로서 현재 나 자신의 발전은 물론, 한 사회의 책임 있는 성원으로서 인류사회에도 기여하고 싶다. 공부를 잘하고 싶은 마음이 간절할 때는 요술방망이라도 두드렸으면 하고 가슴이 설렌다.

"나에게 꼭 맞는 공부법 나와라. 뚝딱!"

그렇다고 공부의 비결이 갑자기 도출되어 나오는 것은 절대 아니다. 나 자신에 대해 아무리 이해해 봤자, 학습법이 저절로 다가오지는 않는다. 학습은 오랜 훈육(訓育)과 단련(鍛鍊), 그리고 올바른 습관(習慣)의 형성을 통해 이루어진다. 이는 자기 의지에 의한 노력의 산물이다. 그래도 '학습법 나와라 뚝딱!'이라는, 자기노력을 전제로 한 요술방망이는 찾아봐야 하리라.

지금부터는 나의 성격과 학습 스타일을 대비해 가면서, 학습의 구체적인 요령을 익혀 보자. 여기에서는 제4차 산업혁명 시대의 특징들을 고려하면서, 지식습득의 방법과 요령, 응용을 통해 청년 대학생으로서의 능력을 향상할 수 있도록, '학습의 과정'을 전략적으로 살펴보도록 하자.

학습과정에서 전략은 매우 중요하다. 학습을 보다 효과적으로 실천하기 위해 학습자 자신이 취하는 모든 방법적 사고 또는 행동은 자기학습 관리에서 핵심이 된다.

첫째, 학습전략의 원리를 알고, 둘째, 학습의 과정을 이해하며, 셋째, 나의 학습법 중 장점은 강화하고 단점은 교정한다.

구체적인 학습법에 들어가기 전에, 미국의 어느 학교에서 활용했다는

〈학습 자각문〉

나는 자각한다.

① 세상에서 가장 큰 힘은 지식이라는 것을 안다.
② 지혜로워지고 싶다. 어리석어 바르게 알지 못하는 사람은 값진 것을 얻을 수 있음에도 불구하고 그것을 놓치고 산다.
③ 기본적인 학습방법을 배워 그 분야에서 전문가 수준으로 성장한다.
④ 재미있는 책 읽기를 비롯하여 세상에서 일어나는 다양한 상황을 인식하는 데 필요한 콘텐츠를 적극적으로 보고 듣고 느낀다.
⑤ 오늘 배웠거나 질문했던 내용을 저녁에 가족이나 친구, 선후배들과 함께 이야기를 나누며 성장을 도모한다.
⑥ 매일 일정 시간을 할애하여 장래를 생각하고, 그것에 대해 존경하는 사람과 더불어 의논하며, 장래를 보증할 수 있는 지식을 계속 학습한다.
⑦ 나는 나 자신과 나를 사랑하고 내가 성공하도록 도우려는 모든 이에게 위와 같은 점을 깨달을 것을 다짐한다.

년 월 일

자각인:

〈학습 선서문〉을 참고하여 만든 〈학습 자각문〉을 마음으로 읊어 보면서 학습전략을 찾아 보자.

2) 학습전략의 원리

이제 구체적인 학습전략을 일곱 개의 영역으로 나누어 실천해 보자. 그러면 내가 하려는 거의 대부분의 학습이 내 몸 속으로 녹아 드는 것을 느낄 수 있으리라.

첫 번째 영역: 자기를 책임지는 학습태도를 기르라!

자기 공부는 자신의 노력 여하에 달렸다. 남이 아니라 바로 '자기로 말미암은 것'으로 자기의 인생이 좌우된다. 공부의 부진 원인을 교수, 친구, 연애, 시험문제, 운수, 지능, 환경 등의 탓으로 돌리지 말라. 자신이 학습에 대한 자기책임감이 약한 청년 대학생이라고 생각되면, 다음과 같은 태도를 취하면 도움이 된다.

첫째, 자신의 이야기에 귀를 기울여라.

둘째, '나는 머리가 나빠서 안 돼!'라고 생각하지 말라. '노력'이 성공의 열쇠임을 알고 인생관을 긍정적으로 바꾸어 보라.

셋째, 과제를 잘 수행했을 때, 자신을 칭찬하라.

넷째, 자기의 노력으로 성공을 맛보라.

두 번째 영역: 적극적인 관심을 개발하라!

어떤 학습자이건 관심 없는 영역을 이해하고 기억하기란 쉽지 않다. 그것을 학습하는 일은 정말 곤혹이다. 의욕을 갖고 '하면 된다!'라는 적극적 사고를 소유할 때, 관심도 높아진다. 관심을 높이기 위해서는 다음과 같은 네 가지의 원칙을 주시할 필요가 있다.

첫째, 유쾌하고 긍정적으로 사고하라.

둘째, 생소한 내용은 이미 알고 있는 다른 내용과 연관시켜 보라.

셋째, 학습내용을 구조적이고 체계적으로 조직하라.

넷째, 학습할 영역이나 주제와 관련하여 '성공'한 경험을 기억하라.

세 번째 영역: 주의를 집중하라!

주의를 집중하려면 주어진 과제에 몰두하는 것이 중요하다. 몰입을 통해 집중력을 높이는 방법으로 다음과 같은 다섯 가지를 제시한다.

첫째, 집중할 시간을 만들라.

둘째, 방해요인을 없애라.

셋째, 마음의 준비를 가져라.

넷째, 휴식시간을 확보하라.

다섯째, 학습장소를 바꾸어 보라.

네 번째 영역: 시각화하라!

학습을 효과적으로 하려면 단순하게 인지적으로만 암기하거나 생각하지 말고, 학습자료와 콘텐츠를 마음에 떠올려 그림을 그려 본다. 그것은 의미를 심상화(心象化)하는 작업으로 그만큼 기억에 남는 동시에 다른 부분과 관련 지으면서 사고와 응용의 폭을 넓힐 수 있다. 특히, 인터넷 시대의 다양한 콘텐츠는 시각적 정보가 많으므로, 이런 방법을 적극적으로 활용할 필요가 있다.

다섯 번째 영역: 내용을 상호 결합시켜라!

학습은 그 특성상 한 가지 부분에만 머무르지 않는다. 예를 들어, 특정한 언어를 잘 구사하는 사람은 그렇지 않은 사람에 비해 다른 언어를 습득한 속도도 빠르다고 한다. 그것은 서로 다른 것들을 비교하고 대조하며 관련시켜 학습하는 능력을 파악했기 때문이다. 이처럼 어떤 내용을 학습할 때, 학습할 내용을 이미 알고 있거나 익숙한 것과 관련하면 효과가 높다. 흔히 말하는 정보의 덩어리를 손에 쥐는 것이나 마찬가지다.

여섯 번째 영역: 내용의 정교화를 위해 암송할 필요가 있는 부분은 암송하라!

많은 사람들이 암기식 교육의 오류를 지적하며, 암기를 잘못된 학습방법으로 오해하는 경우가 있다. 그러나 암기는 모든 학습의 기초다. 영어를 공부하기 위해 알파벳을 암기하고, 수학을 공부하기 위해 구구단을 암기하듯이, 암기는 지식 습득의 근본이다. 암기를 했을 때, 가장 큰 학습효과는 그 내용을 '자신의 말로 직접 진술할 수 있다'는 점이다. 그것은 내용을 그만큼 정교하게 인지하고 있다는 의미다. 아울러 암기를 통해 내용의 요점을 스스로 복습하여 내용을 명확하게 파악할 수 있다.

일곱 번째 영역 : 의미를 분명하게 파악하라!

많은 사람들이 학습을 하면서, 시험에 나오지 않거나 중요하지 않다고 생각하는 부분에 대해, 대충 이해하면서 불분명하게 알고 넘어가는 경우가 많다. 그것은 여러 가지 내용 연관이 있는 사안을 인식하고 이해하는 데 도움을 주기보다는 방해가 될 수 있다. 따라서 학습할 내용을 명확하게 인지하고 아이디어를 재조직화하여 학습의 원리를 이해하는 것이 효과적인 학습을 할 수 있는 핵심 포인트다.

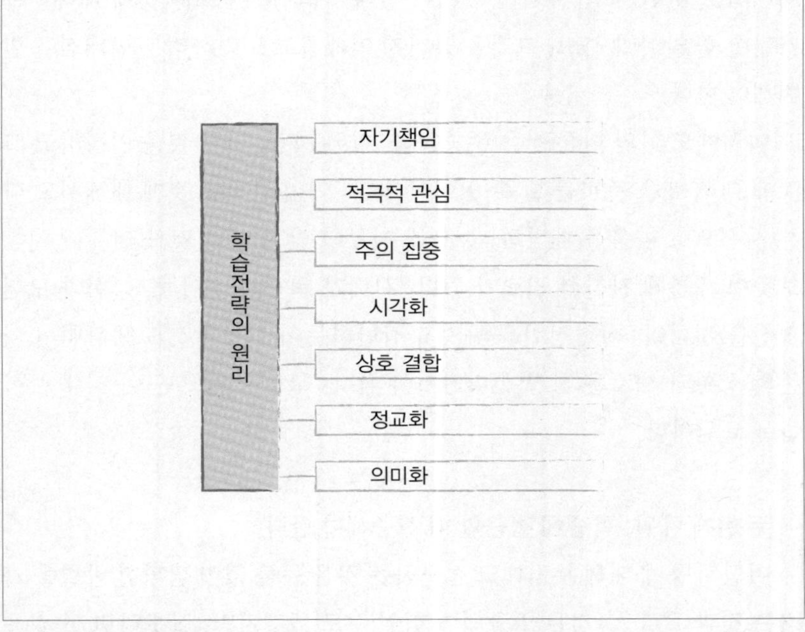

그림 10. 학습전략의 원리들

3) 학습의 과정

다음으로 학습전략을 이해했다면, 학습의 구체적 과정을 세 가지 차원에서 고려할 필요가 있다.

첫 번째 차원: 학습의 전략은 관심과 호기심에서 출발한다.

호기심과 관심은 자신에 대해 개방하고 솔직할 때 높아진다. 어떤 사물에 대한 의견을 가지고 깨어나 주의 깊게 탐색하라. 조용하면서도 멈추지 않고 주변 환경에 주의를 쏟으며 눈길이 가는 영역을 찾아라. 그렇게 하려면 감각기관을 활짝 열어야 한다. 이성뿐만 아니라 감각과 정서로도 사물을 인식하고 경험해야 한다.

무엇보다도 제4차 산업혁명의 시대에는 새로운 것에 대해 개방하는 태도를 지녀야 한다. 어쩌면 주변의 모든 것들이 아주 익숙한 것 같지만 새롭게 창조되는 것일 수 있다. 낯선 것, 불쾌하거나 예기치 못했던 것에 대해서도 열린 마음 자세를 가져야 한다. 그리고 새로운 것에 대해서는 경탄할 줄 알아야 하고, 그것을 끝까지 이해하고 노력하려는 인내심을 발휘해야 한다.

이외에도 나와 다른 것을 존중하라. 다른 사람, 다른 것을 인정하고 그것에 대해 배울 준비를 할 수 있어야 한다. 이미 알려진 것에 대해서도 다른 시선으로 마음을 개방하라. 오래 전부터 알고 있던 것도 언제나 처음 보듯이 새롭게 관찰할 필요가 있다. 시대가 혁신적인 만큼, 실험과 모험 정신을 지녀라. 실험정신을 가지고 장난하듯이 이것저것 모색하면서 기존의 상황과 새로운 상황에 다가가야 한다. 그렇지 않으면 이 시대에 학습은 요원하다.

두 번째 차원: 학습에 접근할 때 신중해야 한다.

어떤 내용에 대해 무턱대고 접근하는 것은 등불 없이 깜깜한 밤길을 가려는 것과 같다. 그것은 일종의 모험일 수도 있겠지만, 잘못하면 한 걸음

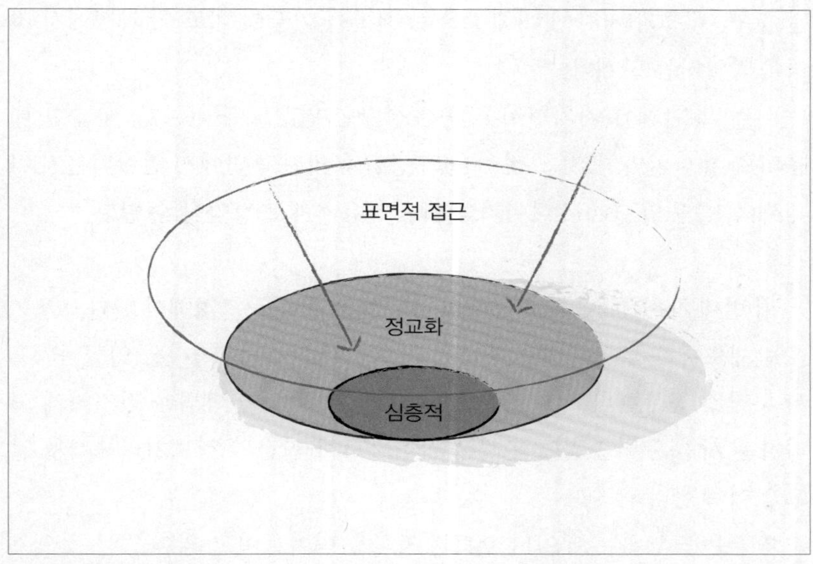

그림 11. 학습의 단계

도 옮기지 못하고 주저앉을 수도 있다. 따라서 학습을 준비하고 접근을 할 때, 다음과 같은 세 단계의 접근이 도움이 된다.

첫째 단계, 표면적 접근이다.

표면적 접근은 말 그대로, 학습을 시도하는 초기 단계에서 겉을 보는 작업이다. 그것은 '사실 위주의 학습'으로, 아직 서로 연관되지 않은 사실을 암기하고, 세부내용을 파악하며, 수업 중에 전수되거나 알게 된 각각의 내용을 변형시키지 않고 재현하는 단계다.

둘째 단계, 정교화를 시도하는 접근이다.

이는 '경험 위주의 학습'으로, 수업의 내용이 자신의 경험과 연결되고, 수업 이외의 실제에 적용되어 개인적이고 구체적인 것이 되는 단계다.

셋째 단계, 심층적 접근이다.

이는 보다 깊이가 있는 '이해 위주의 학습'으로, 학습내용 중에서 의미 있는 것 찾기, 다양한 부분을 하나의 전체로 연결하기, 다른 내용과의 연관 찾기, 내용과 저자에 대해 스스로 결론을 이끌어 내고 이 과정에서 지식을 장악하는 단계다.

이런 세 단계를 거치면서 학습은 상당한 완성도에 이른다. 학습한 내용의 사실을 파악하고, 그것이 나의 경험과 어떤 측면에서 연결되는지 이해하며, 응용의 단계로 나아가 지식을 자유자재로 장악할 수 있다.

세 번째 차원: 학습의 과정에서 다양한 요소들을 고려해야 한다.

밤새도록 공부했는데도 생각이 떠오르지 않는다. 어찌된 일일까? 혹시 무작정 공부한다고 덤벼든 것은 아닌가? 학습의 방법을 진지하게 고려하는 사람은 학습전략의 기본 골격으로서 인간의 정보처리체계를 알고 있어야 한다.

인간은 당면하는 데이터, 정보, 지식을 받아들이고 의미 있는 것으로 처리하려고 한다. 그것은 '감각기억-단기기억-장기기억'이라는 세 가지 저장고와 '주의집중-시연(rehearsal)-약호화(encoding)-인출'이라는 네 가지의 관리 과정을 거친다. 세 가지 저장고와 네 가지 관리 과정은 다음과 같은 차원에서 밀접하게 연결되어 있다.

주의집중은 어떤 것에 얼마나 주의 집중하느냐의 문제다. 선택적 주의집중과 학습의욕에 따른 주의집중의 정도에 근거하여 단기기억에 전달되는 정보의 양이 확보된다. 시연, 흔히 리허설(rehearsal)이라고 하는 것은 적극적 사고와 실제연출을 통해 지식 정보의 양을 확보한다. 약호화(encoding)는 잘 통합된 조직화를 거친 기억을 형성하여 인출하는 작업을 한다. 이 과정에서 작업의 기억이 작동하는데, 장기기억에 있던 지식이 다시 단기기억으로 전이되어 자각하고 의식하는 상태의 기억이 된다.

학습의 과정과 단계에는 핵심 전략과 원리가 숨어 있다. 다시 말하면 무턱대고 개념 없이 공부하는 것이 아니라, 인간의 성격과 사고특징, 기억체계 등 학습의 기본 요소들이 유기적으로 작동한다. 이를 잘 파악하고 활용할 때, 즉 학습의 과정을 전략적으로 활용할 때, 학습의 효과는 극

대화한다. 학습의 전략적 원리와 과정을 수시로 점검하면서, 자신의 학습 방법을 고민하라. 필요하다면 다시 학습전략을 익히기에 앞서 행했던 〈학습 자각문〉을 돌아보며 성찰하는 것도 좋다.

5. 학습전략 ④–사고력 향상법

사람을 '생각하는 동물', '이성적 동물'이라고 한다. 그런데 '아무 생각이 없어!', '개념이 없어!', '멘탈붕괴, 멘붕이야!', 비속어처럼 말하는 '개○○'라고 한다면, 청년 대학생은 어떻게 되는가? 사람다운 사람은 아닌, 그 무엇이 될 수 있다.

청년 대학생인 나는 정말 생각이 많다. 아닌가?! 아무 생각이 없는가? 생각, 사고(思考, thinking)가 무엇이기에, 공부를 할 때마다 나를 따라다니는가? 비판적 사고, 창의적 사고, 여기서도 사고 저기서고 사고! 온갖 사고의 영역이 활개를 친다. 이러다가 정말 사고(思考)가 아니라 사고(事故)가 나는 건 아닐까?

학습에서 '사고(思考)'는 핵심 중의 핵심이다. 아무리 많은 공부를 했다 하더라도 시대정신에 맞는 생각이 없다면, 그 지식은 탄탄할 수 없다. 비가온 뒤에 땅이 더욱 굳어지듯이, 사고를 통해 지식은 온전하게 되고 확장되면서 생명력을 발휘한다. 더구나 제4차 산업혁명의 시대에, 날마다 복잡성을 더해 가는 시대에 사고의 힘은 다양하게 발현된다. 어떻게 생각하느냐에 따라 삶의 방향이 정해지고, 인생의 성패가 결정될 수 있다.

사고력을 향상하기 위해, 다음과 같은 측면에서 고민해 보자. 첫째, 학습활동의 패러다임 변화를 이해하자. 둘째, 사고의 기술을 인식하자. 셋째, 사고력 향상을 위한 학습의 차원을 다시 사고하자.

1) 학습활동의 패러다임 변화

누차 강조했지만, 현대사회의 교육은 전통적인 교육의 양식과 상당히 다른 형태로 변하고 있다. 계승할 것도 존재하지만, 어떤 차원에서는 완전히 다른 방식의 학습 패러다임 전환이 이루어졌다. 제3차 산업을 주축으로 하는 지식정보혁명 시대를 넘어 이제는 제4차 산업혁명의 시대에 들어섰다. 시대는 급변하고, 우리 삶의 양식도 날마다 새로워진다. 이런 상황에서는 학습의 패턴도 다양한 모습으로 드러나고, 스스로 학습의 양식을 혁신할 필요가 있다. 그렇다면 기존의 관행적인 학습활동과 그것에 대한 반성적 학습 패러다임의 양상을 비교하면서, 나의 학습활동 양식을 고민해 보자.

먼저, 관행적 학습활동을 지배하는 가정들은 다음과 같다.

① 교육과 학습은 지식을 가진 사람이 그것을 갖지 못한 사람에게 전수하는 일이다.
② 지식은 세상에 관한 것으로 모호하지 않으며 신비스러울 것도 없고 불안정하지도 않다.
③ 지식은 여러 교과목으로 나누어서 가르친다. 교과내용은 중복되지 않으며, 지식은 이미 알려진 것이기 때문에 더 이상 검토할 필요가 없다.
④ 교수자는 학습자들이 꼭 알아야 할 내용을 가르칠 수 있어야 하며, 그럴 경우에만 교수자는 교육과정상 권위적인 역할을 담당할 수 있다.
⑤ 학습자들은 특정 과목의 자료와 같은 정보에 몰두함으로써 지식을 획득할 수 있다. 교육받은 정신이란 자료가 잘 축적된 상태를 말한다.

이와는 달리, 제3차, 제4차 산업혁명의 시대에 접어들면서, 반성적인 학습활동을 지배하는 가정들이 등장한다. 그것은 학습에 대한 다음과 같은 자세나 태도들이다.

① 교육과 학습은 교수자의 안내에 따라 탐구공동체에 참여한 결과로 얻어지는데, 이 탐구공동체가 목표로 하는 것은 좋은 판단과 이해를 획득하려는 것이다.
② 학습자들이 세상에 대한 지식을 모호하고 불안정하며 불가사의한 것으로 여길 때는 언제나 그들 스스로 이 세상에 대해 생각하도록 자극되어야 한다.
③ 탐구주제 하나가 여러 교과와 동시에 관련을 갖기도 하는데, 그런 식의 탐구는 끊임없이 일어난다. 그러므로 각 교과와 그 내용의 관계가 항상 분명한 것은 아니다.
④ 교수자는 완벽하고 권위적이기보다는 실수할 수 있는 존재이며, 언제든 자신의 실수를 용인할 준비가 되어 있다.
⑤ 학습자들은 사려 깊고 반성적인 사람이 될 수 있으며, 나아가 합당하고 현명한 사람이 될 수 있다고 기대된다.
⑥ 교육과정의 목표는 정보의 획득이 아니라 탐색을 통해 각 주제들 내부에서, 혹은 각 주제들 사이의 관련성을 파악하는 것이다.

여기에서 우리가 눈여겨보아야 할 것이 있다. 바로 '탐구'를 중심으로, '공동체', '합리성', '판단', '창의성', '자율성'과 같은 개념들이다. 현대사회의 학습자는 탐구공동체 속에서 상호 존중하고 공경하며, 다른 사람의 의견을 경청하고 서로 도우면서 아이디어를 만들어 가야 한다. 신빙성이 없어 보이는 주장들에 대해서는 그 근거를 댈 수 있도록, 도전해 보도록 격려하고, 의미 있는 추론을 이끌어 내도록 서로 도와주며, 또 다른 가정(假定)들을 찾기도 한다.

특히, 탐구공동체는 기존 교과들의 영역과 경계에 제한을 받지 않고 탐구가 진행되는 방향을 따라 간다. 학문의 영역이 상호 소통되고 해체되는 통합의 과정으로 이해할 수도 있다. 탐구가 진행되는 곳에서 이루어지는 대화는 논리를 따르면서도 역풍을 맞으며 가는 배처럼 지그재그로 진행된다. 하지만 그런 과정 속에서 대화는 더욱 진전되고, 그것은 사고 자체의 진보를 의미한다.

2) 사고의 기술

학습은 어떻게 사고할 줄 아느냐의 문제와 직결된다. 단순하게 그냥 생각하는 것이 아니라, 기술적으로 사고할 때, 학습은 더욱 알차고 효과적이며 유용하다는 말이다. 이런 사고에도 기술이 필요하다. 그냥 막연히 생각하는 것보다 기술을 발휘하면 알찬 사고를 유도할 수 있다. 사고하는 기술로는 일반적으로 네 가지의 중요한 형태를 든다.

첫째는 '탐구'하는 기술이다.

'탐구'는 자기의 사고를 끊임없이 수정하는, 사고 실천의 과정이다. 단순한 습관이나 인습의 반복이 아닌 자기 사고의 수정과 갱신이다. 예컨대 물건을 의자 밑으로 떨어뜨렸을 때, 그것을 찾으려고 더듬거리며 애쓴다는 것은 이미 대안을 찾고 가설을 세우고 검토하면서 해결방식을 모색하는 작업과도 같다. 이것이 차츰차츰 발전하여 '지성(intelligence)'이 된다.

둘째는 '추론'하는 기술이다.

어떤 사실을 알게 되었을 때, 우리는 '추론'을 통해 그것과 관련된 또 다른 사실을 발견한다. 추론은 논리적 합리성을 갖추고, 정확함을 추구하며, 타당함을 발견한다. 그것은 추론의 생명력이다. 이런 추론은 '대화' 가운데 보다 정확하게 찾아진다.

셋째는 정보를 '조직'하는 기술이다.

지식을 효율적으로 적용하려면 정보를 의미 있는 묶음이나 단위로 조직해야 한다. '구슬이 세 말이라도 꿰어야 보배'라는 말이 있듯이, 정보 조직은 관계망인 네트워크(network)를 형성하고 개념을 구성하는 작업이다. 글을 작성하는 것에 비유하면 '문장–개념–서술–서사'가 유기체적 형식을 갖추는 것과 유사하다.

넷째는 '번역'하는 기술이다.

'번역' 기술은 단순하게 하나의 언어에서 다른 하나의 언어로 이동하는 것이 아니다. 예컨대, 영어로 된 글을 한글로 옮기는 문제를 넘어서 있다. 글자나 문장의 옮김은 물론 의미를 해석하는 요소까지도 포함한다. 언어와 언어 사이를 넘나들며 하나의 언어 안에서 의미를 구성하고 발견하는 심오한 작업이다.

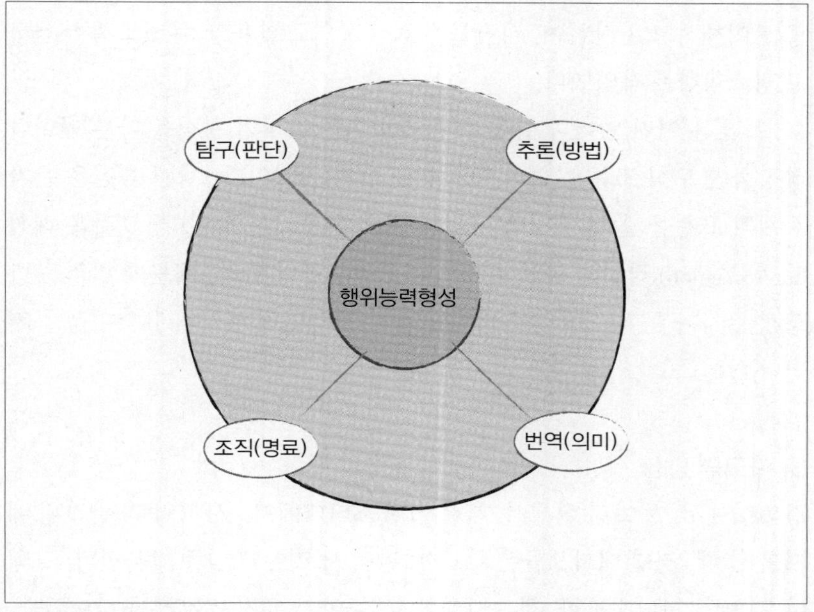

그림 12. 사고의 기술

위에서 제시한 사고의 기술은 지식 학습의 전략 차원에만 머무는 것이 아니다. 삶에서 발생하는 다양한 문제들을 해결하는 방법일 수도 있고, 인생의 지혜를 생산하는 힘이 될 수도 있다. 그러므로 인생에서, 특히 청년 대학생 시절의 삶에서 어떻게 사고를 효과적으로 발휘할 수 있느냐가 매우 중요하다. 네 가지 사고의 기술은 다음과 같은 특징을 지닌다.

'탐구'는 문제를 다루기 위한 방법을 발견하거나 발명해 내는 것을 목적으로 한다. 그 목적 달성을 위해 사고를 수정하는 훈련, 즉 탐구를 통해 길러지는 것이 다름 아닌 '판단력'이다. 따라서 탐구는 판단력을 기르는 바탕이 된다.

'추론'은 탐구를 통해 발견한 것을 정리하고 조정하는 과정이다. 이것은 발견 또는 발명된 것을 참되게 유지하는 일을 목적으로 한다. 따라서 발견이나 발명된 것을 조직화하고 확장해 나가는 타당한 방법을 찾는 것이 핵심이다.

'정보조직'은 일종의 개념구성이다. 정보를 관련된 묶음으로 조직화 또는 이해하고 판단하여, 사람들이 적극적으로 활용할 수 있도록 분석하고 명료화하는 작업이다.

'번역'은 어떤 언어나 상징적인 도식 또는 감성의 형식을 다른 언어나 상징적인 도식 또는 감성의 형식으로 옮기는 일이다. 이때 옮김은 문자 자체의 표현을 옮기는 것이 아니라 의미를 옮기는 일이다. 그것은 해석(interpretation) 작업을 통해 유의미성을 확보해야 한다. 때문에 번역은 반드시 글자나 문자가 아니라 의미를 옮김으로 인해 해석의 유의미성을 지닌다.

3) 사고력 향상

강의실에서, 동아리 실에서, 혹은 그룹스터디에서, '사고력'과 관련된 얘기를 할 때, 청년 대학생들은 주로 '비판적 사고'에 주의를 기울인다. 그러나 21세기 지식정보화, 학습사회에서, 나아가 유전자 분석과 나노기술,

빅 데이터와 인공지능의 시대에 요구되는 사고는 그것을 훨씬 넘어서 있다. 일차원, 이차원, 삼차원을 그 모두를 포괄하는 동시에 그것을 넘어 상당히 '다차원적 사고'가 우리 학습의 현장에 스며들어야 학습의 효과가 배가된다. 다차원적 사고의 전제조건은 '비판적 사고'에만 그치지 않는다. 그것을 비롯하여 '창의적 사고', '배려적 사고'등 초-사고적 사유를 요청한다.

첫째, 비판적 사고다.

비판적 사고는 일정한 '기준'에 의존한다. 기준에 부합하느냐의 여부가 비판의 잣대다. 동시에 비판적 사고는 기존의 자기 사고에 대한 수정이다. 나아가 비판적 사고는 맥락에 대한 민감성을 보여 준다. 이런 측면에서 자기의 사고에 대한 수정과 관련된 행동들을 점검해 보자.

- 다른 사람의 생각에서 잘못된 점을 찾아냈는가?
- 자기의 생각에서 잘못된 점을 인정했는가?
- 교재 가운데 모호한 표현이나 잘못된 가정, 부당한 추론들을 명확하게 했는가?
- 이유와 기준, 근거가 없을 때 그것들을 분명하게 요구했는가?
- 당연시되고 있는 것의 문제점을 생각해 보았는가?
- 토론에서 일관성이 없는 부분을 찾아냈는가?
- 탐구의 절차가 제대로 적용되었는지 질문했는가?

둘째, 창의적 사고다.

창의적 사고는 독창성과 생산성, 상상력, 독자성, 총체성, 표현력 등 다양한 요소를 내포한다. 독창성은 분명한 선례가 없는 사고이고 생산성은 문제가 되는 상황에 적용하여 대체로 성공적인 결과를 가져오는 사고다. 상상력은 가능한 세계를 마음에 그리고 상세화하며, 그런 세상에 닿을 수 있도록 여행한다. 독자성은 스스로 생각하는 사람이고, 창의적 사고에서 실험을 중시하는 것은 법칙 지배적인 사고라기보다는 가설 지배적인 사고를 높이 평가하기 때문이다. 총체성은 전체와 부분의 관계를 고민하고, 목적과 수단의 관계망을 심사숙고한다. 표현력은 생각하는 대상의 표현뿐만 아니라 생각하는 사람의 표현까지 포함한다.

그 이외에 자기초월은 이전의 수준을 초월하려는 열망이다. 놀라움은 독창성이 기발하기보다는 참신할 때 드러난다. 산출은 스스로 생각하는 기쁨과 만족, 그리고 다른 사람들의 창의성을 자극한다. 산파술은 최고의 것을 세상에 탄생시키겠다는 태도다. 발명은 아이디어, 문제와 그에 대한 해결책의 제시하는 작업이다. 성공적이지 않더라도 발명적일 수 있다! 이런 다양한 요소들이 창의적 사고를 유발하는 데 도움을 준다. 그렇다면 나는 어느 정도 창의적 사고를 하고 있는가?

- 나는 어떤 측면에서 상상적인가?
- 나는 총체적 사고를 하고 있는가?
- 나의 사고는 어느 정도 발명적인가?
- 나는 산출적 사고에 몰두하는가?

셋째, 배려적 사고다.

배려적 사고는 앞에서 말한 비판적 사고나 창의적 사고와는 다른 측면이 있다. 비판적 사고와 창의적 사고가 지적 측면이 강하다면, 배려적 사고는 정의적 측면이 부각된다. 가치를 부여하고 정서적이며 행동적이고 규범적이다. 그만큼 감정이입을 한다. 가치를 부여하는 사고는 중요하다고 생각하는 것에 관심을 기울이고, 정서적 사고는 이성과 감정의 통일을 말한다. 행동적 사고는 관리하고 돌보고 지키려는 실천 행위와 직결된다. 규범적 사고는 사실과 당위를 연결하여 도덕적이고 바람직함에 대한 반성을 유도한다. 감정 이입적 사고는 자신을 다른 사람의 입장에 놓고 내가 그들인 것처럼 감정과 경험에 빠져 보는 일이다. 나는 이런 배려적 사고에 어느 정도 익숙한가?

- 가치 부여적 측면에서 나는 어떤 배려를 하고 있는가?
- 나는 정말 행동적인가?
- 규범적 측면에서 나의 강점과 약점은 무엇인가?
- 나는 어느 정도 정서적인가?
- 감정이입은 하고 있는가?

사고력 향상은 학습을 좌우할 수 있는 핵심요소다. 어떤 학습도, 인간의 사고력 향상과 그것의 응용, 실천을 넘어서지 않는다. 현대사회가 지식과 그 지식을 응용한 아이디어의 시대, 빅 데이터의 시대라고 말하는 것도 이와 같은 맥락이다. 따라서 사고력 가운데서도, 비판적이고 창의적이며 배려적인 사고를 통합할 수 있는 다차원적 사고의 중요성이 어느 때보다 강조된다. 다차원적 사고에 대해 깊이 고민하면서 자신의 능력을 함양할 수 있어야, 시대 정신을 고려한 진정한 학습에 들어갔다고 볼 수 있으리라.

6. 학습전략 ⑤ – 효과적인 독서법

현대사회는 어떤 시대보다도 영상문화가 발달하였다. 컴퓨터로 대변되는 과학기술이 가져온 각종 미디어는 사회 곳곳마다 동영상 문명을 상상 이상으로 다양하게 발전시켰다. 청년 대학생들은 여기에 사로잡혀 있거나 빠져 있다고 해도 과언이 아닐 정도로 영상문화를 즐긴다. 그런 문화는 인간에게 독특한 개성의 돌출을 유도하기도 한다. 거리를 지나가는 사람들을 잘 보라. 저마다의 컬러로 자신을 드러낸다. 왜냐고? 아무 이유가 없다! 그냥 남과 다르고 싶을 뿐.

근대 이성이 인간의 사유와 행위를 지배하던 시대는 영상보다는 문자(文字)문명이 발달하였다. 동영상을 감상하기보다 책을 많이 읽던 시대란 말이다. 영상의 시대를 살고 있는 현대 청년 대학생들은 책보다는 컴퓨터나 스마트폰, 영화, 비디오 등 멀티미디어를 잘 활용한다. 이런 사실은 청년 대학생들의 학습 습관에 큰 영향을 미치고 있다.

영상 문명이 삶을 주도하는 시대에 책읽기에 몰두한다는 것은 곤혹 중의 곤혹이다. 어쩌면 잔인한 일이기도 하다. 그런데 책 속에 진리가 담겨 있는 경우도 있으니 어떻게 해야 하는가? 더구나 청년 대학생들이 직접 마주치는 대학의 학문은, 아직까지는 대부분 문자로 표출되는데 말이다. 아! 책표지만 보아도 괴로움이 밀려온다. 잠이 마구 다가온다. 어떻게 해야 하는가? 어쩌면 좋은가?

청년 대학생들이 실천하는 학습의 대부분은 강의를 중심으로 하는 책읽기와 그것에 대한 연구를 통해 이루어진다. 그러기에 책을 다루는 능력은 학습하는 능력과 통한다. 특히, 청년 대학생들이 많이 다루는 동서고금의 고전(古典)과 같은 양서(良書)에는 다양한 경험과 사실, 진리가 담겨 있다. 무수한 우주가 그 속에서 꿈틀거리며 청년 대학생에게 손짓하기에, 아직도 많은 청년 대학생들이 양서 속에서 자신의 길을 발견하려고 노력한다.

때문에 청년 대학생을 위한 학습법에서 독서를 소홀히 할 수 없다. 이에 독서의 의미, 독서의 방법과 기술, 책 이외의 다양한 세계 읽기의 방식을 이해해 둘 필요가 있다.

1) 독서의 의미

스스로 한번 돌아보라. '나는 어떤 책을 얼마나 읽었는가?' 여유가 있다면, 아래에 제시하는 간략한 〈독서카드〉를 참고하여 자신이 읽은 책의 제목이나 내용을 상기하며 메모해 보라.

〈독서카드〉

예시)

- 도　　서: Edward Hallett Carr(○○○옮김). 〈역사란 무엇인가〉. ○○출판사, 2016.
- 독서일자: 2016. 3. 1 ~ 2016. 4. 30
- 읽은 이유: 동아리 세미나 교재
- 주요 내용: 역사가는 현재의 일부이며 사실은 과거에 속한다. …… 역사란 역사가와 그의 사실들의 지속적인 상호작용의 과정, 현재와 과거의 끊임없는 대화다. ……
- 느낌(비평): 역사를 이해하기 위해 필수적으로 넘어야 할 하나의 교양 산맥이다. ……

- 도서(저자, 도서명, 출판사, 출판연도 등 병기):
- 독서일자:
- 읽은 이유:
- 주요내용:
- 느낌(비평):

사실 대학 공부의 핵심은 '얼마나 많은 자료를 접하고 생각하며 탐구했는가?'에 달려 있다. 이때 자료의 대부분이 책이다. 학술이론은 물론, 실험실습, 실기의 경우에도 참고문헌이나 관련 자료를 확인하는 과정에서 책읽기는 아주 중요하다.

위에서 제시한 독서카드는 특별히 정해진 양식이 없다. 자신의 학습에 필요한 만큼, 자기 고유의 양식으로 만들어 사용하면 효과적이다. 조그마한 메모장이나 노트, 수첩을 하나 마련해도 좋고, 스마트폰의 메모장 등을 이용하여 실천해 보라.

독서활동을 위해서는 반드시 책이 필요하다. 이때 책은 형태가 다양하다. 인쇄매체로 제작된 종이책일 수도 있고 전자책일 수도 있으며 인터넷상의 각종 콘텐츠일 수도 있다. 어떤 자료건 관계없이 그것은 제각기 하나의 우주이고 그 영역의 세계를 담고 있다. 때문에 책은 어떤 영역의 세계를 다양한 프리즘을 통해 보여 준다. 특히, 어떤 영역에 대한 사실과 경험, 사고의 양식을 제공한다. 사실과 경험은 지식의 총체이고, 사고는 지식을 확장시킨다. 이때 청년 대학생들은 다양한 세계에 관한 지식을 통해 자신을 확인할 수 있다. 자신을 확인하는 작업은 자기성숙의 기초다. 그러므로 자기성숙은 학습의 기본목표가 된다.

2) 독서의 방법과 기술

청년 대학생들의 대부분은 고등학교 시기까지의 학교생활을 거치면서, 독서의 중요성을 잘 알고 있다. 그럼에도 불구하고, 청년 대학생들의 상당수는 어떻게 책을 읽을 것인지에 대한 고민들이 부족하다. 책을 읽는 데도 요령이 있고 효과를 증진시킬 수 있는 방법이 있다. 특히, 수준 높은 교양과 전공 영역을 다루는 청년 대학생들은 초·중등학생들처럼 깊은 사고를 병행하지 않은 채 책을 읽어서는 곤란하다. 청년 대학생들의 수준에 맞게 논리적이고 비판적인 읽기를 통해 자기 성숙을 지향해야 한다. 여기서는 청년 대학생으로서 독서의 방법과 기술을 간략하게 제시한다.

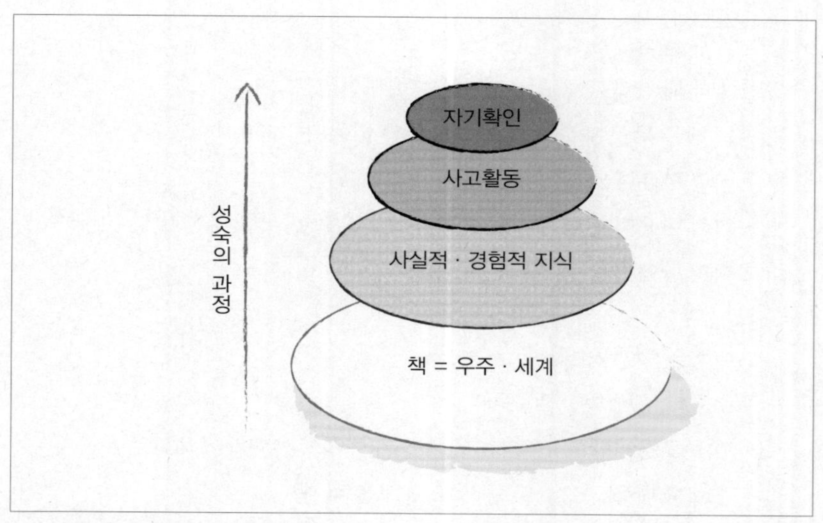

그림 13. 독서활동과 학습 과정

첫째, 책 읽기의 기초에 해당하는 부분을 확인한 후, 책을 손에 쥐어 보라.

그것은 책을 점검하고, 요약정리하며 메모하고, 자신의 것으로 소화하는 작업이다.

① 점검하며 읽자.

- 책 제목과 서문을 보라.
- 책의 전체적인 구조를 파악하기 위해 차례를 살펴보라.
- 맨 뒤편에 색인(찾아보기)이 있다면 색인을 살펴보라.
- 책표지에 씌어 있는 안내 문구를 읽어라.
- 책에서 중요하다고 생각되는 한두 개의 장을 보라.

② 책에 대해 간략하게 요약정리하며 메모하라.

- 그 책은 무엇에 관한 내용을 다루고 있는가?
- 어떤 부분이 자세하게 언급되고 있는가?
- 책의 내용이 전반적으로 혹은 부분적으로 진실한 것인가?
- 책이 나에게 주는 의의는 무엇인가?

③ 나의 것으로 소화하라.

- 중요한 곳에 밑줄을 긋자.
- 밑줄을 긋기에 너무 길다고 생각되면 가장자리 여백에 세로 줄을 긋자.
- 중요한 내용은 ※☆♡ 등 강조 표시를 하자.
- 논의의 전개 순서에 따라 ①, ②, ③, ④혹은 가, 나, 다, a, b, c 등 순서를 매기자.
- 논의되는 부분과 관련되는 곳의 쪽수를 여백에 적자.
- 핵심어나 핵심구에 동그라미나 밑줄 등으로 표시를 하자.
- 쪽의 빈 여백에 나름대로 느낌이나 비평을 써 넣자.

둘째, 반드시 분석적으로 책을 읽어라.

그것은 다음과 같은 단계로 진행된다. 먼저 그 책이 무엇에 관한 내용을 담고 있는지 밝히고, 다음으로 그 책의 내용을 해석하며, 마지막으로 책에 대해 비평을 해야 한다.

1단계: 무엇에 관한 책인지를 밝혀라.

→ 책의 종류와 주제에 따라 책을 분류하라.

→ 가장 간결하게, 서너 줄 정도로 책 전체가 무엇을 말하려는지 요약하라.

→ 책 내용의 진행 순서와 내용 중의 각 부분들이 어떤 관계를 이루고 있는지 주요한 부분과 그것을 보충하는 부분을 구체적으로 분석하라.

→ 저자는 무엇을 해결하려고 고민하는지, 나의 눈으로 문제를 규정해 보라.

2단계: 책의 내용을 해석하라.

→ 저자가 사용하는 기본 용어나 개념을 해석하고 이해하라.

→ 주요한 문장들을 찾아내고 요지를 밝혀라.

→ 일련의 문장 속에서 저자의 논증을 발견하고 그 문장들로부터 논증을 구성하라.

→ 저자가 해결한 문제와 해결하지 못한 문제를 판별하라.

3단계: 책에 대해 비평하라.

→ 분석과 해석을 마치기 전에는 비평하지 말라.

→ 저자의 지식이 부족한 곳을 제시하라.

→ 저자의 지식에 오류가 있는 곳을 지적하라.

→ 비논리적인 곳을 밝혀라.

→ 저자의 분석이나 설명이 부족한 곳을 비판하라.

셋째, 종합적이고 통합적으로 책을 읽어라.

위의 분석적 책 읽기의 1단계에서 3단계의 독서활동이 이루어졌다면, 자신의 관점으로 책에 대한 비전을 제시할 수 있다. 그리고 그에 따라 자기성숙의 길도 모색할 수 있다. 이제 〈분석적 책 읽기〉 이후에는 종합하는 작업이 남았다. 책의 내용을 자신의 세계와 연관 짓고, 사회와 접목하여 적용하고 응용할 수 있는 시각 창출이 필요한 것이다. 종합은 그런 작업의 총화다.

3) 다양한 세계 읽기

현대사회는 인터넷을 비롯한 멀티미디어가 청년 대학생의 생활을 지배한다. 위에서 언급한 책읽기보다 훨씬 강도 높게 현실에 밀착되어 있다. 컴퓨터나 스마트폰을 활용한 인터넷의 세계에는 무수한 데이터와 정보가 끊임없이 생겨난다. 그것은 문자나 그림, 사진, 동영상 등 다양한 형식으로 제시된다. 이외에도 청년 대학생들은 비디오, 영화, 여행, 연수, 체험, 봉사활동, 아르바이트 등 여러 경로를 통해 세계와 마주한다. 이런 세계를 어떻게 읽을 수 있겠는가? 세계에 대한 체험은 학습의 주요 원천이기 때문에 학습활동에 적극적으로 활용해야 한다. 활용하기에 따라서는 버릴 것이 거의 없을 수도 있다.

먼저, 청년 대학생들이 가장 많이 접하고 있는 인터넷을 어떻게 활용할 것인지 고려하자. 인터넷은 양약인 동시에 독약이기도 하다. 독으로 빠지지 않고 약으로 만드는 것이 중요하다. 그렇게 하려면 인터넷의 바다에서 자유롭게 놀며 헤엄칠 수 있는 능력이 있어야 한다.

첫째, 인터넷은 자료와 정보의 보고로 적극적으로 활용해야 한다.

둘째, 그렇다고 인터넷에 빠져서는 곤란하다. 인터넷은 내가 소화하여 내 것으로 만든 지식의 덩어리가 아니다. 그것을 가능케 하는 하나의 도구에 불과하다.

셋째, 인터넷의 바다는 늪과 같다. 잘못 빠지면 헤어나기 힘들다. 적절하게 사용시간을 조절하라.

넷째, 메일이나 채팅, 카톡, 밴드 등 교호 네트워크 서비스(SNS)로 타인과 교신했을 경우, 어떤 내용으로 나의 삶을 풍부하게 했는지 성찰하라. 필요 없는 부분은 과감하게 버리거나 회피하라.

다섯째, 인터넷에서 건진 데이터와 정보는 반드시 내 것으로 가공하라. 인터넷은 누구나 공유하므로 그곳의 데이터와 정보는 가치가 떨어진다. 내 것으로 가공할 때 새로운 가치를 발휘한다.

여섯째, 내 것으로 가공할 때, 책에서 읽은 내용과 다른 자료를 활용하여 사고하고 학습하라. 이때 새로운 지식, 창의적인 지식이 도출된다.

이처럼 효과적인 인터넷 활용을 위해, 의미가 있다고 판단되는 내용인 경우, 나름대로의 〈인터넷 일지〉를 작성해 보는 것도 학습효과를 높일 수 있는 인생전략이 될 수 있다. 가능한 한 〈독서카드〉와 함께 사용하면 좋다.

〈인터넷 일지〉

예시)

- 사이트: http://library.korea.ac.kr/
- 사용일시: 2016. 3. 8
- 다룬 내용: 원문복사 상호대차 관련 자료 이용
- 느낌(비평): 사이트상에서 바로 상호대차할 수 있어 편리함. 전국의 모든 대학도서관과 연결되면 학습에 많은 도움이 될듯함. ……

- 사이트:
- 사용일시:
- 다룬 내용:
- 느낌(비평):

다음으로, 다양한 체험의 세계를 만들자. 그러기 위해서는 준비가 필요하다.

첫째, 자신만의 〈체험수기〉를 작성하라. 체험은 가장 소중한 학습의 자본이다. 그것에서 자신의 장점과 단점, 다른 사람과의 관계, 일의 성격 등 다양한 성찰을 할 수 있다. 체험한 사실은 〈일기〉에 반영할 수도 있고, 〈체험일지〉를 따로 마련하여 기록해도 좋다. 〈체험일지〉를 통해 앞에서 다루었던 방식으로 자신의 학습 스타일을 분석할 수도 있다. 체험의 성공과 실패 여부를 통해 자신에게 맞는 일을 성찰하면 더욱 좋다.

둘째, 자신만의 〈연구노트〉, 〈학습노트〉를 꾸며 보라. 동서고금을 막론하고 성공한 사람들의 습관 중의 하나가 메모하는 일이라고 한다. 메모지나 수첩에 일상적인 내용을 기록하는 것도 좋지만, 학습과 연관되는 의미 있는 내용을 채우게 되면, 개인의 역사가 되기도 하고, 학습의 성숙도를 확인할 수 있는 자료가 되기도 한다. 청년 대학생들이 대학생활 4년 동안 꾸준히 자신의 삶을 기록한다면 자기만의 〈학습노트〉, 아름다운 〈연구노트〉를 만들 수 있을 것이다.

독서활동은 청년 대학생들의 학습활동에서 중추적인 역할을 한다. 때문에 대학생들은 독서를 일상의 모습으로 인식해야 한다. 읽고 쓰고, 생각하고 비평하며, 자신의 관점을 풍부하게 해 나갈 필요가 있다. 이때 독서하는 방법이나 습관을 구체적으로 모색하는 일은 대단히 중요하다. 무턱대고 책을 읽기보다는 분석적이고 논리적으로 비판하며 종합적인 사고력을 길러 갈 수 있는 독서테크닉을 익혀야 한다. 아울러 책 이외의 다양한 멀티미디어 자료나 자기체험을 주요한 학습의 바탕으로 인식하고, 그것을 책과 연관하여 고민할 필요도 있다. 왜냐하면 자신의 모든 활동은 학습의 원천이며, 지식 창출의 근원이자 삶을 추동하는 동력이기 때문이다.

7. 학습양식의 전환—내 인생의 성찰과 동기부여

나는 누구인가? 나는 어디에 있으며 나의 모습은 다른 사람들에게 어떻게 비쳐질까? 너무나 경쟁적이고 바쁜 현대사회에서 청년 대학생들은 나를 잃어버리는(?) 경우가 많다. 무엇을 해야 할지, 어디에 머물러야 할지 모른 채, 시간은 자꾸 흘러간다. 이런 얘기를 하다 보면, 좀 숙연해지기도 한다. 그렇다고 매일 숙연한 상태로 엄격하게 자기관리를 한다면, 목사나 신부, 수녀, 혹은 스님처럼 수련에 몰두하는 종교인 같은 삶을 살아야 할 것이다.

그러나 청년 대학생은 배우는 사람이다. 이른바 '학생(學生)'이다. 그러니까 매일은 아니더라도 가끔씩, 어떤 계기에 따라 자기성찰을 통해 스스로에게 삶의 동기부여를 할 필요가 있다. 그런 경험이 많을수록, 삶의 성숙도가 높아지고, 인생은 질적 승화를 거듭 하리라.

학습법의 마지막 부분에 왜 자기성찰을 강조하는가? 이유는 간단하다. 그래야만 삶과 연관된 학습 동기가 부여되고 학습에 대한 성찰을 한층 업그레이드 할 수 있기 때문이다. 아무리 많은 양의 지식을 습득하고, 대학생활에서 높은 학점을 이수하였다 할지라도, 그것이 나의 삶을 살찌우는 데 보탬이 되지 않는다면, 무슨 의미가 있겠는가? 학습은 삶의 중요한 부분이다. 청년 대학생으로서 학습활동이 인생 전체로 자연스럽게 연결될 때, 그 가치가 더욱 빛날 것이다. 그러기 위해 세 가지를 주문한다.

첫째, 고정관념을 깨고 사고를 전환하라.

둘째, 내 삶의 성취이력서와 미래이력서를 작성하며, 꿈을 현실로 다져라.

셋째, 누군가에게 남기는 유서(遺書) 작성을 통해 자신의 삶을 성찰하라.

1) 고정관념 깨기와 사고의 전환

청년 대학생은 그 특성상 일상에 매몰되어 있는 경우가 많다. 근대 서양 철학의 포문을 연 데카르트는 현재 생각하고 있는 나 자신 이외에 모든 것을 '회의(懷疑)해 보았다'고 했다. 이렇게 불확실한 시대에, 청년 대학생들도 일상에서 벌어지는 모든 것을 의심해 볼 필요가 있다. 이 세상에는 이것이 옳은지, 저것이 그른지, 내가 잘했는지 잘못했는지, 해야 할지 말아야 할지, 시비 판단을 하기 어려운 것이 많다. 대부분의 경우, 기존에 관행처럼 여겨 오던 것들에 대해 그저 그러려니 하고 넘기기 일쑤다. 그렇게 되면 '청년 대학생'이라는 명칭이 무색할 정도로 그냥 일상인으로 살아가게 된다. 이럴 바에는 그냥 쉽게 살아가면 되었지, 엄청난 비용과 시간을 들여가면서, 고등교육을 받을 필요가 있을까? 기존에 대부분의 사람들이 생각하는 고정관념을 깨고 내 삶에 대한 진지한 성찰을 위해 간단하게 아래 내용을 보면서 고민해 보자.

하트 모양의 그림이 무엇으로 보이는가? 어린 아이가 단순하게 그린 나무처럼 보이는가? 먹음직스런 사과로 보이는가? 아니면 하트 모양에 그냥 꼭지를 달아놓은 의미 없는 그림으로 보이는가? 아주 진지하게 디자인한 상표처럼 보이는가? 정답은 없다. 하지만 현재 나의 마음이 어떠한지 가늠할 수 있는 하나의 잣대가 될 수 있다. 무엇으로 보이는가?

또 다음의 표를 보고, 어떤 삶을 가꾸어 갈 것인지 심각하게 고려해 보자. 현재의 삶이 어떤 상황에 처해 있는지 분석하면서, 그에 대한 생각의 정도와 발상의 전환에 따라 인생은 완전히 달라질 수 있다. 무엇을, 왜, 어떻게 선택할 것인가?

표6. 발상의 전환

구분	일반적으로 읽을 경우	거꾸로 읽을 경우	인생의 태도	
			긍정	부정
과정	경력	역경	고난의 과정을 극복하고 경험을 축적하여 삶의 성숙을 더해 감	역경에 허덕이는 시간이 지속되고 삶이 무기력에 빠짐
결과	살자	자살	용기/희망/열정/노력/성취감/자신감/생명력/삶	분노/절망/나태/안주/패배감/열등감/사멸감/죽음

자기 마음의 문을 열어 보았다면, 현재 나는 어떤 얼굴로 나를 마주하고 있는가? 내 마음의 거울을 보라. ○년 ○월 ○일 ○시 ○분의 내 삶의 모습은 어떠한가? 무엇을 위해, 어떤 방법으로 살고 있는가? 육하원칙(六何原則)인 '누가(who), 언제(when), 어디서(where), 무엇을(what), 왜(why), 어떻게(how)'에 의거하여 기술해 보자. 또는 내 삶의 현재 모습을 〈생활기록〉를 통해 그림이나 만화 등으로 스케치해 보아도 좋다.

〈생활기록〉

예시)

- 일시: 2016년 4월 3일 12시 30분
- 장소: 교내 ㅇㅇ대학 앞 벤치
- 내용: 나는 2015년 10월 3일 ㅇㅇ대학 앞 벤치에서 함께 강의를 듣는 ㅇㅇ학과 친구와 만났다. 그 친구는 나와 같은 협동학습 조원이다. 우리 조원은 점심을 먹으면서 2주 후에 제출할 협동학습 과제에 대해 논의하려고 한다. …… 오늘은 어떤 문제들을 제기하게 될까? 나는 다른 학과의 친구들 의견을 들을 때마다 그 참신한 발상에 놀라곤 한다. 오늘도 친구들의 다양하고 재미있는 생각들이 기다려진다. ……

〈생활기록〉

• 일시:
• 장소:
• 내용:

2) 삶의 이력서와 미래의 명함

이력서(履歷書)를 작성해 본 적이 있는가? 이력서는 청년 대학생으로 학교에 재학하고 있을 때는 생소한 것일 수 있다. 일반적으로 학교를 졸업하고 직장에 취직을 하거나 아르바이트를 하려고 할 때, 〈자기소개서〉와 〈이력서〉 등 간략한 서류를 제출한다. 그것은 나를 돌아보는 것이기도 하지만 타인에게 내 삶의 흔적을 보여 주는 자기공개의 마당이다. 내 삶의 이력서는 어떠한가? 지금까지 나는 무엇을 하고 살았는가?

〈이력서〉에서는 내 떳떳한 스펙을 과시할 수 있고, 부끄러운 자화상을 그릴 수도 있다. 내 삶의 공개를 통해 비추어지는 모습, 그것이 초라하다면 풍성하게 만들면 되고, 만족스럽다면 보다 더 채워서 자긍심을 지니게 할 수도 있다. 그것이 바탕이 되어 미래에 직업을 갖게 될 것이고, 그 직업이 지시하는 명함이 나를 규정할 수 있다.

자신의 현재 이력서와 명함을 그려보면서 학습계획을 다지고, 청년 대학생으로서의 삶을 점검해 보자.

1. 내 삶의 이력서

구분	현재 이력서	미래 이력서
0-9세		
10대		
20대		
30대		
40대		
50대		
60대		
70대		
80대		

2. 나의 명함과 생명력

나의 자부심-명함	나의 생명력-성취, 열정과 노력
• 예시 고려대학교 KOREA UNIVERSITY **홍길동** 고려대학교 고려학과 2학년 · 고려동아리회장 Tel. 02-123-4567 | H.P. 010-1234-5678 e-mail. korea@korea.ac.kr 서울특별시 성북구 안암로 145	나의 자부심 (명함): 성명, 연락처, 직장, 직위 등 나의 생명력 (성취와 열정, 노력): 나의 장점, 특기, 지도자로서의 비전 제시 등
• 나의 현재 명함	1. 2. 3. 4. 5.
• 나의 미래 명함	1. 2. 3. 4. 5.

3) 유서 작성과 인생의 전환

인간에게서 죽음은 삶의 전환을 가져다주는 촉매가 되기도 한다. 부모형제나 친구, 주변 사람들의 죽음은 사람의 삶을 환기시킨다. 나 자신이 죽는다는 사실을 인지한다면, 그런 감정은 상상을 초월할 정도로 강력할 것이다.

특별한 경우를 제외하고, 대부분의 사람들은 죽기 전에 유서(遺書)를 작성한다. 유서는 자신의 생을 정돈하는 역할도 하지만, 남겨진 사람들에 대한 당부와 보다 나은 삶에 대한 염려가 담겨 있다. 이런 점에서 유서 쓰기 연습은 자기 단련을 위한 효과적인 수단으로 작용한다. 유서를 쓴다고 하니까 죽기를 작정한 것 같은 느낌이 드는가? 그런 취지로 이런 자리를 마련한 것이 아니므로 걱정할 필요는 없다. 학습을 보다 효과적으로 인도하기 위한 하나의 방편일 뿐이다.

유서는 말 그대로 '남기는 글'이다. 죽음을 앞두고 누구에겐가 꼭 하고 싶은 말을 남기는 것이다. 이런 특징을 지니고 있는 유서에는 진실이 반영되고 진심을 담는 경우가 많다. 여기서는 죽음을 앞둔 상황이 아니라, 보다 알찬 삶을 위한 하나의 공부과정으로서 유서를 쓴다. 청년 대학생으로서 대학을 졸업한다(또는 한 학기, 한 학년을 마친다)고 가정하고, 자신에게 남기는 말을 적어 보자.

대신, 유서를 쓰는 조건은 스스로 만들어 보라. 예를 들어, 내가 6개월 이내에 졸업을 한다고 생각한다든가, 한 학년이 얼마 남지 않았다든가, 등등 여러 가지 계기가 있을 것이다. 그 계기를 하나의 죽음 상황으로 가정해 보라. 그리고 자신의 '학습'이나 일생의 '배려'와 관련하여 어떤 말을 남기고 싶은지 고려해 보라. 특히, 청년 대학생으로서의 시간을 마친 후, 대학을 졸업한 이후에, 어떤 공부를 통해 '배려'하는 삶을 영위하고 싶은가?

〈나의 유서〉

• 나 자신에게 남기는 말

(예: 졸업 6개월을 남겨 둔 내가, ㅇ학년을 6개월 남겨 둔 내가, ……)

• 나 자신을 포함하여 모든 사람에게 전하고 싶은 말

(예: 졸업 후의 공부와 배려하는 삶에 대해)

보론

배려를 위한 사유와 실천

1. 동양의 고사성어

■ 관포지교(管鮑之交)

'관중(管仲)과 포숙아(鮑淑牙) 사이와 같은 사귐'이란 뜻으로, 시세(時勢)를 떠나 친구를 위하는 두터운 우정을 일컫는 말.

춘추시대 초엽, 제(濟)나라에 관중과 포숙아라는 두 관리가 있었다. 이들은 죽마고우(竹馬故友)로 둘도 없는 친구 사이였다. 관중은 공자(公子) 규(糾)의 측근(보좌관)이었고, 포숙아는 규의 이복동생인 소백(小白)의 측근으로 있었다. 공자 규의 아버지 양공(襄公)이 사촌동생 공손무지에게 시해되자, 관중과 포숙아는 각각 두 공자와 함께 이웃 노나라와 거나라로 망명했다.

이듬해 공손무지가 살해되자, 두 공자는 임금 자리를 다투어 귀국을 서둘고 관중과 포숙아는 본의 아니게 정치적으로 적대관계에 서게 되었다. 관중은 한때 소백을 암살하려 했으나 소백은 먼저 귀국하여 환공(桓公)이라 일컫고, 노나라에 망명해 있던 공자 규의 처형과 아울러 관중의 압송을 노나라에 요구했다. 환공이 압송된 관중을 죽이려 하자 포숙아는 이렇게 진언했다.

"전하, 제나라 하나만 다스리는 것으로 만족하신다면 신(臣)으로도 충분할 것이옵니다. 그러나 천하의 패자(覇者)가 되시려면 관중을 기용하십시오.”

도량이 넓고 식견이 높은 환공은 신뢰하는 포숙아의 진언을 받아들여 관중을 대부(大夫)로 중용하고 정사를 맡겼다. 재상이 된 관중은 정치가 다운 수완을 유감없이 발휘했다. ‘창고가 가득차야 예절을 안다’, ‘의식이 풍족해야 영욕을 안다’고 한 관중의 유명한 정치철학이 말해 주듯, 그는 국민 경제의 안정에 입각한 덕본주의(德本主義)의 선정을 베풀어, 마침내 환공이 춘추(春秋)의 첫 패자로 군림케 하였다.

이 같은 정치적인 성공은 환공의 관용과 관중의 재능이 한데 어우러진 결과이긴 하지만, 그 출발점은 관중에 대한 포숙아의 변함없는 우정에 있었다. 그래서 관중은 훗날 포숙아에 대한 감사한 마음을 이렇게 술회하고 있다.

“나는 젊어서 포숙아와 장사를 할 때 늘 이익금을 내가 더 많이 차지했다. 그러나 그는 나를 욕심쟁이라고 말하지 않았다. 내가 가난하다는 걸 알고 있었기 때문이다. 또 그를 위한다고 벌인 사업이 실패하여 그를 궁지에 빠뜨린 일이 있었다. 그러나 나를 용렬하다고 여기지 않았다. 일에는 성패(成敗)가 있다는 걸 알고 있었기 때문이다. 나는 또 벼슬길에 나갔다가는 물러나곤 했었지만 나를 무능하다고 말하지 않았다. 내게 운이 따르고 있지 않다는 걸 알고 있었기 때문이다. 어디 그뿐인가. 나는 싸움터에서도 도망친 적이 한두 번이 아니었다. 그러나 포숙아는 나를 겁쟁이라고 말하지 않았다. 내게 노모가 계시다는 걸 알고 있었기 때문이다. 아무튼 ‘나를 낳아 준 분’은 부모이지만 나를 알아준 사람은 포숙아다.”(출전:《史記》)

■ 내조지공(內助之功)

집안에서 돕는 공. 아내가 가정에서 남편이 바깥 일을 잘 할 수 있도록 도와주는 것.

삼국지의 스타, 조조(曹操)가 위(魏)나라 무제(武帝)가 되자 후계 문제로 한 동안 고민했다. 맏아들인 조비(曹丕)로 할 것인가, 아니면 그 아우인 똑똑하고 문장이 뛰어난 조식(曹植)으로 할 것인가, 그것이 문제였다.

결국, 조비가 황태자로 정해졌다. 이는 나중에 황후가 된 곽(郭) 씨의 도움이 컸다. 조식이 형인 조비보다 똑똑한 데다 조조가 조식을 편애했기 때문에 곽 씨가 여러 가지 방책을 썼다는 것이다.

조조가 무제로 등극했을 때 동궁으로 들어온 곽 씨는 군(君)의 장관(長官)인 곽영(郭永)의 딸이었다. 곽 씨는 남달리 영특해서 곽영이 "내 딸은 여자 중의 왕이다"고 말해 일찍부터 여왕으로 불렸다고 한다.

문제(文帝)가 된 조비가 견후(甄后)를 폐하고 곽 씨를 황후로 삼으려고 하자 중랑(中郎)인 잔잠(棧潛)이 상소를 올려 말렸다.

"옛날의 제왕이 세상을 잘 다스린 것은 재상과 같이 정사를 공식적으로 보좌한 사람이 있었기 때문입니다. 그뿐만 아니라, 안에서는 아내의 도움(內助之功)이 있었기 때문입니다."

잔잠은 이어 곽 씨를 황후로 세우는 것은 아랫사람이 윗사람을 누르는 것이어서 질서를 어지럽히게 되어 나라가 어려워지는 원인이 될 것이라고 간했지만 문제는 듣지 않았다.

황후가 된 곽 씨는 뒤에 명제(明帝)가 된 조예(曹叡)를 낳은 견후를 모함하여 죽였다. (출전:《三國志》)

■ 동병상련(同病相憐)

'같은 병을 앓는 사람끼리 서로 가엽게 여긴다는 뜻'으로, 어려운 처지에 있는 사람끼리 서로 딱하게 여겨 동정하고 돕는다는 말.

전국 시대에 오(吳)나라의 공자 광(光)은 사촌동생인 오왕 요(僚)를 시해한 뒤, 오왕 합려(闔閭)라 일컫고, 자객을 천거하는 등 반란에 적극 협조한 오자서(伍子胥)를 중용했다.

오자서는 7년 전 초나라의 태자 소부(太子 少傅) 비무기(費無忌)의 모함으로 태자 태부(太子 太傅)로 있던 아버지와 관리였던 맏형이 처형당하자

복수의 화신이 되어 오나라로 피신해 온 망명객이었다. 그가 반란에 적극 협조한 것도 유능한 광(합려)이 왕위에 오름으로써 부형(父兄)의 원수를 갚을 수 있는 초나라 공략의 길이 열릴 것으로 믿었기 때문이다.

그해 또 비무기의 모함으로 아버지를 잃은 백비가 오나라로 피신해 오자 오자서는 그를 오왕 합려에게 천거하여 대부(大夫) 벼슬에 오르게 했다. 이 사실이 알려지자 오자서는 대부 피리(被離)에게 힐난을 받았다.

"백비의 눈길은 매와 같고 걸음걸이는 호랑이와 같으니, 이는 필시 살인할 나쁜 인상이오. 그런데 귀공은 무슨 까닭으로 그런 인물을 천거하였소?"

피리의 말이 끝나자 오자서는 이렇게 답했다.

"뭐 별다른 까닭은 없소이다. 하상가(河上歌)에도 '동병상련(同病相憐)', '동우상구(同憂相救)'란 말이 있듯이, 나와 같은 처지에 있는 백비를 돕는 것은 '인지상정(人之常情)'이지요."

그로부터 9년 후 합려가 초나라를 공략, 대승함으로써 오자서와 백비는 마침내 부형의 원수를 갚을 수 있었다. 그러나 그 후 오자서는 불행히도 피리의 예언대로 월(越)나라에 매수된 백비의 모함에 빠져 분사(憤死)하고 말았다.(출전:《吳越春秋》)

▣ 빙탄불상용(氷炭不相容)

서로 용납할 수 없는 얼음과 숯. 두 사물이 서로 화합할 수 없음.

한 무제(韓武帝) 때의 명신(名臣) 삼천갑자(三千甲子) 동방삭(東方朔)은 재치와 해학, 변설에 뛰어나 입을 열면 막히는 법이 없고, 청산유수 같은 달변은 뭇 사람들의 넋을 빼놓기에 족했다. 무제는 자주 그를 불러 이야기를 청해 듣곤 했다. 그래서 가끔 어전에서 대접이라도 하면, 먹고 남은 음식을 싸 가지고 가는 바람에 그의 옷은 늘 더러워져 있었다. 보다 못한 황제(皇帝)가 비단을 하사하면 어깨에 메고 귀가했다. 또 돈을 하사하면 술집에서 다 써버리고, 미녀를 아내로 삼아 1년도 못 가 바꾸기 일쑤였다. 그래서 다들 그를 반미치광이로 여기고 있었다.

하지만 그에게는 번뜩이는 지혜가 있었다. 그는 곧잘 무제에게 직언을 서슴지 않았다. 그는 죽을 때에 무제에게 다음과 같이 말했다.

"교활하고 아첨하는 무리들을 멀리 하시고 참소(讒訴)하는 말을 물리치소서."

사실 그는 조정에서 교활한 자를 은근히 비웃었으며 그들과는 일체 타협하지 않았다. 그의 이런 성격은 불의와 타협하지 않고, 충절(忠節)을 지키다 끝내 파직과 귀양으로 불운하게 일생을 보냈던 굴원(屈原)과도 흡사하다. 그가 쓴 〈칠간(七諫)〉은 굴원에 대한 흠모의 정을 표현하고 있다. 그 중 '자비편(自悲篇)'에 이런 말이 보인다.

"얼음과 숯불은 함께할 수 없다(氷炭不可以相幷兮)."

'아첨과 참언을 일삼는 간신들과는 공존할 수 없다'는 자신의 심경을 밝힌 것이다.(출전:《楚辭》)

■ 선입견(先入見)

애초부터 머릿속에 들어가 있는 고정적인 관념 또는 견해. 미리 보거나 듣거나 한 것이 자신의 생각이나 판단의 기준이 되기 쉽다는 말.

전한(前漢)의 11대 황제인 애재(哀帝)는 스물두 살 난 동현(董賢)을 사마(大司馬)란 큰 벼슬에 임명하는 등 정치와 사람 쓰는 일에 서툴렀다. 20세에 즉위하여 26세에 죽은 애제는 정치를 외척에게 맡겨 놓다시피 하고 자신은 방종한 생활을 즐겼다. 그때 애제의 장인과 동향 친구로 식부궁(息夫躬)이란 사람이 있었다. 그는 전국시대의 소진과 장의와 같은 이른바 세객(說客)이었다. 어느 날 그는 애제에게 북방의 흉노가 곧 침략해 온다면서 국경지에 군사를 집결시켜야 한다고 상소했다. 청산유수 같은 그의 변설에 애제도 그럴싸하게 여겨 승상인 왕가(王嘉)를 불러 대책을 세우라고 했다.

그러나 왕가는 애제의 말을 듣고 식부궁의 주장이 허황되다고 조목조

목 지적한 다음 이렇게 덧붙여 말했다.

"폐하께서는 망령된 말이나 쓸데없는 변설에 귀를 기울이시면 안 됩니다. 진(秦)나라의 목공은 어진 신하인 백리해와 건숙의 말을 듣지 않고 정(鄭)나라를 치려다가 크게 낭패했습니다. 그러나 목공은 뒤에 뉘우치고 아첨하는 무리를 뿌리치고 경험 많은 원로의 말을 존중했기 때문에 훌륭한 군주가 될 수 있었습니다. 폐하께서는 부디 옛날의 교훈을 명심하시고 거듭 생각하시기 바랍니다. 앞서 들으신 말에 구애되지 마십시오(無以先入之語爲主)."

왕가의 말은 받아들여지지 않았지만 얼마 뒤 식부궁은 황제를 우롱한 것으로 드러나 죽음을 당했다. 여기에서 선입지어위주(先入之語爲主)는 선입주(先入主)로 줄여져 쓰이다가 요즘은 선입견(先入見) 혹은 선입관(先入觀)으로 많이 쓴다.(출전:《漢書》)

▣ 승당입실(升堂入室)

'대청에 올라 방으로 들어가다'는 뜻으로, 학문이나 예술이 차츰 높은 수준으로 나아가 깊은 경지에 이름을 말함.

공자(孔子)에게 자로(子路)라는 제자가 있었다. 용맹 과감하고 무(武)를 좋아하는 호쾌한 선비였다. 그가 하루는 비파를 켜고 있었다.

그 음색은 그의 성격처럼 호쾌하고 웅장했다. 그것을 들은 공자가 불만스러운 듯이 자로에게 말했다.

"그런 솜씨로는 나의 제자라고 할 수 없다."

왜냐하면 공자가 주장하는 인(仁)과 중용(中庸)에 어그러졌기 때문이다.

공자의 비판을 들은 제자들은 그 후로 자로를 존경하지 않게 되었다. 자로가 자랑하는 무용(武勇)은 공문(孔門)에 있어서는 오히려 경멸해야 할 것이었기 때문이다.

그러나 그것을 안 공자는 제자들을 타이르고 자로를 변호하여 말했다.

"자로의 솜씨는 이미 당에 올라 있다(升堂). 아직 실에 들어가(入室) 있지 않았을 뿐이다. 잘못 생각하면 안 된다."

공자에게 혼난 제자들은 깊이 반성하고 그 후로 자로에 대한 태도를 고쳐 다시 그를 존경했다.(출전:《論語》)

■ 식자우환(識字憂患)

글을 아는 것이 근심을 사게 된다. 문자를 배우고 학문을 하게 되면 많은 걸 알게 되는데 바로 그 때문에 근심거리도 많아진다는 뜻이다.

《삼국지》의 주인공 유비(劉備)가 제갈량을 얻기 전에는 서서(徐庶)가 군사(軍師)로 있으면서 조조(曹操)를 괴롭혔다. 어떻게 해서든 서서를 자기 사람으로 만들고 싶은 조조는 그가 효자라는 사실을 알고 한 가지 계획을 꾸몄다.

서서의 어머니가 조조의 영역인 위(魏)나라에 있는 것을 이용해 그를 불러들이려는 것이었다. 하지만 서서의 어머니 위부인(衛夫人)은 학식이 높고 의리를 아는 여장부여서 오히려 한 군주를 섬기라고 아들을 격려하는 형편이었다. 조조는 모사(謀士) 정욱(程昱)의 계책에 따라 위부인의 필체를 흉내 내어 급히 위나라로 돌아오라는 편지를 서서에게 보냈다.

집으로 돌아온 아들을 보고 위부인은 깜짝 놀라 까닭을 물었다.

아들의 말을 듣고 나서야 그것이 자신의 필체를 본뜬 가짜 편지 때문이었음을 알고는 한숨을 내쉬며 이렇게 말했다.

"여자가 글자를 안다는 게 근심거리를 부르는 원인이 되는구나(女子識字憂患)."

세상에는 모르면 괜찮을 것을 알기 때문에 재앙을 당하는 경우가 있다. '석창서취묵당(石蒼舒醉墨堂)'이란 시에서 소동파도 이렇게 읊고 있다.

"문자를 알게 되면서 사람의 우환은 시작되네(人生識字憂患始). 이름 자나 겨우 쓸 수 있다면 편히 쉴 수 있건만(姓名粗記可以休)."(출전:《三國志》)

■ 온고지신(溫故知新)

옛 것을 익히고 그것으로 미루어 새 것을 안다는 뜻.

공자는《논어》에서 이렇게 말했다. "옛 것을 익히어 새 것을 알면 남의 스승이 될 수 있느니라(溫故而知新 可以爲師矣)."

남의 스승이 된 사람은 고전(古典)에 대한 박식(博識)만으로는 안 된다. 즉, 고전을 연구하여 거기서 현재나 미래에 적용될 수 있는 새로운 도리를 깨닫는 것이 아니면 안 된다는 것을 말하고 있다. (출전:《論語》)

■ 우공이산(愚公移山)

어리석은 사람이 산을 옮긴다는 뜻으로, 어떤 큰일이라도 끊임없이 노력하면 반드시 이루어짐을 비유함.

춘추 시대의 사상가 열자(列子)의 문인들이 열자의 철학사상을 기술한《열자》에 다음과 같은 우화가 실려 있다.

먼 옛날 태행산(太行山)과 왕옥산(王玉山) 사이의 좁은 땅에 우공(愚公)이라는 90세 노인이 살고 있었다. 그런데 사방 700리에 높이가 만 길이나 되는 두 큰 산이 집 앞뒤를 가로막고 있어 왕래에 장애가 되었다. 그래서 우공은 어느 날, 가족을 모아 놓고 이렇게 물었다.

"나는 너희들이 저 두 산을 깎아 없애고, 예주(豫州)와 한수(漢水) 남쪽까지 곧장 길을 내고 싶은데 너희들 생각은 어떠냐?"

모두 찬성했으나 그의 아내만은 무리라며 반했다.

"아니, 늙은 당신의 힘으로 어떻게 저 큰 산을 깎아 없앤단 말이에요? 또 파낸 흙은 어디다 버리고?"

"발해(渤海)에 갖다 버릴 거요."

이튿날 아침부터 우공은 세 아들과 손자들을 데리고 돌을 깨고 흙을 파서 삼태기로 발해까지 갖다 버리기 시작했다. 한 번 갔다 돌아오는데 꼬박 1년이 걸렸다. 어느 날 지수라는 사람이 '죽을 날이 멀지 않은 노인이 정말 망령'이라며 비웃자 우공은 태연히 말했다.

"내가 죽으면 아들이 하고, 아들은 또 손자를 낳고 손자는 또 아들을… 이렇게 자자손손(子子孫孫) 계속하면 언젠가는 저 두 산이 평평해질 날이 오겠지."

이 말을 듣고 깜짝 놀란 것은 두 산을 지키는 사신(蛇神)이었다.

산이 없어지면 큰일이라고 생각한 사신은 옥황상제(玉皇上帝)에게 호소했다. 그러자 우공의 끈기에 감동한 옥황상제는 역신·과아의 두 아들에게 명하여 각각 두 산을 업어 태행산은 삭동(朔東) 땅에, 왕옥산은 옹남(雍南) 땅에 옮겨 놓게 했다. 그래서 두 산이 있었던 기주(冀州)와 한수(漢水) 남쪽에는 현재 작은 언덕조차도 없다고 한다.(출전:《列子》)

■ 계발(啓發)

슬기와 재능을 널리 열어 줌. 지식을 넓혀 주며 사물의 이치를 밝게 해 줌.

《논어》에 '불분불계 불비불발(不憤不啓 不排不發)'이라는 말이 있다. 여기에서 나오는 분(憤)이란 마음에 맞는 것을 구하는데 아직 얻지 못하였음을 나타낸다. 배(排)는 말하려고 하는데 아직 말하지 못한 것을 뜻한다. 그리고 계(啓)는 뜻을 편다는 것을 의미하고, 발(發)은 말을 다함을 뜻한다.

공자의 교육 방법은 요즘으로 말하자면 사숙(私塾)이다. 자유스러운 토론 방식을 통해 제자들을 연마시켰다. 어디까지나 상대의 자발성을 기대했다. 예를 들어 다음과 같이 설명했다.

"애써 공부하여 왔는데 바로 눈앞에 이르러 무언가 거치적거리는 것이 있다. 무언가 알 듯 모를 듯하여 주저하거나 머뭇거리는 상태가 아니면 암시를 줄 수 없다(不憤不啓). 또 하고 싶은 말이 머릿속에 있으나 어떻게든 표현이 안 되어 답답해하고 있는 상태가 아니면 도와줄 수 없다(不排不發). 이쪽에서 예를 들어 주면 즉시 다른 유형을 제시하지 않으면 지도를 해 줄 수가 없다."

이것은 한마디로 자발적인 학습 방법을 뜻한다. 그래서인지 공자는 질문을 하는 사람이 무엇을 물어야 할지 모를 때에는 여러 유형의 반문을 거

듭한 후 묻고자 하는 바를 자세히 일러 주는 방법을 택하고 있다.(출전:《論語》)

■ 귀감(龜鑑)

거북은 길흉을 점치고 거울은 사물의 그림자를 비춘다. 사물의 거울, 본보기가 될 만한 것.

옛날에는 길흉을 예측하는 방법으로 두 가지가 있었다. 하나는 거북의 등을 말려 굽는 것이다. 그렇게 하면 여러 갈래 금이 나타난다. 그것을 귀열(龜裂)이라고 한다. 이때 생겨난 금을 조(兆)라 하여 어떤 일에 나타나는 기미를 징조(徵兆), 길조(吉兆), 흉조(凶兆)라고 하였다.

다른 한 가지는 서죽(筮竹)이다. 나무를 이용했기 때문에 우리나라에서는 '산가지'라 하는데 이것은 점쟁이가 산통(算筒)에 넣어 길흉을 헤아릴 때 사용한다. 스스로가 아름다움과 추함을 판단하는 데 어떤 도구가 있을까? 그것은 거울이다. 옛날에는 거울이 귀했기 때문에 세숫대야와 같은 곳에 물을 담아 비추어 보았다. 그것이 감(鑑)이다. 다시 말해 감으로써 추하고 아름다움을 판단했다.

송나라의 유학자인 정호(程顥)와 정이(程이) 형제가 어느 날 잔칫집에 갔다. 동생은 점잖게 술을 마시는데 형은 차마 눈뜨고 볼 수 없을 만큼 장난이 심했다. 동생은 몹시 불쾌했다. 다음날 형을 찾아가 은근히 나무랐다.

"형님, 어젯밤 술자리에서 장난이 너무 심합디다. 장난이 그렇듯 거칠어서야 되겠습니까?"

형이 아무렇지 않게 꾸했다.

"성인은 거울과 같은 것이야. 고운 것이 비치면 곱게 보이고 추한 것이 비치면 추하게 보일 뿐이지. 그러나 거울은 하등 상관이 없지."(출전:《北史》)

■ 도외시(度外視)

안중에 두지 않고 무시함.

후한의 시조 광무제(光武帝) 때의 일이다. 광무제 유수(劉秀)는 한(漢)나라를 빼앗아 신(新)나라를 세운 왕망(王莽)을 멸하고 유현(劉玄)을 세워 황제로 삼고 한나라를 재흥했다.

대사마(大司馬)가 된 유수는 그 후 동마(銅馬)·적미(赤眉) 등의 반란군을 무찌르고 부하들에게 추대되어 제위에 올랐으나 천하 통일에의 싸움은 여전히 계속되었다. 이윽고 제(齊) 땅과 강회(江淮) 땅이 평정되자 중원(中原)은 거의 광무제의 세력권으로 들어왔다. 그러나 벽지인 진(秦) 땅에 웅거하는 외효와 역시 산간오지인 촉(蜀) 땅의 성도(成都)에 거점을 둔 공손술(公孫述)만은 항복해 오지 않았다.

중신들은 계속 이 두 반군의 토벌을 진언했다. 그러나 광무제는 이렇게 말하며 듣지 않았다.

"이미 중원은 평정(平定)되었으니 이제 그들은 문제시할 것 없소(度外視)."

광무제는 그간 함께 많은 고생을 한 병사들을 하루 속히 고향으로 돌려보내어 쉬게 해 주고 싶었던 것이다. (출전:《後漢書》)

■ 목탁(木鐸)

세상 사람들을 각성시키고, 가르쳐 인도하는 사람.

목탁(木鐸)이라면 누구나 사찰(寺刹)에서 사용하는 불구(佛具) 정도로 알고 있다. 사실 중국에서는 불교가 전래되기 수천 년 전부터 목탁을 사용했다. 옛날에는 달력이 귀했으므로 백성들이 절기(節氣)에 따른 농사일을 알기가 쉽지 않았다. 그래서 통치자는 그때그때 해야 할 일을 백성들에게 알렸는데 이때 사용했던 것이 목탁이다.

그 일을 맡은 관리는 매년 봄만 되면 커다란 방울을 치면서 시내(市內)를 돌아다녔다. 그 소리를 듣고 사람이 모여 들면 "봄이 왔으니 씨를 뿌려라"고 알렸던 것이다. 그런데 그 방울 속의 혀가 나무로 돼 있었으므로 목탁이라고 했다. 쇠로 된 것은 금탁(金鐸)이라고 했는데 주로 군대 내에서 명령을 하달할 때 사용하였다.

나중에 불교가 전래되고 절기도 어느 정도 익숙해지면서 목탁은 사찰에서만 사용되었는데 이 역시 식사(食事)나 염불 시간 등 공지사항을 널리 알리기 위해서였다. 어느 경우든 목탁은 어떤 사실을 널리 알리는 데 사용됐음을 알 수 있다.

여기에서 나중에는 백성들을 교화(敎化), 인도하는 사람을 목탁이라고 부르게 되었다. 그 대표적인 사람이 공자였다.

공자가 노나라에서 벼슬을 그만 두고 자기의 이상을 실현시킬 나라를 찾기 위해 유세(遊說) 여행을 하고 있던 무렵이다. 한번은 위(衛)나라에 갔는데, 의(儀)라고 하는 국경을 지키는 관원이 찾아왔다.

"군자께서 이곳에 오시면 저는 어떤 분이라도 반드시 찾아 뵙습니다."

그가 공자를 뵙고 싶다고 청하므로 종자가 면회를 시켰다. 잠시 후 공자와 몇 마디 이야기를 나누던 관원이 나와 제자들에게 말했다.

"여러분은 문(文)이 상실되는 것을 왜 걱정하시오. 천하에 도가 없어진 지가 이미 오래 되었습니다. 하늘은 장차 당신들의 선생님을 도(道)를 전하는 목탁(木鐸)으로 삼으실 것입니다."(출전:《論語》)

2. 서양의 격언

■ 플라토닉 러브

플라톤은 소크라테스의 사고를 이어 받은 고대 그리스 아테네의 철학자다. 경험적 사실(經驗的 事實)을 떠나서 존재하는 실재(實在)의 이데아를 주장하여 관념론적 철학(觀念論的 哲學)의 시조가 되었다. 그는 진(眞)·선(善)·미(美)의 이상국가(理想國家)를 지향하고, 그 이데아에 이르는 정열

(eros)이야말로 철학이라고 말하며, 영혼불멸설(靈魂不滅說)을 주창했다. 그는《소크라테스의 변명》을 비롯하여, 많은 저서를 남겼다. 그것은 철학 논문의 체제를 갖춘 것이 아니고, 구체적인 대화(對話) 형식으로 되어 있다. 그는 대화 문답을 통해 철학사상을 풀어 나가는 독특한 스타일을 고수했다.

본래 그의 스승 소크라테스는 대화 형식으로 자신의 학설을 설명했는데, 플라톤도 그의 〈대화편〉에서 스승의 '대화'를 묘사할 목적으로 저술을 시작했다. 플라톤의 저서 중에서 가장 유명한 것으로《향연(饗宴)》이 있다.《향연》은 폴리스의 시민생활을 주요 주제로 다루고 있다. 이것은 관혼상제에 따르는 잔치였고, 사람들은 술을 마시며 노래를 부르고, 손님의 이야기를 듣고 악사의 음율과 무희의 춤을 즐기며, 학술 문예를 토론하기도 하며, 시간을 보냈다.《향연》은 플라톤이 죽은 스승 소크라테스의 사상과 인격을 추모하면서 쓴 글인데, 무대는 기원전 416년 어느 젊은 시인의 작품이 경연에서 우승하여 그 축하연이 벌어졌던 자리다. 그 자리에서 사람들은 사랑의 신, 에로스를 찬미하는 연설을 하게 된다.

어떤 사람은 애인끼리 모인 군대를 만들 것을 제안한다. 여기에 애인이란 것은 이성 간의 사랑이 아니라, 당시 그리스의 습관이던 소년 간의 사랑을 의미한다. 서로 사랑하는 청소년은 부끄러운 행위를 상대편에게 보이지 않으려고, 용감하게 싸우는 것이 옳다고 생각했다.

이때, 유명한 희극 시인 아리스토파네스도 발언을 하여, 이성 간의 사랑과 동성 간의 사랑에 대해 기발한 말을 한다. 옛날 사람은 지금의 사람을 둘로 합친 형태였는데, 신의 노여움을 사서 두 쪽으로 나뉘어졌다. 그래서 전날의 그 반쪽을 서로 그리워하는 것이라고.

그러자 마지막으로 소크라테스가 일어나서, 그의 의견을 말한다. '에로스'는 선미(善美)하며 능숙한 신(神)을 아버지로, 청빈을 어머니로 하여 태어난 자식이며, 가난하지만 막히지 않고, 또 부유하게 되지도 않는다.

그는 지(知)와 무지(無知)의 중간에 있으면서, 지(知)를 그리며 찾는 애지자(愛知者)다. 그는 아름다운 육체에서 아름다운 활동을 지향하고, 다시 아름다운 학문에서 미(美)의 본체(本體)를 인식하는 방향으로 나아간다.

미(美) 그 자체를 관조(觀照)하는 것만이 인간이 사는 보람이다. 이 사상은 소크라테스의 입을 빌려 말하고 있으나, 플라톤 자신의 사상이기도 했다. 그리고 이 미(美)의 본체(本體)인 진실재(眞實在)에 대한 사랑이 본디는 '플라토닉 러브', 즉 순애(純愛)였는데, 모르는 사이에 남녀 간의 정신적인 사랑을 가리키는 것으로 쓰이게 되었다.

■ 너의 필요성이 더 크다.

Thy necessity is yet greater than mine.

필립 시드니(Sir Philip Sidney, 1559~1586)는 엘리자베스 1세 때, 문무를 겸비한, 르네상스가 낳은 영국 신사의 꽃이라고 불리는 인물이다.

시드니의 외가 쪽 백부가 여왕의 총신 레스터 백작이다. 이 무렵, 영국은 당시 강국이던 스페인과 전쟁 상태에 있었다. 이때 지상군의 총사령관이 레스터 백작이었다. 그는 지금의 네덜란드 지방에 출병하여, 스페인군과 교전하고 있었다.

시드니도 이 전투에 참가하고 있었는데, 1586년 9월 22일 쥣펀의 성 밑에서 한쪽 무릎에 부상을 당하고 얼마 후 죽었다. 중상을 입고, 전지에서 후송되어 오는 도중, 마침 사령장관인 레스터 백작이 서 있는 근방에 다다랐다. 그러나 시드니는 출혈로 인하여 갈증을 견딜 수 없어 물을 달라고 했다. 가져 온 수통에 입을 대려고 할 때, 역시 중상으로 후송되어 오던 한 병사가 말할 기운도 없이 멍하니, 시드니의 손에 들린 수통을 바라보고 있는 눈동자와 마주쳤다.

시드니는 한 방울도 마시지 않은 수통을 그 병사에게 건네주며, "너의 필요성이 더 크다"라고 말했다.

■ 인민의, 인민에 의한, 인민을 위한 정치

Government of the people, by the people, and for the people

이 말은 민주주의의 이상을 간결하게 표현한 것으로서, 자주 인용되고 있다. 미국 16대 대통령 에이브러햄 링컨(1809~1865)이 게티즈버그에서 한 연설 속에 나온다. 게티즈버그는 펜실베이니아 주의 남부에 있는 소도시로서, 남북 전쟁의 옛 싸움터이다.

여기서 1863년 7월 1일부터 3일까지 격전이 벌어졌고, 북군이 승리를 거두었다. 싸움은 그 후, 2년이나 계속되었지만, 이때 이미 남북 전쟁의 대세는 결정되었다.

링컨의 이 연설은, 그보다 먼저 두 시간에 걸쳐 열변을 토한 연사의 뒤를 이어, 갑자기 연단에 불리어 올라서 한 것이다. 먼저 사람의 일대 열변은 사람들의 귀에서 잊혀졌는데 링컨의, 불과 이백 수십 단어로 된 이 연설은, 영원히 빛을 내며 남았다. 미국의 초등학교 아동들은 그 전문을 외우도록 되어 있다.

링컨은, 자유를 수호하고 미래를 위하여, 쓰러진 용사들의 공적을 찬양한 뒤에 다음과 같이 말을 맺었다.

> 살아남은 우리들은 여기에 있어 단단히 결심을 굳게 해야 한다. 이들 죽은 사람들에게 개죽음을 시켜서는 안 된다고. 이 국민은 하느님 밑에서, 새로이 자유를 탄생시키게 될 것이라고. 그리고 그 인민의, 인민에 의한, 인민을 위한 정치를 지상에서 없애지 않을 것이라는 점을.

"인민의, 인민에 의한, 인민을 위한 정치"라는 이 말은 이로부터 널리 사람의 입에 오른 것이 사실인데, 링컨도 '그'라고 하였듯이 그도 다른 사람의 말을 인용했던 것이었다.

당시의 설교가이던 시어도어 파커(1810~1860)란 사람의 저서 속에 이미 이 말이 보였다. 링컨은 아마도 이 말을 파커에게서 빌려왔던 것 같다.

파커보다 먼저, 정치가이며 웅변가이던 대니얼 웹스터(1782~1852)가 같은 말을 쓰고 있었다고 한다.

그런데 사실은 이 말의 기원은 훨씬 더 옛날로 올라간다. 14세기의 영국에, 존 위클리프라는 종교개혁의 선구자가 있었다. 이 사람은 성서를 영어로 완전히 번역한 최초의 사람으로 유명한데, 1384년에 출판된 그 영어의 구약성서 머리말에 이 말이 씌어 있다.

종교개혁과 민주주의가 결부되는 것은 오히려 자연스런 일일 것이다. 그리고 영어의 'Government'는 '정부'라는 의미도 있어, 이 명언에서도 그렇게 번역하는 수도 있지만, 여기서는 '통치나 정치'로 해석하는 것이 옳다.

우리말로 좀더 풀어 본다면, "인민을 위한 인민에 의한 인민의 정치!"

여기서 '인민의 정치'란 말에 대해서도 인민 주권을 가리키는 뜻으로도 해석하지만, 통치를 받는 인민의 수동적인 입장을 말한다고 보는 것이 타당하다. 즉, 정치는 인민의 입장에서 인민의 것이어야 한다는 의미로 해석될 것이다.

> 국민의 일부를 늘 속일 수는 있다. 국민 전부를 일시에 속일 수도 있다. 그러나 국민 전부를 늘 속일 수는 없는 일이다.

이것도 링컨이 남긴 말이다.

남북 전쟁이 북군의 승리로 돌아가고, 노예 제도의 폐지가 선포되자 남부의 사람들 간에는 링컨을 미워하고, 암살을 음모하는 자가 있었다.

1865년 4월 14일 밤, 링컨은 부인과 함께, 워싱턴의 포드극장에서 '우리 미국인 사촌'이라는 희극을 관람 중이었는데, 한편, 그날 남부군의 명장 리 장군이 항복했다는 보고가 들어와 워싱턴은 승리의 환희에 들떠 있었다. 이때, 링컨은 갑자기 뒤에서 한 사람의 자객의 습격을 받았다. 귀뒤에 권총을 맞아 의식을 잃고 그 자리에 쓰러졌으며, 이튿날 아침 세상을 떠났다. 범인은 존 윌크스 부스란 이름의 배우로, 링컨을 쏘고 난 뒤, 무대 위로 뛰어 올라, "폭군의 말로(末路)는 으레 이런 거다!"라고 라틴어로 소리치며 달아났다. 한 농가의 헛간에 은신해 있다가 연방군에 포위되었다. 항복하고 나오지 않자, 불을 질렀는데, 불을 피해 달아나다가 총에 맞아 죽었다.

3. 우정—배려의 근원

■ 삶—수평적 관계로서의 우정

인간의 삶은 참으로 다양하며 양면적인 것 같다. 때로는 아름답기도 하지만 때로는 추하기도 하다. 사랑과 미움이 수시로 교차한다. 뿐만 아니라 희열의 즐거움 뒤엔 절망의 고통도 있다. 어찌 이리도 복잡하고 모순적일까? 혹, 이런 가지각색의 형상으로, 이중인격으로, 삶의 이력들을 채워 가는 것이 인간의 본모습은 아닐까?

하지만 인간은 얽히고설킨 관계망 속에서 삶의 진실을 추구한다. 진선미(眞善美)의 고귀한 이상을 꿈꾼다. 그러기에 짐승이나 식물과 차별하여 "만물의 영장"이라 하지 않았던가? 인간은 삶의 기준을 제시하고, 도덕적 생활을 요구하며, 인간다움을 지속적으로 갈망한다. 사람됨의 문제로 늘 고민하는 모습, 이것 자체가 양보할 수 없는 인간의 목적일 것이다.

인간이 삶을 영위하는 방식은 다양하다. 형식상 수직적 관계와 수평적 관계로 나눌 수도 있다. 유교전통에서는 이것을 "오륜(五倫)"으로 제시했다. 인간관계에 필요한 다섯 가지의 기본적 윤리 말이다. 즉, '부모—자식 사이', '임금—신하(백성) 사이', '어른—어린이 사이'가 수직적 관계의 대표적인 것이고, '부부 사이'와 '친구 사이'는 수평적 관계의 전형이다.

가만히 생각해 보면, 모든 인간관계는 수직—수평의 종횡 사이에 놓여 있는 것 같다. 나를 중심으로 보면 상하사방의 관계이다. 다시 말해, 나의 위아래 사람들, 그리고 나와 동등한 위치의 동료 친구들 사이의 관계망. 이런 질서로 사회는 유지되어 왔다. 특히, 인간은 교육을 통해 자기 보존과 개혁의 기반을 가다듬어 왔던 것이다.

인간의 삶 가운데서, 우정은 수평적 질서를 전제로 한다. 일상생활 속에서, 혹은 학문적 토의 과정에서, 종교적·정신적 교유 등 우정은 평등한 가치 위에서 출발하는 것이다. 우정은 말뜻 그대로 '친구 사이의 정'이다. 이는 친구 사이의 '만남'에서 가장 쉽게 싹틀 수 있다. 친구 사이의 만남은 청소년 시기에 매우 활발하다. 왜냐하면 매일 만나는 학급 친구들이 현실적으로 가장 가까운 벗의 상대이기 때문이다. 이는 우정이 그 시기에 가장 잘 싹틀 수 있음을 의미한다. 조금 이르면 초등학교 시기일 수도 있지만, 대부분은 중·고교 시절이나 대학 초년생 시기에 절친한 친구를 사귀게 된다. 흔히 사춘기라고 하는 청년 시절에 친구라는 존재가 나에게 달려온다는 말이다.

이렇게 친구에 대한 구체적 인식은, 인간 실존이 자각하는 시기와도 결부된다. '나는 누구인가', '무엇을 하며 어떻게 살 것인가.' 다시 말해, 청년 대학생들은 나의 존재 가치를 고민하고, 타인과의 관계를 두루 생각하는 계기를 맞이한다. 그때 우리 앞에 가장 먼저 다가오는 존재가 바로 '친구'다. 친구란 무엇일까? 나에게 어떤 존재일까?

우리는 대부분 자기도 모르게 끼리끼리 어울려 다니면서 친구를 사귀며 경험한다. 나와 주변 환경과의 교감 속에서 정을 싹 틔워 간다. 마치 햇빛, 토양, 물, 바람, 서리 등 제반 자연조건을 타고 자라나는 새싹처럼 우정의 싹을 틔워 가는 것이다.

■ '관포지교'의 아름다움

그런데, 우정이란 무엇일까? 어떤 친구 사이가 우정이 있는 관계일까? 우정에 대해 많은 사람들이 얘기한다. 신의가 있는 친구, 나를 이해해 주는 친구, 도움을 주는 친구 등 다양한 표현으로 말이다.

중국 고대의 인물인 관중(管仲)과 포숙(鮑叔)의 이야기를 들었으리라. 앞의 고사성어에서도 제시하였지만, 우리는 흔히 우정의 백미로 이 둘 사이의 관계를 거론하곤 한다. 그 유명한 관포지교(管鮑之交)! 왜 그들의 관계를 친구 사이에 형성될 수 있는 최고의 경지로 묘사하는 것일까? 고사를 잘 살펴보면, 그들 사이가 단순히 평소에 신의가 있고, 일상생활에서 재미있게 잘 지냈기 때문이 아님을 알 수 있다. 사실 우정의 요건, 그 핵심은 다른 데 있었다. 사마천은《사기》〈관안열전(管晏列傳)〉에서 그들의 얘기를 구체적으로 적고 있다. 주요한 내용을 간추려 보면 다음과 같다.

첫 번째 일화는 장사할 때의 사연이다. 관중과 포숙은 어렸을 때부터 사귄 친구였고, 젊은 시절 둘은 함께 생선 장사를 했다. 그런데 언제나 이익금을 관중이 많이 챙겨 갔다. 주변 사람들은 관중을 의리 없는 녀석이라고 욕을 했다. 하지만 포숙은 관중에게 화내지 않았다. 오히려 관중을 변호했다. "관중은 가난하다. 딸린 식구도 많다. 절대 욕심이 많아 그런 것이 아니다"라고 말이다.

두 번째 이야기는 전쟁에 나갔을 때의 일이다. 당시 중국은 힘으로 패권이 좌지우지되던 전쟁의 시기, 춘추시대였다. 관중과 포숙도 예외는 아니어서 함께 전쟁터에 불려 나갔다. 전투는 한창 치열한데, 관중은 언제나 대열의 후미에서 자기 몸 가누기에 바빴다. 그러다 싸움이 끝나면 맨 앞에서 걸어오곤 했다. 얼마나 비열하게 보였을까. 전투에 참가했던 사람들이 관중을 겁쟁이 같은 녀석이라고 욕을 해 댔다. 그때마다 포숙은 동료들을 향해 소리쳤다. "관중은 절대 비겁하거나 용기가 없어서 그런 것이 아니다. 그는 늙은 어머니를 모시고 있다. 몸을 아껴 어머니에게 길이 효도하려는 갸륵한 마음이 그에게 있다. 당신들이 이런 상황이라면 어떻게 했을 것 같은가!"

세 번째 얘기는 관중과 포숙이 서로 다른 정파에 속해 있을 때 이야기다. 당시 정쟁은 목숨이 왔다갔다하는 상황이었다. 관중과 포숙은 어른이 되어 둘 다 높은 관직에 올랐다. 말하자면, 정치가로 성공해서 요직에 있었던 것이다. 한치 앞을 예측하기 힘든 혼란한 시기인지라, 각자 삶의 기준에 따라 행동했다. 그런데 관중은 왕위 쟁탈 과정에서 반역의 무리가 되었다. 왕위를 차지하려는 인물에 대해, 원칙에 어긋난다는 이유로 그를 죽이려 했다. 그러나 그는 죽지 않고 왕이 되었고, 관중은 사로잡혀 그 앞에 끌려 왔다. 곧 죽을 목숨이 되고 말았다. 이때 포숙은 그 왕의 측근이었다. 얼마나 난감했겠는가? 하지만 포숙은 왕에게 관중을 죽이라고 말하지 않는다. 오히려 재상에 앉히라고 권고한다. 왕을 죽이려 한 인물을 재상에 앉히라니? 목숨을 내놓은 행위나 다름없었다. 간곡한 권고 끝에 왕도 포숙을 믿는 터라 관중을 재상에 앉혔다.

이어서 더 위대한 일이 벌어진다. 포숙은 조용히 관중 밑에서 벼슬했던 것이다. 이유는 간단하다. 포숙이 그렇게 행위한 것은 흔히 생각하는 친구 사이의 사적인 감정 때문이 아니었다. 포숙은 오랜 사귐의 경험으로 현실적인 국정수행능력이 자기보다 뛰어나다는 관중의 재능을 인정했다. 타인에 대한 진실한 배려와 진정한 이해가 실천되는 순간이었다.

두 사람의 인생이 어떤가? 특히 포숙의 행동을 보면서 어떤 생각이 드는가? 포숙은 언제나 관중을 이해하고 변호했으며, 관중은 현실을 파악하고 그에 잘 적응했다. 그런 영향인지 중국 역사에서 관중은 현실 개혁적 인물로 존경받고 있다. 특히, 춘추시대 초기 제나라를 가장 힘 있는 나라로 만든 장본인이기 때문에 더욱 그러하다. 그러나 사마천은 "세상 사람들은 관중의 뛰어난 재능과 경륜보다도 포숙의 사람 알아보는 혜안을 더 높이 샀다"라고 하며, 포숙을 높이 평가했다. 이 점이 우리가 깊게 보아야 할 대목이다. 사마천은 왜 그런 평가를 했을까? 아마 친구 사이의 가장 숭고한 예의를 보았기 때문이리라. 바로 우정의 참 의미를 말이다.

■ 우정은 절대적 신뢰

인간은 대개 현실적 삶을 살아간다. 그러므로 구체적인 자기 이익을 추구하는 경우가 많다. 타인에 대한 이해나 배려도 중요하지만 나의 삶을 일차적으로 앞세운다. 이런 현실에서 관포지교의 의미가 무슨 메시지를 줄 수 있을까?

관중은 현실을 중시하는 사람으로 삶의 외재적 가치를 추구했다. 그에게 우선 중요한 것은 현실적 삶이었다. 그러기에 가족과 어머니를 봉양하기 위해 자기 몸을 보존하려 했고, 구차하게 자기가 죽이려 했던 왕 밑에서도 잘 적응해 나갔다. 반면 포숙은 인간 자체의 내면적 가치를 깊이 깨닫고 있었다. 현실적 행위의 근원을 간파하며, 타인이 지닌 재능과 가능성을 적극 믿어 주었다. 기다림과 인내, 그리고 마침내 잠재된 가치를 실현할 기회를 제공했다. 그렇게 관중과 포숙은 수십 년을 사귀면서 서로의 필요성과 가치를 인정할 줄 알았다. 즉, 상대의 성격과 인품에 드러나는 내면적·외면적 가치의 중요성과 의미를 제대로 꿰뚫고 있었던 것이다.

인간은 전통적으로 정신적 가치를 물질적 가치보다 우위에 두어 왔다. 그래서 돈보다는 명예, 세속적 삶보다는 종교적 삶, 현실의 매몰보다는 이상의 추구를 높이 평가해 왔던 것이다. 하지만 물질적 가치를 소홀히 할 수는 없다. 왜냐하면 그것은 현실을 움직여 가는 주요 동력이기 때문이다. 관중은 그것을 실천했을 뿐이다. 중요한 것은 그것을 인정하고 그 가치를 뒷받침하며 인내해 준 포숙의 정신적 가치이다. 우정의 핵심은 여기에 있다. 단순히 어떤 가치를 우위에 두는 것이 아니라 상대가 지닌 가치를 인정할 줄 아는 지혜, 다시 말해, 우정은 정신적·내재적 가치와 물질적·외재적 가치의 합치를 통해 삶의 완성을 도모하는 기반이다. 이런 점에서 우정은 서로의 인생을 완성시켜 가는 디딤돌 역할을 할 수 있다.

그렇다면 친구, 벗이란, 도대체 무엇일까? 오랜 기간 인간관계를 유지했다고 누구나 벗이 되는 걸까? 물론 오랫동안 만나면서 서로 이해하면 벗이 될 확률은 높다. 그렇다고 모두 친구가 되는 것은 아니다. 왜냐하면, 친구라 이름하기 위해서는 일정한 기준이 있기 때문이다.

관중과 포숙은 무엇 때문에 우정의 모범으로 역사에 남아 있을까? 결론부터 말하자면, 상대방에 대한 이해와 배려, 절대적 신뢰 때문이다. 포숙은 어릴 때부터 관중에게 잠재된 재능을 알아보았다. 늘 그를 이해하려고 했다. 언젠가는 그것을 발휘하리라. 그리고 기다렸다. 막연한 이해가 아니라 이유 있는 이해, 즉 관중의 고뇌를 진정으로 이해하고 마음으로 아파할 줄 알았다. 관중도 마찬가지였다. 훗날 관중은 "세상에 나를 낳아준 것은 부모지만, 나를 알아준 것은 포숙이었다"고 술회했다. 그렇게 둘은 말없이 서로를 이해하고 신뢰했다. 뿐만 아니라 행동으로 실천했다.

이처럼 우정의 제일 조건은 벗에 대한 이해와 배려, 신뢰다. 앞에서 본 것처럼, 죽음을 무릅쓰면서까지도 말이다. 세계적으로 유명한《우정론》을 쓴 프랑스의 작가 보나르는 "우정이란 어떤 대상의 성격을 분명히 파악하고, 선택하기로 한 대상에 대해 절대적 신뢰를 가지는 것"이라고 했다. 관포지교의 관계는 이를 입증해 주었다.

■ 우정은 '나와 너의 충실'이라는 꽃

세상에는 무수한 인간들이 있다. 먼저, 내 주변을 둘러보라. 다양한 모습의 학우들이 있을 것이다. 좋은 사람이건 싫은 사람이건, 언제 어디서건, 사람들과 부딪치며 살아가야 하는 게 현실이다. 이 부딪침 속에서 다른 사람들이 싫어지지 않아야 할 텐데 늘 그것이 걱정이다. 사람이 사람을 싫어하는 분위기에서 이해와 배려는 싹트지 않는다. 이런 관계에서는 우정을 거론할 수도 없다. 또한 삶의 경험이 쌓여 가면 갈수록, 인생의 깊이와 폭이 넓어지고 인간에 대한 신뢰감도 확장되어야 한다. 그런데 사람으로부터 더욱 멀어지고 신뢰감이 떨어지는 게 현실이기도 하다. 이런 인생의 과정에서도 우정은 자리할 수 없다. 그렇다면 어떤 관계에서 우정의 싹이 자랄 수 있을까?

우리는 오랜 옛날부터 친구관계를 "신(信)"이라는 말로 대신해 왔다. 신뢰, 믿음 말이다. 예컨대, 오륜의 "붕우유신(朋友有信)", 화랑도 세속오계의 "붕우이신(朋友以信)"도 그런 것들이다. 이때 신의, 믿음이란 구체적으로 무엇을 말하는 것일까? 우리의 전통사상인 유학에서 생각해 보자.

유학은 효제충신(孝悌忠信)을 인간관계 질서의 핵심에 두고 있다. 여기에서 효는 수직관계이고 제는 수평관계이다. 충은 자기 자신에 관한 언급이고, 신은 타인과의 관계에 대한 언표이다. 이 중 효는 부모에게 효도하는 일이고, 제는 형제 사이에 공경하고 우애 있게 지내는 것을 말한다. 물론 이를 사회적으로 확장하면, 어른을 높이는 것도 효이고, 사람과 사람 사이의 예절을 지키는 것이 제이기도 하다.

그런데 친구 사이의 우정과 관련해서는 예로부터 '믿음(信)'을 중심에 두고 고민해 왔다. 이 믿음(信)은 충(忠)과 짝을 이룬다. 충은 원래 '자기를 다한다'라는 자기 성실성의 표현이다. 즉, 자기의 최선을 다하는 것, 충실이라는 의미다. 우리가 일반적으로 알고 있는 '국가에 충성한다'는 의미의 충은, 중국 한나라 이후 지배자들이 신하와 백성을 다스리기 위한 수단으로 왜곡시킨 개념이다.

믿음(信)은 다른 사람에게 진실하게 다가가 거짓이 없음을 일컫는 말이다. 이는 다른 사람을 본받으며 어기지 않을 때 생긴다. 이렇게 볼 때, 충은 자기 성실성이요, 신은 그것이 타인에게로 확장되어 구체적인 일로 표출되는 형식이다. 표리관계라고나 할까? 다시 말하면 내 마음 가운데로부터 나오는, 성실성 자체는 충이요, 착실히 실행함은 신이다. 믿음이란 다른 것이 아니다. 타인에 대해 자기 마음을 다하는 진실한 행위 자체다. 그러므로 우정은 자기 충실에서 시작한다. 나아가 타인에게 성실할 때 우러나오는 감정이다.

이렇게 볼 때, 우리는 친구를 어떻게 해야 할까? 나를 기준으로 해야 할까? 친구를 기준으로 해야 할까? 서로가 동시에 이입·삼투되는 것일까? 친구 사이에 믿음은 나와 너의 인격적 관계가 성립할 때 일어난다. 그러기에 만남과 대화의 철학자 부버는 《나와 너》에서 "'너'는 '나'와 마주 서 있다. 그러나 나는 '너'와의 직접적인 관계 속으로 걸어 들어간다. 이렇듯 관계란 선택받는 것인 동시에 선택하는 것이며, 수동인 동시에 능동이다"라고 했다. 너와 나, 얼마나 멋있는 말인가. 친구 사이에 일어나는 성실성이란 이처럼 상호적이다. 어느 일방의 희생이 아니다. 앞에서 말한 자기충실과 타인에 대한 성실성이 친구 사이에 동시에 이루어질 때 우정은 가능하다. 앞에서 본 관중과 포숙은 자기 충실을 통해 서로에게 성실했다. 우정은 바로 성실함, 미더움에 기초해 있는 인간관계의 덕목이다.

■ 우정은 삶의 주춧돌

앞에서 언급한 것처럼, 우정은 수평적 인간관계에서 발생한다. 즉, 완전히 평등한 사람 사이에 존재하는 정감이다. 여기에는 지적 능력의 차이, 사회적 지위, 권력, 재물 등이 큰 영향을 미치지 않는다. 지식이 많아 똑똑한 사람, 자기 혼자 잘난 사람, 돈 많은 사람에게 친구가 많은 것이 아니다. 어떤 처지에 있건 인간에 대한 성실함이 중요할 뿐이다. 다만 인간의 속성상 비슷한 처지의 사람들이 함께 마음을 터놓고 만나는 경우는 자주 있다. 서로가 지닌 비슷한 고민을 진실하게 하는 믿음의 발생을 기점으로 말이다.

그런데 인간의 삶에서, 왜 우정이 절실히 요구되는 것일까? 특히 우정이 무르익는 청년 대학생 시기에 어떤 삶의 자세, 교우관계가 필요할까? 이는 삶을 대하는 태도와 관련이 있다. 현대 사회심리학의 거장 에리히 프롬은 "인간의 사명이란, 자유를 확대하고, 죽음으로 인도되는 조건에 대항하여, 삶으로 향하는 조건을 강화하는 데 있다"고 했다. 그렇다. 인간은 죽음이 아니라 삶을 중시한다. 모든 것은 삶의 문제가 아닐까. 죽음조차도 삶의 한 국면이 아닐까. 공자도 삶의 문제에 골몰했고, 소크라테스도 예수도 석가도 궁극적으로는 삶의 정당한 모습을 찾으려고 노력했던 선각들이었다. 그들은 하나같이 인간을 사랑했다. 그리고 인간을 신뢰했다. 그러기에 오늘날에도 인간을 계도하여 깨달음으로 나아가도록 지침을 주고 있다. 그것은 넓은 의미에서 인간에 대한 우정의 표시가 아닐까.

우정, 벗에 대한 정감, 자기 충실과 타인에 대한 성실성은 우리 삶의 주춧돌이다. 인간의 삶에는 다양한 목소리가 상존한다. 건전한 사회는 이를 잘 조절하여 사회적 질서로 이끌어 낸다. 이는 마치 서로가 서로를 비춰 주는 샹들리에 불빛처럼, 다양한 불빛을 하나로 모아 내는 일과도 같다. 서로에 대한 배려와 이해, 상대방에 대한 인정이 사회를 유지하는 기본 바탕이다. 우정은 그런 덕목을 기조로 형성된다. 이런 의미에서 우정은 사회를 지속시키는 뼈대이자 신경망과도 같다.

특히, 친구 사이의 만남이 활발한 청소년 시기에 우정은 더욱 소중하다. 비유하자면 청소년 시기는 인생에서 떠오르는 해와 같다. 해가 떠오를 때부터, 잿빛 구름이 주변을 감싸고 있다고 생각해 보라. 그 하루는 어떠하겠는가. 사람 사이, 인생도 마찬가지다. 사람에 대한 이해와 배려, 신뢰 없이 주변을 맴돌고 있는 사람이 많다면, 그 인생은 얼마나 삭막하겠는가. 산업 사회 이후, 오늘날 우리가 겪고 있는 정보화, 제4차 산업혁명의 물결은 인간을 더욱 고립시킨다. 인간 사이의 만남은 점점 줄어들고 컴퓨터를 비롯한 기계와 사이버 공간에서의 대화는 늘어만 간다. 그리고 그 공간에서 끊임없이 자기를 소외시켜 가기도 한다. 이것은 이 시대의 현실이다. 어쩌면 이런 현실에서는 지금 얘기하고 있는 우정이라는 말 자체가 설 자리가 없을지도 모른다. 하지만 인간과의 만남과 대화를 통해 인간됨을 추구하는 것이 인간의 목적이자 교육이라면, 청년 시기에 믿음이 있는 진실한 벗을 만나 삶을 나눈다는 것은 매우 중요한 일이다. 진정한 친구를 만나기 위해서 어떻게 해야 할까? 다시 관포지교를 기억하며 두 가지만 돌이켜 보자.

먼저, 상대방을 이해하고 배려해야 한다. 상대방의 처지와 상황을 구체적으로 보고 듣고 살펴야 한다. 단순히 외모나 말씨만을 통해 판단하는 것은 금물이다. 그의 마음에까지 들어가서 이해를 구해 보자. 설혹 외면적으로 실수를 하는 친구가 있다 하더라도, 그 내면의 가치도 함께 보는 자세가 필요하다. 여기에 인내(忍耐)가 요구된다.

두 번째는 친구에 대해 절대적 신뢰를 가질 필요가 있다. 먼저 나의 마음을 열어 놓고 상대에게 다가가자. 상대방도 그럴 것이다. 내 마음을 열고 다가갔을 때, 현실적으로 손해를 보는 느낌이 올 수도 있다. 이때 포숙의 경우처럼 좀 너그러워지면 어떨까. 진실은 전해지게 마련이다. 나의 진실이 상대에게 전해지고 상대의 그것을 내가 동시에 수용할 때, 신뢰는 저절로 오리라.

인간은 가능성의 존재다. 누구나 잠재된 가치를 지니고 있다. 그러기에 교육을 통해 그 가치를 발현하려고 한다. 우정의 씨앗, 성실함도 다양한 형태로 인간에게 보존되어 있을 것이다. 단지 우리는 그것을 펼칠 여유를 갖지 못했다. 원인은 다양하다. 특히 현재 우리가 살아가는 디지털 시대는 속도(speed)가 이 세상을 좌우한다고 한다. 그래서 사람들은 더욱 속도에 휘말리고 있다. 속도도 이 시대의 가치임에 분명하다. 그리고 소중하다. 더구나 제4차 산업혁명의 시대는 유전자분석, 인공지능, 나노기술, 빅 데이터가 우리를 휘감는다. 하지만 이런 것들은 겉으로만 드러난 외재적 가치다. 이제 그와 짝하는 느림과 여유, 그중 하나인 우정의 가치를 되새김질해 보면 어떨까. 인간 지혜의 기저에 남아 있을 성실함이라는 내재적 가치 말이다.

배려일보

200○년 ○월 ○일

서울 성북구 안암로 ○○○ ○○관 ○○호 신문사 caring@caringnp.com

창 간 사

신록의 오월. 여름을 알리는 훈훈한 바람으로 그 푸름을 완연히 드러내고 있는 따스함과 함께 우리 배려가족은 〈배려일보〉를 서로에 대한 배려로 시작합니다. 막바지에 치닫고 있는 한 학기간 우리는 신○○ 교수님의 도움으로 많은 부분에 있어 배려의 필요성을 깨닫게 되었으며, 마지막 교수님의 가르침을 얻는 과정에서 논의한바 〈배려일보〉 창간에 이르렀습니다.

안녕하십니까. 배려일보사 국장을 맡은 ○○학과 ○○학번 진○○이라고 합니다. 구독자 여러분은 강의와 수업을 통해 배려에 대해 많은 것을 얻게 되셨는지요. 다짜고짜 소개 후에 막연한 질문을 던지는 제 모습을 보면 아직도 구독자 여러분에 대한 배려가 부족한가 봅니다.

저는 배려라는 말이 우리 인생에서 이렇게 많이 사용되고 포괄할 수 있는 주제를 제시한다는 사실을 깨달았습니다. 단순히 도덕적으로 이타적인 것을 넘어서 자신, 동식물, 환경, 사회, 사상에 이르기까지 광범위하게 배려 실천의 범위를 정할 수 있으며, 그 모습은 다양하겠지만 그로 인한 결과물이 우리가 보다 완벽한 지향을 할 수 있는 완벽한 인간의 모습으로 가는 과정이 될 수 있다는 점을 깨달았습니다.

개인적으로 이 창간사를 쓰게 되면서 우리 〈배려일보〉를 창간할 수 있게 많은 땀과 노력을 흘려 주신 분들에게 감사를 드리고 싶습니다. 여러분들의 배려가 없었다면 우리 〈배려일보〉 또한 없었을 것이라고 믿습니다.

이제 우리 〈배려일보〉를 구독자 여러분들이 나누어 읽어 가며 기쁨, 슬픔, 그리고 감동이 함께하였으면 좋겠습니다. 더하여 타인을 배려하는 것을 뛰어넘어 자신과 자연, 그리고 사회와 사상에 이르는 배려를 실천하는 젊은이의 모습을 만들어 나가길 진심으로 바라는 마음입니다.

마지막으로 여러분의 뜻있는 배려를 위하며……

200○년 ○월 ○일

배려일보 편집국장 진○○

oddc○○@caringnp.com

만 든 이

편집국장

진○○ oddc○○@caringnp.com

기자

송○○ purple@caringnp.com

구○○ jamie○○@caringnp.com

권○○ ee○○@caringnp.com

이○○ tol○○@caringnp.com

여○○ yoc○○@caringnp.com

홍○○ hy○○@caringnp.com

이○○ lee○○@caringnp.com

김○○ mih○○@caringnp.com

에세이 연재

권○○ chan○○@caringnp.com

칼럼

이○○ fgo○○@caringnp.com

만화 연재

안○○ semi○○@caringnp.com

"배려신문사" ○○○시각장애인 복지관 취재

저희가 다녀온 곳은 '○○○시각장애인복지관'입니다. '○○○시각장애인복지관'은 1998년 사회복지법인 대한○○○교○○회 ○○○시각장애인복지회를 운영주체로 지어졌습니다. 1999년부터 본격적으로 장애인의 전인적 복지와 재활을 위한 영역들에서 다각적이며 체계적으로 시각장애인 복지사업을 전개하고 있습니다. 서울시 ○○구에 위치하고 있으며 지하 2층과 지상 7층짜리 건물로서 시각장애인을 위한 프로그램이 많이 마련되어있습니다. 점자로 되어 있는 책을 읽을 수 있는 점자도서관도 있으며 시력에 도움을 줄 수 있는 돋보기 등 필요한 물품들도 갖춰져 있습니다. 또한 취업을 희망하는 시각장애인들이 직업상담도 받고 여러 가지 구직 훈련도 받을 수 있는 프로그램도 있고 여러 가지 스포츠도 배울 수 있습니다. 외국어교육을 받을 수 있는 과정도 준비되어있고, 또한 컴퓨터 활용 능력도 배울 수 있으며 점자로 된 도서도 읽을 수 있습니다.

자원봉사자들은 이곳에서 장애체험을 할 수 있습니다. 이곳에서 많은 것을 배우고 경험하여 시각장애인들을 좀 더 많이 이해할 수 있는 좋은 기회일 것입니다.

복 지 관

서울특별시 ㅇㅇ구 ㅇㅇ로 지상ㅇ층 지하ㅇ층 건물2699.3㎡, 대지651.2㎡

근로작업시설

서울특별시 ㅇㅇ구 ㅇㅇ로 1ooo-o 지상5층, 지하1층. 건물 538.2㎡, 대지198㎡

단기보호시설

서울특별시 ㅇㅇ구 ㅇㅇ로 1ㅇㅇㅇ-ㅇ 지상2층. 지하1층. 건물168.5㎡, 대지180.5㎡

- 연　혁 -

1997.10.30. 사회 복지 법인 설립

1998.12.29. ㅇㅇㅇ시각 장애인 복지관 설립

1999. 3.12. ㅇㅇㅇ장애인 보호 작업 시설 설립

1999. 7.20. 장애인 정보화 교육장 지정

2000. 1. 1. ㅇㅇㅇ학습지원 센터, 재가복지 봉사센터 설치

2000. 1. 1. ㅇㅇㅇ단기보호시설 설립

2000. 4.21. 시각장애인정보화를 위한 (주)ㅇㅇㅇ소프트와 제휴

2000. 8.14. 장애인 직업재활센터 및 직업 평가센터 설치

2000.10.24. ㅇㅇㅇ점자 도서관 설립

2002. 1. 1. ㅇㅇㅇ재활지원 센터, ㅇㅇㅇ사이버도서관 설치

2003. 5.26. ㅇㅇㅇ시각장애인 복지회 - 일본 ㅇㅇㅇ하우스 자매결연

2005. 5. 9. 중증시각장애인 컴퓨터 활용 능력 시험 수험장 지정

2005. 6.22. ㅇㅇㅇ장애인 보호작업 시설 준공

2005. 9. 9. ㅇㅇ구 자원봉사 활동 인증기관 지정

2006. 5.15.공동기술 개별 및 제휴보급 에 관한 (주)ㅇㅇ코리아와의 협약 체결

2007. 8. 1.노동부 부처 공모형 사회적 일자리 사업 '장애인근로자 근로지원인 사업' 수행기관 선정

2007.10. 4.웹접근성 실태조사 용역 주관수행기관 선정

2007.11.21 ㅇㅇㅇ장애인 근로 작업시설 명칭 변경

- 시설안내 -

▣본관

－주소 : 서울시 ㅇㅇ구 ㅇㅇ로 1ㅇㅇㅇ

－대지 : 651.2 제곱미터 (197평)

－전체 층수 7층(지하 2층)

층별	면적 (㎡)	배치
지하 2층	404.04	기계실, 주차장

지하 1층	439.59	강당/식당, 체력단련실, 탈의실, 그룹사운드실, 탁구실, 남샤워실, 여샤워실
1층	118.32	평생교육원, 관리실, 안내데스크, 상담실
2층	277.76	생활체육지원센터, 지역사회지원센터, S/W개발원, 상담실, MY PC방 휴게실
3층	277.76	점자도서관, 제 2~7 교육실
4층	277.76	정보접근지원센터, 재활기자재실, 서버실, 입력실, 출력실, 제본실, 컴퓨터 수리 및 조립실, 재활기자재 수리실
5층	277.76	저시력지원센터, 고용지원센터 아동교육실, 청소년교육실, 심리평가실, 작업평가실, 종합프로그램실
6층	267.50	관장실, 기획실, 사무국, 가족지원센터자료실, 회의실
7층	173.50	○○○정보센터, 제1~4녹음스튜디오, 제본실, 서고(테이프 보관실), 봉사자휴게실

■ ○○○장애인근로사업장

-주소 : 서울시 ○○구 ○○로 1○○○-○

-대지 : 198 제곱미터 (60평)

-전체 층수 6층(지하 1층)

층별	면적 (㎡)	배치
지하 1층	122.91	작업장
1층	93.37	사무실
2층	93.37	실로암안마센터
3층	280.95	고객대기실
4층	70.3	실로암안마센터
5층	59.65	직업훈련실
6층	17.68	골프연습장, 엘리베이터기계실, 계단실

■단기보호시설

-주소 : 서울시 관악구 남부순환로 1717-5

-대지 : 180.5 제곱미터 (약 55평)

-전체 층수 2층(지하1층)

층별	면적 (㎡)	배치
지하층	14.94	창고 및 보일러실
1층	84	사무실, 노인주간보호프로그램실, 기초재활교육실
2층	69.54	야간 Homestay 숙소

- 조 직 -

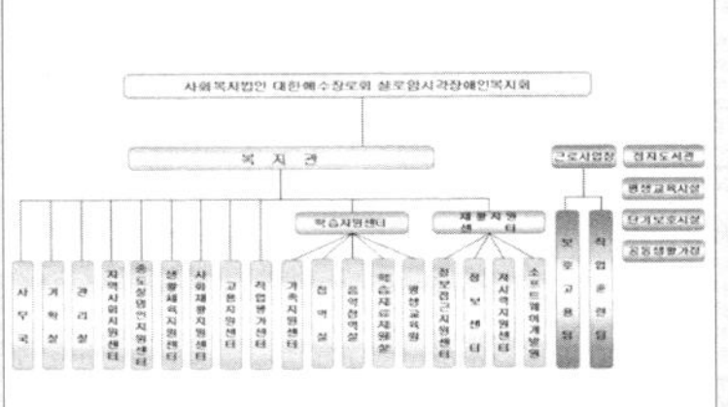

- 방문안내 -

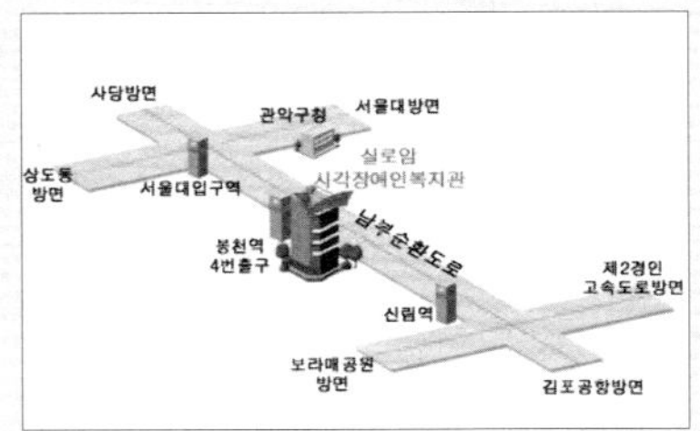

(우 1○○-○○○)

서울특별시 ○○구 ○○로 1○○○

TEL 02-8○○-○○○○

FAX 02-8○○-○○○○

▣ 방문을 원하실 때

- 방문을 원하시는 날짜 3일 전에 전화 예약 및 공문 접수를 하여주시기 바랍니다.

-촬영/취재, 기관견학 : 02)8oo-oooo 홍보담당 함OO(개인방문은 매주 금요일 오후 2시~4시에 가능)

▣ 자가용을 이용하실 때

- 서울 OOO로를 따라 오시면 OO동과 OO동 사이에 지하철 OO역이 있습니다.

- OO역 O번 출구에서 바로 우측에 복지관이 있습니다.

▣ 대중교통을 이용하실 때

- 지하철 : O호선 OO역 O번 출구로 나오시면 바로 우측에 복지관이 있습니다.

- 버스 이용 : OO초등학교 또는 OO역에서 하차.

지선버스(G) 5ooo, 5ooo, 6ooo

간선버스(B) 4oo, 5oo, 6oo

공항버스 60o

구◯◯ 기자 jamio o @caringnp.com

김◯◯ 기자 mihyo o @caringnp.com

직접 가서 본 "ooo 시각 장애인 복지관"

OO구 OO동에 위치한 OOO시각장애인 복지관은 총 7층으로 이루어져 있다. 1층은 복지관에서 집적 운영하는 카페와 관리실이 있었다. 이 카페의 특징은 바리스타가 모두 여성 시각 장애인이라는 점이다. 그리고 관리실에서는 전반적인 업무를 맡는다.

2층은 저시력 지원센터, 직업평가 센터와 고용지원 센터가 있다. 저시력 지원센터는 잔존시력이 남아 있는 사람들을 대상으로 미술·사진·난타 등의 교육을 하는 곳이다. 또한 이곳에서는 비싸서 개인이 구매하기에는 어려운 확대기를 대여해준다. 직업평가센터와 고용지원센터는 취업을 희망하는 시각장애인을 대상으로 한다. 직업 평가의 경우 각자의 능력을 측정하는 곳으로 많은 도구가 있으며 체계적으로 적성을 찾는다. 그리고 고용지원센터에서는 그들에게 직업을 알선해준다.

3층은 가족지원센터와 점역실이 있다. 가족지원센터는 시각장애인의 가족들을 도와주는 일을 한다. 이곳에서는 여름캠

프·점자교육·방과 후 학습·점자 동화책 대여 등의 일을 한다. 점역실은 말 그대로 점역을 하는 곳으로 점역이란 말이나 보통의 일반 글자를 점자로 고치는 것을 말한다.

4층은 정보 센터, 출력 제본실과 물품을 판매하는 곳이 있다. 정보 센터는 주로 장애인의 컴퓨터가 망가졌을 때 수리하는 일을 위주로 한다. 출력 제본실은 3층에서 작업한 것을 출력할 때 주로 쓰인다. 물품을 판매하는 곳은 시각 장애인용 시계 · 거울 · 확대기 · 노트북 · 확대 독서기 등을 판매한다.

5층은 생활 지원센터, 지역사회지원센터가 있다. 생활 지원센터는 주로 장애인을 위한 체육과 관련된 일을 한다. 예를 들면 장애인을 위해 볼링 교실이나 스키 교실을 운영하는 것이다. 지역사회지원센터는 주로 집적 찾아가 활동에 도움을 주거나 주거 환경을 개선하는 등의 일을 한다.

6층은 기획실과 사무국이 있으며 이곳에서는 미리 예약을 하고 찾아오는 방문객에게 건물 설명을 해 주는 등의 일을 한다.

7층은 정보 센터가 있다. 이 정보센터는 4층의 정보센터와는 하는 일이 조금

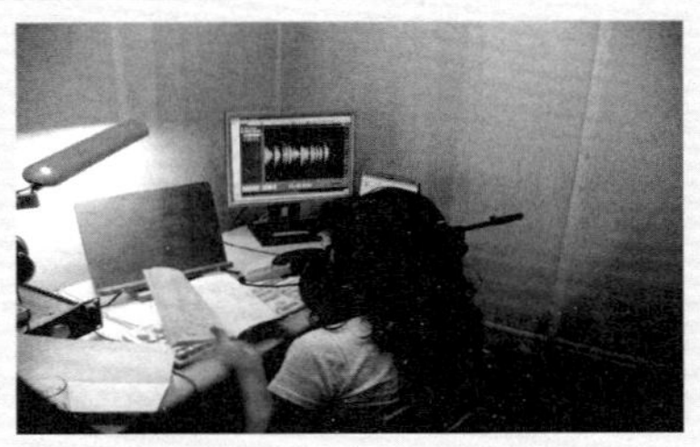

다르다. 먼저 7층에는 12개의 스튜디오가 있다. 스튜디오에서는 책이나 읽을 것을 음원파일로 바꾸는 일을 한다. 그리고 이곳에서는 전화기를 통해 신문을 들을 수 있게 하는 사업도 하고 있다.

이◯◯ 기자 lees○○ @caringnp.com

■ 배려일보 독점 기획 ■

-배려의 현장에서 듣는다!-

"편견을 버리면 우리와 똑같은 사람"

배려의 현장에서 듣는다 ①비장애인 배려자

다른 사람을 배려한다는 것은 해야할 일인지 알면서도 실천하기 힘들다. 우리 주변에서 사회복지사만큼 배려를 잘 실천하는 사람도 드물다. "○○○시각 장애인 복지관"에서 시각장애인들을 돕고 있는 사회복지사 윤○○씨와 인터뷰 내용이다.

Q. 장애인들을 배려하면서 본인에게 생긴 변화는 무엇입니까?

학교 다닐 때부터 시각 장애인과 함께 생활해서 그들이 우리와 다르다고는 생각해 본 적이 없다. 일반 사람들은 장애인들을 보면 도와줘야겠다고 생각하지만, 나는 우리와 똑같다고 생각한다. 사실 우리보다 잘하는 분야도 많다. 같이 술을 마셔도 이야기를 나눠도 비장애인과 다르지 않다. 다만, 눈 때문에 하기 어려운 것이 있는 것일 뿐이다. 이렇게 그들이 우리와 똑같다고 생각하면서 자연스럽게 배려가 이뤄질 수 있다.

Q. 그렇다면 시각 장애인들이 비장애인보다 잘하는 분야가 무엇이 있나?

본복지관에서 각부서마다 시각장애인들이 함께 근무하는데 컴퓨터도 잘 사용한다. 악보를 볼 수 없는데도 피아노를 아주 잘 치는 시각장애인도 있다. 과거에 혼자서 자취생활을 하는 시각 장애인 친구가 있었는데, 혼자 밥도 해먹고 빨래, 청소 다 알아서 하더라.

Q. 기억 남는 피배려자가 있는지?

특별히 누가 있다기보다 취업을 알선해서 계속 직장에 다니고 자립한 분들이 와서 인사할 때 보람을 느끼고 모두 기억에 남는다. 많은 대화를 나누다 보면 친밀함도 생기고, 그런 경우 단순히 복지관 관리자와 이용자 관계가 아니라 개인적인 이야기도 나누는 소중한 만남으로 연결된다.

Q. 사회적으로 바뀌어야 할 부분이 있다면?

편견을 버려야 한다는 점이다. 시각 장애인들을 접해 본다면 쓸데없이 도와줄 일이 없다는 것을 알게 된다. 시각 장애인들 스스로 할 수 있는 일은 많다. 편견이 있으면 거리감이 생기고 가까워질 수 없다. 아마도 사람들의 마음가짐이 가장 중요하지 않을까.

이○○ 기자 tol○○@caringnp.com

“이런 기관 좀 더 생겨야”

배려의 현장에서 듣는다 ②배려기관 인근 상인

“조금이라도 더 배려하고 싶어요.” ○○시각장애인복지관 인근에 위치한 상점에서 근무하고 있는 A씨는 시각장애인들에 대한 질문에 그렇게 답했다. 실제로, A씨는 장애인들이 상점에 들어왔을 경우, 불편한 그들을 먼저 배려하기 위해 노력하고 있다고 했다. A씨는 "먼저 온 손님이 산 것들을 계산하다가도 장애인 손님이 들어오면, 양해를 구하고 장애인 손님에게 무엇이 필요한지를 물어 직접 찾아줘요. 제가 할 수 있는 배려가 그러한 소소한 것들이긴 하지만 조금이라도 더 배려하고 싶더라고요"하고 말하며 그 때마다 기다리던 사람들이 불평하지 않고 이해해 준 것에 대해 감사를 표했다. 더불어 A씨는 복지기관이 주변의 인식 변화에 미치는 영향을 강조하며, 이러한 복지기관이 더 생겨야 한다는 아쉬움 섞인 목소리를 냈다. "기관이 있으니 장애인들이 사회적인 활동을 할 수 있는 것이고, 우리는 그래서 그들이 우리와 다르지 않다는 것을 깨달을 수 있는 기회를 가질 수 있는 것 같아요. 이러한 기관이 더 생겨야 장애인들이나 그렇지 않은 사람들 간의 배려가 더욱 잘 이루어질텐데…"

이처럼 복지기관이 있음으로 인해 기관 내적인 배려 이외에 외적으로도 많은 배려의 시도와 성공이 이루어지고 있다. '배려'라는 우리 사회의 지향점을 추구하는 데 있어 ○○○시각장애인복지관과 같은 시설이 얼마나 큰 기여를 하고 있는지에 대해 다시 생각해 보며, 앞으로 이러한 기관들이 좀 더 그 범위를 확대할 수 있기를 고대해 보는 바이다.

홍○○ 기자 hy○○@caringnp.com

"좋은 사람"

배려의 현장에서 듣는다 ③장애인 배려자

햇볕이 쨍쨍하던 5월 29일 오후, 자신이 시각장애인이면서도 또한 시각장애인에 대한 '배려'를 실천 중인 사회복지사 남○○씨를 만났다. 보통 사람과의 편견과는 다르게 그의 모습은 당차고 자신감이 있어보였고, 자신의 삶에 만족하며, '배려'를 실천하는 것을 즐기고 있는 것 같았다. 인터뷰 장소에는 시각 장애인을 돕기 위한 도구들로 꽉 차 있었고, '배려'와 관련된 쏟아지는 질문들에 남○○씨는 간단한 농담을 던지기도 하며, 이야기를 시작했다.

Q. 배려를 실천함으로써 자신에게 어떠한 변화가 생겼나요?

그 사람의 입장이 되어 생각할 수 있다. 나의 개인적인 입장보다 그 사람의 환경에 대해 깊이 이해하고 마음을 어루만져 줄 수 있다. '나를 버린다는 것'은 '나의 본성을 만져 주는 일'이다.

Q. 특별히 기억에 남는 분이 있으신지?

내가 배려를 실천했던 분들 중에서 누가 특별히 기억에 남는다고 하기는 어렵다. 한 분 한 분이 소중하고 나에게는 모두 가치 있는 분들이다. 그래도 기억에 남는 분들을 꼽아 보자면 첫 직장에서 만났던 분으로, 당뇨로 인해 합병증으로 시각장애가 오신 분이었다.

Q. 시각장애인에 대한 '배려'에는 어떤 것들이 있을까요?

점맹의 경우에 안내보행이 배려의 시작이라고 볼 수 있다. 이 경우에 자원봉사자는 시각장애인의 시력, 시야를 대신한다. 점맹의 경우뿐만 아니라 저시력의 경우에도 이동이 어려운 것은 마찬가지이기 때문에 이러한 안내보행 자원봉사자가 절실하다. 현재 사회심리교육을 통해 재활을 돕고 있으며, 도구적인 측면에서는 글자를 크게 볼 수 있는 확대독서기, 흰 지팡이, 점자 등이 큰 도움이 된다.

또한 장애인 자신뿐만 아니라 그의 '가족'을 대상으로 한 교육도 실시되고 있다. 그러나 가장 절실하고, 가장 선행되어야 할 큰 배려는 '일자리'이다. 이는 당사자가 일자리에 취직해서도 출퇴근을 돕거나 업무상황 파악을 도와주어야 하기 때문에 가장 절실하지만, 가장 어려운 배려이기도 하다.

Q. 장애인에 대한 '배려'를 무엇이라고 정의하고 싶으신지?

장애인이라는 이야기를 특별히 하지 않아도 자연스럽게 '배려'되어 있는 환경이 조성되어 있는 것이 진정한 배려라고 생각한다. 일본에서는 신체 장애인이 지하철을 타려고 하면 역무원이 뛰어와 모든 과정을 도와준다. 어디를 가도 '장애인'임으로 인해 고민하지 않도록 해 주는 것, 편견을 버리는 것이 진정한 배려라고 볼 수 있다.

Q. 이 일을 하면서, 이루고 싶은 자신의 목표는 무엇인가요?

정말 '좋은 사람'이 되는 것이다. 나의 경우에 있어 '좋은 사람'이 된다는 것은 시각 장애인에게 '도움'되는 사람이 되는 것이다.

여○○ 기자 yoc○○@caringnp.com

"하루하루가 의미 있어요"

배려의 현장에서 듣는다 ④배려는 받는 분

서울 ○○○시각장애인 복지관에서 교육을 받고 있던 시각장애인 김○○씨를 만났다. 약간은 경직되고 어두운 표정의 그녀를 봤을 때 인터뷰에 잘 응해 주실까 걱정했지만 그 걱정은 이내 사라졌다. 또박또박 차분하게 이야기하는 목소리는 마치 아나운서 같기도 했고, 이야기하다가 웃을 때의 눈웃음이 수줍은 듯 아름다운 그녀였다.

Q. 이곳에서 어떤 서비스를 받고 있나요?

저는 자격증 대비를 하고 있어요. 컴퓨터 자격증이요. 정보처리 자격증을 따서 취업을 하려고 생각 중이에요. 자격증을 따면 전문강사를 할 수 있거든요.

Q. 이곳에서 자격증 대비를 하면서 달라진 점이 있다면?

일단… 목표가 생겼잖아요. 구체적인 목표를 향해서 가는 과정이니까 하루하루가 의미가 있고 즐거워요.

Q. 이곳 복지사분들께 하고 싶은 말이 있나요?

음… 무엇보다도 우리 같은 시각장애인들은 보통사람들에 비해 습득하는 속도가 느려요. 모든 것을 다 들으면서 해야 하니까요. 하지만 가르쳐 주면 할 수 있어요. 보통은 그걸 기다려주고 가르치는 게 쉽지 않은데, 인내심 있게 기다려 주시면서 차근차근 가르쳐 주시니까 감사하죠.

Q. 마지막으로 사회나 다른 사람들에게 바라는 점이 있나요?

요즘은 많이 좋아졌지만… 하고 싶은 말이 있다면,. 저희가 무얼 하든 기다려 주었으면 해요. 방금도 이야기했지만 저희도 가르쳐 주면 할 수 있거든요. 하나하나 따라갈 수가 있는데, 시각장애인이니까 다 해 주려고 하면 점점 자립할 수 없게 되거든요. 무조건 다 해 주려고 하기보다는 천천히 기다려 주셨으면 좋겠어요.

매우 정갈한 톤으로 인터뷰에 응한 김○○씨는, "질문이 너무 어려워요~"라며 귀엽게 톡톡 튀는 말투로 성의껏 이야기해 주었다. 목표가 생겨서 하루하루가 의미 있다고 말하는 그녀의 눈빛에서 훌륭한 컴퓨터 강사가 될 미래의 모습이 그려지는 듯 했다.

송○○ 기자 purple○○@caringnp.com

우리 사회에서 생생한 배려의 모습이 있다면 어디든지 달려갑니다!! 그리고 듣습니다!!

독점기획 "배려현장에서 듣는다!"

(제보) 010-51○○-08○○

caring@caringnp.com

"○○○연못으로 가서 씻어라"

시각장애인들의 자립을 위한 시발점, 부족한 점은 관심으로 해결가능

OOO시각 장애인 복지관은 시각 장애인들을 대상으로 체계적인 프로그램을 통해 그들의 자립을 도와주는 기관이다. 대한 OO교 OO회의 재단과 국가 보조금으로 운영되고 있으며, 복지관과 실제로 교육이 이루어지는 근로 작업시설 그리고 시각장애인이 잠시 머물 수 있는 장소인 단기 보호시설로 이루어져 있다.

☺ 긍정적 평가 일방적 도움만을 행하고 있는 타 시설과의 차별성이 돋보인다. 실제로 장애인들이 가장 바라는 것인 '자립'을 돕고 있다는 점이 이 시설의 특징이다. 시설 이용자인 이OO씨는 "시각 장애인들에게 필요한 것은 사람들의 인내심과 기다림이다. 현재 자격증 취득을 위해 이 시설을 이용하고 있는데, 희망과 목표가 생겨서 너무 기쁘다"는 말과 함께 복지관에 계신 선생님들에게 감사를 표명했다. '자립'유도는 곧 직업알선으로 이어지는데, 복지관은 직업평가센터와 고용지원센터 그리고 직업 훈련 팀을 구성하여 개개인에 맞는 직업을 평가하고 훈련까지 체계적인 프로그램을 통해 진행하고 있다. 1층에 개업한 카페는 바리스타 교육을 통해서이고, 현재 3개의 안마소를 운영하고 있는 것도 안마사교육과 취업의 연장선상에 있다고 할 수 있다. 또한, 가족지원센터도 긍정적인 평가를 받고 있는 것 중 하나로서, 시각장애인이 있는 가족을 대상으로 복지프로그램을 진행하는 것인데, 시각장애가 있는 자식을 가진 부모님께 점자를 교육하는 것 등이 이에 해당한다. 이 외에도, 1급 점역사 3분을 중심으로 점역작업이 활발하게 이루어지고 있으며, 체육활동, 밑반찬 제공이나 간단한 업무를 위한 봉사자 연결 시스템, 녹음작업 등 시각장애인의 입장에 서서 가장 기본적인 사업까지 해결하려는 노력을 기울이고 있다.

☹ 아쉬운 점 비장애인으로서 장애인을 위한 시설을 평가하는 것은 불편을 실제로 경험하지 못했기 때문에 그리 쉬운 일은 아니다. 10년이 다 되어 가는 복지관임에도 꾸준히 시각장애인들을 위해 개선을 해 왔으며, 복지관에 일하시는 분들은 불편할 경우 발 벗고 도와주시는 봉사정신이 투철하신 분들이 많으시기에, 장애인이 시설 이용 자체에 큰 어려움은 없어 보인다. 다만, 아쉬운 점이 있다면, 취업 알선 프로그램에 있다고 할 수 있다. 복지관 측에서는 최대한의 노력을 기울이기 위해 노력하고 있지만, 현실적으로 예산의 문제는 무시할 수 없는 요소라고 한다. 현재 복지관에서 근무하시는 김OO씨는 개개인에 맞춤 프로그램 적용이 힘들다는 것이 가장 아쉽다고 언급했다. 물론 장애인들이 취업하기 힘든 사회 구

조도 여기에 한몫을 했다고 할 수 있다. 세계적인 추이를 보면 스페인의 복권판매, 남미의 자판기 사업은 시각장애인들만 할 수 있는 업무로 법적으로 규정되어 있다. 우리나라의 경우 시각장애인들의 특수성을 고려해 1915년부터 이들에게만 안마사 자격을 주기 시작했지만, 비슷한 종류의 업종과 시설이 늘어나면서 실제로 시각장애인 안마사들의 생계가 위협받고 있다고 한다. 사회적으로나 법적으로 불편한 자에 대한 배려의 윤리가 필요할 때이다.

권◯◯ ee○○@caringnp.com

■ 배려 에세이 ■

시각장애인에 대한 이해

지난 주는 조별로 배려 실천 기관을 탐방하는 자율 학습 기간이었다. 어느 곳을 탐방하면 좋을지를 묻는 조장의 이메일에 나는 조금의 망설임도 없이 ○○○시각장애인복지관을 방문하는 것이 좋겠다는 의견을 보냈다. 건물이나 직원의 규모에서 종합복지관을 제외한 시각장애인복지관으로는 전국 최고라는 이름에 걸맞는 시각장애인들에 대한 충분한 배려를 하고 있었으며, 나 역시 내가 시각장애를 가지게 된 이후부터 지금까지 많은 도움을 받았기 때문이었다.

복지관을 나름대로 오랜 기간 이용해 왔기 때문에 개인적으로도 친분이 있는 사회복지사 선생님들이 몇 분 계셨다. 저시력지원센터 팀장님으로 계시는 윤○○ 선생님께 수요일에 연락을 드렸다. 선생님은 흔쾌히 승낙을 하셨지만 나는 사실 처음에 나의 소개로 방문하게 된 이곳에서 기대만큼의 탐방을 하지 못하면 어떨지 내심 걱정이 되었다. 그러나 금요일 오후, 복지관에 도착하자 나의 걱정은 눈 녹듯 사라졌다. 6층의 기획·홍보팀으로 안내를 받은 우리 조원들은 넓고 시원한 회의실에서 복지관 홍보 자료와 함께 직원 분의 상세한 설명을 들었다. 복지관을 이용하는 사람인 나도 솔직히 복지관의 모든 사업들을 구체적으로는 알 수 없었는데 이렇게 다양하고 좋은 사업들을 진행하고 있다는 사실은 나를 자랑스럽게 그리고 행복하게 했다. 우리 복지관에 대한 애정 때문이기도 했지만 보통 장애인들이라면 재미없고 답답한 인생을 살 것이라고들 생각하는데 우리 역시 활발한 활동들을 하며 열정적으로 삶을 살고 있다는 것이 반증되었기 때문이기도 했다.

7층부터 1층으로 한 층씩 내려오면서

우리는 시각장애인들의 녹음 도서를 위해 낭독 봉사자들이 책을 읽고 녹음할 수 있는 12개의 스튜디오, 500만원 이상 하는 점자 노트북인 한손회, 내가 공부하는데 사용하고 있는 300만원이 넘는 확대 독서기 그리고 음성 시계 등 시각장애인들과 관련된, 그리나 우리가 일상생활에서는 쉽게 접해 볼 수 없는 많은 것들을 둘러보았다. 다 둘러보고 난 후에는 정안인 사회복지사 선생님, 시각장애가 있는 사회복지사 선생님 한 분 그리고 이용자 한 분, 이렇게 세 명의 인터뷰를 통해 시각장애인들에 대해서 조금이나마 이해할 수 있는 의미 있는 시간을 가졌다.

만약 내게 내가 복지관이라는 곳을 이용한다는 것에 대한 부끄러운 감정이 조금이라도 있었다면 이번 기관 탐방은 아마 다른 곳으로 다녀왔을지도 모른다. 그러나 내게는 그런 마음이 조금도 없었기에 10명이 넘는 우리 조원들을 우리 복지관으로 안내했고 탐방을 끝내고 드는 지금의 내 느낌은 대단히 뿌듯하고 기쁘다는 생각이다. 정안인들은 시각장애인들에 대해 경험할 기회가 적다. 이러한 측면에서 이번 탐방은 10명이 조금 넘는 어떻게 보면 아주 적은 수의 우리 조원들이지만 이들에게라도 시각장애인들에 대한 보다 넓고 유연한 사고를 할 수 있는 기회를 줄 수 있었다는 부분에서 매우 만족스러웠던 것이다. 사람은 경험이 중요하다고 생각한다. 우리 조원들이 탐방 이전에는 갖지 못했을 시각장애인들에 대한 열린 사고를 앞으로도 계속해 주었으면 좋겠고 직접 말은 못 했지만 그들이 탐방을 통해 느꼈을 보다 성숙한 시민으로서의 생각들을 주변 사람들에게도 많이 전해 주었으면 한다. ○월 ○일 금요일은 시각장애인에 대한 편견 없는 우리 사회를 만들기 위한 첫 날이었다. 중·고등학교를 거쳐 오면서 많은 견학을 하였지만 이번 탐방은 내 평생 잊을 수 없는 기관 방문이 될 것 같다.

권○○ chang○○ @caringnp.com

■ 배려 칼럼 ■

안마사 독점 폐지?!

'번지 줄도 없이 번지점프를 하라는 것인가'

헌법재판소는 시각장애인들만이 안마사 자격증을 가질 수 있는 현행법이 직업선택의 자유를 침해한다는 이유로 위헌판결을 내렸다. 그 후 시각장애인들은 '기본적인 생존권을 박탈당했다'며 마포

대교에서 시위를 하고 몇몇 사람들은 음독 또는 투신자살로 헌재 결정의 불합리를 주장했다.

헌재의 결정에 찬성하는 사람들은 경제학적 논리로 어떤 분야든 독점은 바람직하지 않다고 말한다. 또한 정부에서 시각장애인에 대한 교육을 안마사처럼 제한된 분야에서만 실시함으로써 정부가 시각장애인을 안마사가 될 수밖에 없도록 했던 현실을 실질적으로 강제 철폐했다는 점에 의의를 둔다. 즉 한 가지 직업으로만 제한되었던 시각장애인이 다른 길로 진출할 가능성을 열어 줬다는 것이다.

하지만 100만에 가까운 시각장애인이 마사지업에 종사하고 있는 상황에서 이들을 전부 불법화하는 것은 있을 수 없는 일이다. 시각장애인들의 생존권을 위협하는 것은 마사지가 아니라 시각장애인 생존대책을 세우지 않고 방치해 온 복지부에 있다. 대표적인 게 장애인 고용의무제도다. '장애인 고용촉진 및 직업 재활법'에 따라 정부와 지자체는 장애인을 전직원의 3%, 민간기업은 2% 이상 고용해야 한다. 그러나 지난해 말 현재 정부와 지자체의 장애인 고용률은 평균 1.76%에 불과하다. 정부부터 법을 지키지 않는 판에 민간 기업들에 온갖 부담을 안고 장애인 고용을 활성화하라고 요구할 순 없는 노릇이다. 실제로 많은 기업이 차라리 법 위반에 따른 부담금을 내는 편을 택하고 있다. 정부는 비시각장애인 마사지사들이 시각장애인들의 앞길을 여는 데 협력해야 한다. 장애인고용부담금처럼 모든 마사지업소가 시각장애인을 고용하지 않을 때는 의무적으로 고용부담금을 납부하도록 법제화한다거나, 호텔, 보건소, 복지관 등에서 시각장애인 안마사들을 의무적으로 고용토록 하는 법적 장치가 마련돼야 한다. 이러한 제도개혁 이 선행된 후에 법률 개정을 통한 비시각장애인에게도 안마가 허용되는 것이 마땅할 것이다.

이○○ fgo○○@caringnp.com

■ 배려 만화 ■

안○○ semic○○@caringnp.com

■ 편집 후기... ■

병○ : 조원들의 적극적인 참여가 조장에 대한 배려가 아닌가 합니다. ^^ 그런 의미에서 여러분은 최고의 조장 배려자였다고 생각합니다. ㅇ조 여러분 감사하고 한 학기 동안 수고하셨습니다. 기말고사 잘 마무리하시고 식사 한번 합시다!

보○ : 일단 우리 조장님은 물론이고 조원분들 모두 너무 수고 하셨어요.^^ 다들 맡은 일에 책임감 가지고 성실히 해주고 서로를 배려해 주는 모습이 참 예뻤어요.ㅋㅋ

한 학기동안 교수님께는 물론이고 여러분 모두에게 많은 것을 배웠답니다. 꼭 밥 한번 먹어요.♡

동○ : 편집자 모두들 인터뷰하고 자료 조사하느라 수고가 매우 많았던 것 같다. 필자의 부족한 실력 탓에 이런 좋은 신문에 질 좋은 만화를 싣지 못하게 된

것을 매우 안타깝게 생각하지만 나름 열심히 그린 것이니 좋게 봐 주셨으면 한다. 다시 한 번 편집자 모두에게 이 신문을 만드느라 수고했다고 말하고 싶다.

자○ : 신문을 만드는 계기로 시각장애인에 대한 관심이 커져 뿌듯했고 앞으로도 지속적으로 관심을 가져 배려를 실천해 나가고 싶다. 끝으로 ㅇ조 여러분 모두 수고했습니다.

신○ : 정말 한 학기 동안 '배려'에 대해서 많은 생각을 할 수 있었던 계기였던 것 같습니다. ㅇ조 분들과 함께 해서 더욱더 그랬던 게 아닌가 싶네요.~ 감사했어요.^^

창○ : 조원들에게 시각장애인에 대해서 다시 한 번 진지하게 생각해 볼 수 있는 기회가 된 것 같아 매우 기쁘다. 이번 탐방이 우리 모두가 배려를 일상 생활화 할 수 있는 첫 계기가 되었으면 하는 바람이다.

한○ : 처음에 조를 정해 토론하거나 협동과제를 할 때에는 과연 어떻게 될지 걱정도 많았지만 하고 난 뒤로는 모두들 열심히 하고 서로 돕는 모습을 볼 수 있었습니다. 이번 수업에서 협동과제는 저에게 축복이자 배려의 시간이 아니었나 싶습니다.

슬○ : 이번 과제는 진정한 의미의 배려를 몸소 체험할 수 있는 기회였던 것 같아요. 조원들끼리 할 일을 분담하고. 서로 약속을 정하고 함께 기관 탐방을 하는 것은 서로에 대한 배려심이 있어서 가능했다고 생각합니다. ㅇ조 여러분 모두 수고 하셨어요.^^

지○ : 실생활에서 행해지는 '배려'에 대해 살갗으로 느낄 수 있는 기회였다.

유○ : 학기가 거의 마무리되어가는 이 시점에서, 제게 가장 남는 것은 배려 수업을 듣고, ㅇ조 사람들을 만나고, 그들과 소통한 것입니다. 제게 최고의 시간을 선사해 주셔서 정말 모두에게 감사드립니다.

미○ : 정말 멋진 신문이 만들어져서 기분이 좋습니다. 배려수업을 선택하게 된 것과 ㅇ조가 된 것 한 학기 배려할 수 있는 사람이 되도록 가르쳐 주신 교수님 모든 것이 다 감사한 한 학기였습니다.

상○ : 장애인과 비장애인에 대해 수

업 시간에 들었던 내용이 기억난다. 우리가 주변에서 볼 수 있는 장애인 또는 비정상인은 누군가의 친구 누군가의 형, 누나 일 수 있다. 어쩌면 내가 될 수 도 있는 일이다. 차별이 아닌 차이만 존재한다는 것을 인지할 수 있는 우리가 되었으면 좋겠다.

참고문헌

《論語集註》
《大學章句》
《中庸章句》
《孟子集註》
《周易》
《禮記》
《呂氏春秋》
《說文解字》
《廣雅》
《原道》
《史記》
《老子道德經》
《莊子》
《淮南子》
《大智度論》
《康熙字典》
《三國史記》
《三國遺事》
《禪家龜鑑》
《朝鮮王朝實錄》
《구약성서》

《신약성서》
《코란》

中文大辭典編纂委員會(1985).《中文大辭典》. 臺北: 中國文化大學出版部.
漢語大詞典編輯委員會(2001).《漢語大詞典》. 上海: 漢語大詞典出版社.
大漢韓辭典編纂室(1998).《大漢韓辭典》. 서울: 교학사.

강선보(2003).《마르틴 부버 만남의 교육철학》. 서울: 원미사.
강창동(2003).《지식기반사회와 학교지식》. 서울: 문음사.
고려대교육사철학회 편(1996).《인간주의 교육사상》. 서울: 내일을 여는 책.
고미숙(2004). 〈배려윤리와 배려교육〉. 안암교육학회.《한국교육학연구》10(2).
______(2005).《대안적 도덕교육》. 서울: 교육과학사.
고벽진 외(2006).《신교육심리학》. 서울: 교육과학사.
국제가톨릭성서공회(1995).《성서》. 광주: 일과놀이.
권대봉(2002).《평생학습사회와 교육》. 서울: 학지사.
권미정(2008). 〈배려윤리를 통한 도덕과 교육 접근 방안에 관한연구〉. 한국외대 석사학위논문.
김귀성·노상우(2001).《현대교육사상》. 서울: 학지사.
김기란·최기호(2009).《대중문화사전》. 서울: 현실문화.
김길환(1994).《東洋倫理思想》. 서울: 일지사.
김도경(2006). 〈정의 윤리와 배려 윤리의 도덕과 통합교육〉. 동국대 석사학위논문.
김미정(2005). 〈배려윤리의 도덕교육적 강화에 관한 연구〉. 충북대 석사학위논문.
김수동(2002). 〈배려의 교육적 개념 – Noddings 도덕교육론을 중심으로〉. 한국교육철학회.《교육철학》22.

김수동(2003). 〈배려의 교육방법-학교에서의 도덕교육에 대한 여성적 접근〉. 한국교육철학회. 《교육철학》 23.
______(2005). 《배려의 교육》. 서울: 장서원.
______(2011). 〈《논어》에서의 '배려 실천' 고찰〉. 한국인격교육학회. 《人格敎育》 5(2).
김영채(1997). 《학습과 사고의 전략》. 서울: 교육과학사.
김용선 역주(2002). 《코란(꾸란)》. 서울: 명문당.
김용옥(1989). 《노자철학 이것이다》. 서울: 통나무.
김인곤(2004). 〈플라톤 《국가》- 철학 텍스트들의 내용 분석에 의거한 디지털 지식 자원 구축을 위한 기초적 연구〉. 서울대 철학사상연구소. 《철학사상》 3(8).
김정금(1995). 〈도덕교육에서의 정의와 배려의 도덕성〉. 한국교육철학회. 《교육철학》 12.
김정환(1993). 《현대의 비판적 교육이론》. 서울: 박영사.
김정환·강선보(2006). 《교육학개론》. 서울: 박영사.
김정환·강선보·신창호(2014). 《교육철학》. 서울: 박영스토리.
김진숙(2003). 〈정의와 배려의 통합을 적용한 고등학교 도덕과 수업방안〉. 한국교원대 석사학위논문.
김진희(2005). 〈보살핌 윤리에 관한 비판적 고찰〉. 부산대 석사학위논문.
김학주(1988). 《공자의 생애와 사상》. 서울: 명문당.
김형효(1993). 《데리다의 해체 철학》. 서울: 민음사.
김효근(1999). 《신지식인》. 서울: 매일경제신문사.
노경숙(2005). 〈배려 윤리에 기반한 바른 생활과 교육 내용 분석 및 지도 방안 연구〉. 광주교대 석사학위논문.
노상우·이혜은(2009). 〈배려윤리가 중학교 도덕과 교육에 주는 함의〉. 한독교육학회. 《교육의 이론과 실천》 14(3).
노진호(2001). 〈정보화사회에서의 지식과 교육〉. 교육철학회. 《교육철학》 25.
목영해(1994). 《후현대주의 교육학》. 서울: 교육과학사.

목영해(2002). 〈배려윤리와 유교윤리의 공통점과 그 함의〉. 한국도덕교육학회. 도덕교육연구 14(1)
문정애(2009). 〈Noddings의 배려윤리와 그 교육적 의의〉. 경북대 석사학위논문.
박병춘(1999). 〈보살핌윤리의 도덕교육적 접근연구〉. 서울대 박사학위논문.
______(2002). 《배려윤리와 도덕교육》. 서울: 울력.
박선영(1989). 《불교의 교육사상》. 서울: 동화출판공사.
박성미(2006). 《대학생을 위한 직업준비교육》. 고양: 서현사.
박소영(2008). 〈집단 따돌림 현상에 대한 도덕교육학적 연구: 배려 윤리를 기본 관점으로〉. 성균관대 석사학위논문.
박이문(1990). 《자비의 윤리학》. 서울: 철학과 현실사.
박태식(2009). 〈첫째가는 계명: 마르12, 28-34풀이〉. 《종교 간의 대화》. 서울: 현암사.
배영주(2005). 《자기 주도적 학습과 구성주의》. 서울: 원미사.
변상림(2003). 〈공자의 인윤리와 나딩스의 배려윤리의 교육적 성찰〉. 서울교대 석사학위논문.
손희영(2006). 〈나딩스의 배려윤리에 기반한 중등 도덕과 지도방안 연구〉. 경북대 석사학위논문, 2006.
송영배(1986). 《中國社會思想史》. 서울: 한길사.
신경숙(2007). 〈넬 나딩스 배려윤리 교육론〉. 인하대 석사학위논문.
신창호(2001). 〈배려의 동양적 의미와 교육적 함의〉. 안암교육학회. 안암교육학연구 1(2).
______(2004). 《공부 그 삶의 여정》. 서울: 서현사.
______(2005). 《인간 왜 가르치고 배우는가》. 서울: 서현사.
______(2006). 〈教育과 學의 根源에 관한 탐구〉. 동양고전학회. 《동양고전연구》 24.
______(2010). 《대학, 유교의 지도자 교육철학》. 서울: 교육과학사.
______(2011). 《유교 사서의 배움론》. 고양: 온고지신.

신창호(2012a). 《교육과 학습》. 고양: 온고지신.

______(2012b). 《유교의 교육학 체계》. 서울: 고려대학교출판부.

______(2013). 《배려와 학습》. 서울: 박영사.

신창호·강선보(2009a). 《배려, 교육을 향한 열정》. 서울: 원미사.

______(2009b). 《교육의 이해》. 서울: 동문사.

신창호·서은숙(2003). 《한국사상과 교육윤리》. 서울: 서현사.

심미자(2001). 《자기 주도적 학습의 이해. 서울: 열린.

안동림 역주(1999). 《벽암록》. 서울: 현암사.

양미진·김은영·이상희(2008). 《초등학생의 학교폭력 예방을 위한 배려 증진 프로그램 개발》. 서울: 한국청소년상담원.

오현주(2003). 〈배려 윤리의 도덕 교육적 적용〉. 전북대 석사학위논문.

우석훈·박권일(2007). 《88만원세대》. 서울: 레디망.

유네스코 21세기 세계교육위원회 편(1997). 《세기 교육을 위한 새로운 관점과 전망》. 서울: 오름.

유명종(1987). 《한국의 원시신앙》. 부산: 동아대출판부.

______(1990). 《韓國思想史》. 대구: 이문출판사.

유명종(1999). 《現代社會와 東洋倫理》. 瀋陽: 高麗民族文化大學 韓國學資料院.

유승국(1983). 《東洋哲學硏究》. 서울: 槿域書齋.

유정동(1986). 《東洋哲學의 基礎的 硏究》. 서울: 성균관대출판부.

유주옥(2005). 〈배려윤리 도덕교육의 실제 적용에 관한 연구〉. 인천대 석사학위논문.

유현숙 외(1999). 《지식기반사회에서의 학교교육 정책 방향과 과제》. 서울: 한국교육개발원.

윤민순(2004). 〈중등 도덕과에서의 배려윤리 지도 방안 연구〉. 한국교원대 석사학위논문.

윤사순(1984). 《東洋思想과 韓國思想》. 서울: 을유문화사

______(2006). 〈유학에 담긴 '배려철학'의 윤리적 성향〉. 《오늘의 동양사상》

14.
윤정륜 외(1991). 《학습 사고전략의 실제》. 서울: 교육과학사.
윤정언(2005). 〈나딩스 배려윤리의 도덕교육적 응용에 관한 연구〉. 경성대 석사학위논문.
이경욱(2007). 〈도덕과 교육에서의 배려윤리 적용에 관한 연구〉. 성신여대 석사학위논문.
이나현(2008). 《배려윤리의 내러티브 교육과정을 위한 탐색》. 파주: 한국학술정보.
이낙의(1996). 《漢字正解》. 서울: 비봉출판사.
이동윤(2012). 〈넬 나딩스의 배려사상에 관한 연구〉. 고려대 석사학위논문.
이명기(1987). 《仁의 硏究-敎育學的 接近》. 서울: 양서원.
이명신(2008). 〈Nel Noddings의 배려교육론 연구〉. 전남대 박사학위논문.
이미식·최용성(2002). 《도덕교육에 대한 새로운 접근: 배려의 윤리》. 부산: 부산대학교출판부.
이병관(1999). 《漢字形音義源流字典》. 서울: 미술문화원.
이병승(2002). 〈보살핌 윤리의 정당화 논의〉. 한국교육철학회. 《교육철학》 21.
이상현(2008). 〈마르틴 부버 '만남' 철학의 교육적 함의〉. 한국교육철학회. 《교육철학》 34.
이상희(1997). 〈정보화시대 학교와 교사의 역할〉. 크리스찬 아카데미 편. 《정보화시대 교육의 선택》. 서울: 대화출판사.
이옥순(2002). 〈나딩스(Nel Noddings)의 보살핌 윤리의 도덕교육적 성격에 관한 연구〉. 충북대 석사학위논문.
이옥화(1996). 〈정보사회의 학교교육〉. 《정보사회와 윤리》. 서울: 아산사회복지사업재단.
이윤희(2008). 〈정보사회의 새로운 윤리적 문제에 대한 배려 윤리적 고찰〉. 성균관대 석사학위논문.
이장호·금명자(2008). 《상담연습 교본》. 파주: 법문사.
이정민(2012). 〈배려윤리의 도덕교육적 접근방법에 관한 비판적 검토: 길리건과 나딩스의 교육이론을 중심으로〉. 동국대 석사학위논문.
이종각(2005). 《새로운 교육사회학 총론》. 서울: 동문사.
이희수·이원삼 외(2008). 《이슬람》. 파주: 청아출판사.
임정연(2011). 〈나딩스의 배려교육론 연구〉. 성균관대 박사학위논문.
전명남(2005). 《학습전략 업그레이드》. 서울: 연세대출판부.
전세영(1992). 《공자의 정치사상》. 서울: 인간사랑.
정 종(1980). 《孔子의 教育思想》. 서울: 집문당.
정옥분·곽경화(2002). 《배려지향적 도덕성과 정의지향적 도덕성》. 서울: 집문당.
정욱·임성현(2015). 《 다보스 리포트》. 서울: 매일경제출판사.
정윤경(2000). 〈나딩스의 배려윤리와 도덕교육〉. 《한국교육》 27(1).
정인덕(2008). 〈정의윤리와 배려윤리의 통합적 접근〉. 성균관대 석사학위논문.
정채은(2004). 〈배려윤리에 근거한 도덕교육 내용분석 및 지도방안 연구〉. 서울교육대 석사학위논문.
조용개(2008). 《생태학적 삶을 위한 환경윤리와 교육》. 파주: 한국학술정보.
조주영(2008). 〈보살핌 윤리에 대한 고찰〉. 서울시립대 석사학위논문.
조지훈(1964). 《한국문화사서설》. 서울: 탐구당.
조현규(2007). 〈'인과 배려' 윤리의 현대 도덕교육에의 시사〉. 한국교육철학회. 《교육철학》 31.
조현정(2003). 〈배려 윤리의 도덕 교육적 의의: 나딩스(Nel Noddings)의 배려윤리를 중심으로〉. 계명대 석사학위논문.
종교교재편찬위원회 편(1998). 《성서와 기독교》. 서울: 연세대출판부.
주광순(2002). 〈고대의 techne에 대한 존재론적 반성에 대한 현대 과학·기술사회의 관점으로부터의 검토〉. 대동철학회. 《대동철학》 18.
주삼환(2000). 《지식정보화 사회의 교육과 행정》. 서울: 학지사.
지동직(2006). 《배려의 기술》. 서울: 북스토리.
지식엔진연구소(2012). 《시사상식사전》. 서울: 박문각.

최상진(2009). 《한국인의 심리학》. 서울: 중앙대학교출판부.
최요안(1998). 《서양고사성어사전》. 서울: 문화출판공사.
최창모·최영철·이원삼·김종도(2008). 《유대교와 이슬람, 금기에서 법으로》. 파주: 한길사.
최희경(2009). 〈넬 나딩스의 배려교육론 적용 연구〉. 연세대 석사학위논문.
추병완(1998). 〈길리간의 도덕발달이론에 대한 재조명〉. 한국도덕윤리과교육학회. 《도덕윤리과 교육》 9.
추병완(2003). 〈나딩스의 도덕교육론〉. 《教育研究》 21.
크리스챤아카데미(1997). 《정보화시대 교육의 선택》. 서울: 대화출판사.
하원규·최남희(2016). 《제4차산업혁명》. 서울: 콘텐츠하다.
한국직업능력개발원(1999). 〈평생학습을 위한 학생의 동기 증진〉. 서울: 한국직업능력개발원.
한기언(1978). 《東洋思想과 教育》. 서울: 법문사.
한백재단(1996). 〈인간의 얼굴을 한 정보사회〉. 《포럼 21》 여름.
한순미(2004). 평생학습 사회에서의 자기주도적 학습전략. 서울: 양서원.
한준상(2004). 《학습학》. 서울: 학지사.
허명희(2006). 〈배려 윤리의 관점에 따른 제7차 도덕과 교육과정의 비판적 해석〉. 성균관대 석사학위논문.

두산백과사전. EnCyber & EnCyber.com.
《조선일보》. 2005. 5. 13.

고피, 장 이브/황수영 옮김(2003). 《기술철학 – 테크노월드 속의 도구적 인간》. 파주: 한길사.
길리건, 캐롤/허란주 역(1997). 《다른 목소리로 – 심리이론과 여성발달》. 서울: 동녘.
金谷治 외/조성을 옮김(1986). 《중국사상사》. 서울: 이론과 실천.
나딩스, 넬/추병완·박병춘·황인표 옮김(2002). 《배려교육론》. 서울: 다른 우리.
Noddings, N./박찬영 역(2010). 《넬 나딩스의 교육철학》. 서울: 아카데미프레스.
戶川芳郞 외/조성을·이동철 옮김(1990). 《유교사》. 서울: 이론과 실천.
똘스또이, 레프/채수동·고산 옮김(2005). 《인생이란 무엇인가》. 서울: 동서문화사.
라이트너, 세바스티안/안미란 옮김(2009). 《누구나 알지만 아무도 모르는 공부의 비결》. 파주: 들녘.
리프맨, 매튜/박진환·김혜숙 옮김(2005). 《고차적 사고력 교육》. 서울: 인간사랑.
리프킨, 제러미/이경남 옮김(2010). 《공감의 시대》. 서울: 민음사.
林語堂/민병산 옮김(1993). 《孔子의 思想》. 서울: 현암사.
모랭, 에드가/고영림 역(2006). 《미래의 교육에 반드시 필요한 7가지 원칙》. 서울: 당대.
밀브래스, 레스터 W./이태건 외 옮김(2001). 《지속가능한 사회》. 고양: 인간사랑.
Milward, Peter/시사영어사편집국 옮김(1987). 《서양의 지혜/그리스도교 입문》. 서울: 시사영어사.
볼노브, 오토 프리트리히/이규호 옮김(1967). 《實存哲學과 教育學》. 서울: 배영사.
부버, 마르틴/표재명 역(1994). 《나와 너》. 서울: 문예출판사.
불핀치, 토마스/최혁순 옮김(1994). 《그리스로마신화》. 서울: 범우사.
브로이엘, 비르기트/윤선구 옮김(2000). 《아젠다 21》. 서울: 생각의 나무.
사시에, 필리프/홍세화 옮김(2003). 《왜 똘레랑스인가》. 서울: 상형문자.
Seng, T. O. et al./구광현 외 역(2006). 《실천과 연구의 통합 교육심리학》. 서울: 시그마프레스.
슈타이너, 베레나/안미선 옮김(2008). 《전략적 공부기술》. 서울: 들녘미디어.
Slavin, R. E./강갑원 외 역(2004). 《교육심리학 – 이론과 실제》. 서울: 시그마프레스.
암스트롱, 카렌/유혜경 옮김(2002).《마호메트 평전》. 서울: 미다스북스.
야스퍼스, 칼/윤성범 역(1983).《철학입문》. 서울: 을유문화사.
엘린슨, 앤/주삼환·명제창 공역(1988).《인간관계론》. 서울: 법문사.
와쓰지 데쓰로/최성묵 옮김(1993).《인간의 학으로서의 윤리학》. 대구: 이 문출판사.
우노 데쓰토/정상구 역(1991).《中國思想》. 서울: 내외신서.
우노 세이이찌 편/김진욱 옮김(1986).《중국의 사상》. 서울: 열음사.
워즈, 조단/신우철 옮긺(2008).《백만장자 비밀수업》. 서울: 베스트프렌드.
존슨, 스펜서·콘스턴스 존슨/안진환 옮김(2007).《멘토》. 서울: 비즈니스북스.
카츠·나딩스·스트라이크 공편/윤현진·박병춘·황인표·정창우·정탁준 옮김(2007).《정의와 배려》). 서울: 인간사랑.
케레니, 카를/장영란·강훈 옮김(2002).《그리스신화》. 서울: 궁리.
Krishnamurti, J./강옥구 번역(1980).《교육과 인생의 의미》. 서울: 대화출판사.
토플러, 앨빈/김중웅 역(2006).《부의 미래》. 서울: 청림출판.
Tönnies, Ferdinand/황성모 역(1976).《共同社會와 利益社會》. 서울: 삼성출판사.
파아슨즈, 탈코트/이종수 역(1978).《사회의 유형》. 서울: 홍성사.
Petri, H./박소현·김문수 역(2001).《동기》. 서울: 시그마프레스.
프레비쉬, 찰스/박용길 역(1989).《불교－그 현대적 조명》. 서울: 고려원.
프롬, 에리히 지음/라이너 풍크 엮음/박영구 옮김(1994).《인간에 대한 믿음》). 서울: 자작나무.
플라톤/박종현 역(1997).《국가·政體》. 서울: 서광사.
핑가레트, 허버트/송영배 옮김(1993).《공자의 철학》. 서울: 서광사.
하이데거, 마르틴/전양범 옮김(1992).《존재와 시간》. 서울: 시간과 공간사.
하임스, 에드워드/김준민 옮김(1988).《토양과 문명》. 서울: 범양사.
후쿠야마, 프랜시스/이상훈 옮김(1995).《역사의 종말－역사의 종점에 선 최후의 인간》. 서울: 한마음사.

Afler, M. · Charles. D(1972). *How to read a book*. N.Y: Simon and Schusten.

Bergman. R.(2004). "Caring for the ethical ideal: Nel Noddings on moral education". *Journal of Moral Education*, Vol. 33(2)

Clive Back & Clare M. Kosnik(1995). "Caring for the Emotions". ed., Philosophy of Education Society. *Philosophy of Education*, Illinois: Philosophy of Education Society.

Dewey, John(1916). *Democracy and Education*. N.Y: Macmillan.

Johannesen. R. L.(2000). "Nel Noddings's uses of Martin Buber's philosophy of dialogue". *Southern Communication Journal*, Vol. 65(2-3).

Mayeroff, Milton(1971). *On Caring*. N.Y: Haper & Low.

Noddings, N.(1984). *Caring: A feminine approach to ethics & moral education*. LA : Univ. California Press.

Tronto, J(1994). *Moral Boundaries: A Political Argument for an Ethic of Care*. N.Y: Routledge.

Vandenberg. D.(1996). "Caring: Feminine Ethics or Maternalistic Misandry?". *A Hermeneutical Critique of Nel Noddings' Phenomenolgy of the Moral Subject and Education*, Vol. 30(2).

高樹藩(1974).《正中形音義綜合大字典》. 臺北: 正中書局.

宮崎市定(1987).《論語の新研究》. 東京: 岩波書店.

찾아보기

고려대학교핵심교양 1

배려
이론과 실천을 위한 가이드

초판 발행 2016년 9월 5일
초판 2쇄 2018년 8월30일

지은이 신창호
펴낸곳 고려대학교출판문화원
www.kupress.com
kupress@korea.ac.kr
02841 서울특별시 성북구 안암로 145
02-3290-4230, 4232
Fax 923-6311

찍은곳 한국컴퓨터인쇄정보

ISBN 978-89-7641-908-8 94190
978-89-7641-907-1 (세트)

값 17,000원